U0529163

本书为 2017 年中国法学会部级课题"正当防卫司法认定问题研究"［立项编号：CLS（2017）C16］的研究成果。

本书受"宁夏大学学科建设项目"资助出版。

防卫意思论

马卫军 ◎ 著

中国社会科学出版社

图书在版编目(CIP)数据

防卫意思论 / 马卫军著. —北京：中国社会科学出版社，2020.12
ISBN 978-7-5203-7525-2

Ⅰ.①防…　Ⅱ.①马…　Ⅲ.①正当防卫—研究　Ⅳ.①D914.104

中国版本图书馆 CIP 数据核字(2020)第 237809 号

出 版 人	赵剑英
责任编辑	梁剑琴
责任校对	夏慧萍
责任印制	郝美娜

出　　版	中国社会科学出版社
社　　址	北京鼓楼西大街甲 158 号
邮　　编	100720
网　　址	http://www.csspw.cn
发 行 部	010-84083685
门 市 部	010-84029450
经　　销	新华书店及其他书店
印刷装订	北京市十月印刷有限公司
版　　次	2020 年 12 月第 1 版
印　　次	2020 年 12 月第 1 次印刷
开　　本	710×1000　1/16
印　　张	12.75
插　　页	2
字　　数	203 千字
定　　价	78.00 元

凡购买中国社会科学出版社图书，如有质量问题请与本社营销中心联系调换
电话：010-84083683
版权所有　侵权必究

序

周光权[*]

一

正当防卫权是法律赋予公民在公权力难以及时介入情形下的特殊救济权。正当防卫制度的正面功能在于保护公民的人身、财产等权利不受侵犯，鼓励和支持公民在面对违法犯罪分子的淫威时不用惧怕，无须委曲求全，敢于挺身自卫、见义勇为，积极同违法犯罪行为作斗争，有效制止不法侵害，依靠民众力量维护法秩序。作为彰显社会正义的重要手段，正当防卫权的行使原本不应当受到过多限制。防卫行为只要具有必要性且未造成重大损害，就在防卫限度范围内，不存在过当的问题。

但是，长期以来，由于司法实践基于僵化的"维稳"以及"死者为大"的思维定式，不注重考虑防卫人面对不法侵害时的紧迫情境和紧张心理，对正当防卫的时间条件、防卫意思、防卫限度等的把握出现偏差，不能根据常情、常理进行考量，有时候站在事后对防卫人提出过于苛刻的要求，强人所难，如此一来，在实务中一些理应属于正当防卫的情形被不当地宣告为防卫过当，使得民意沸腾，也使得立法者设置正当防卫制度的良好期待落空。因此，如何将立法上的正当防卫制度在实务中落实，刑法学者责无旁贷。

正当防卫的相关问题在我国刑法学界得到持续关注。恩师陈兴良教授于1987年在中国人民大学出版社出版了《正当防卫论》，这是他的第一部个人专著，也代表了那一时期相关主题研究的最高水准。该书第三版于

---

[*] 清华大学法学院教授、博士生导师，教育部"长江学者"特聘教授。

2017年出版，全书共12章，其中第三章"防卫意图"部分，对于防卫的认识因素和意志因素，以及防卫挑拨、相互斗殴等场合防卫意图的判断等进行了深入讨论，其核心观点如防卫意志当中要有维护国家、社会利益而对正在进行的不法侵害实行正当防卫的动机等，① 都与当时的刑法学通说保持了一致，即将防卫意识与积极追求正当化结果的目的挂钩：凡是防卫目的不正当的场合，防卫意图都难以被肯定。这种主张更多的是对现实生活中常见防卫案例的有限归纳和总结，有一定局限性，会使得正当防卫的成立变得相对困难。

在陈璇教授新近出版的《正当防卫：理念、学说与制度适用》中，有专章讨论"防卫过当的罪过：防卫意识与犯罪故意"，其主要观点是："在以法益侵害为基石的现代不法理论框架内，防卫意识仅以行为人对自己的行为是与正在进行之不法侵害相对抗的事实有所认识为其必备内容，除此之外并不要求行为人必须以追求保护合法权益为其唯一的行为目的"。② 我认为，陈璇教授的研究已经不再拘泥于事实归纳，超越了有限案例的约束，转从规范的角度思考问题，显示出理论上对这一防卫意思探讨的深化。

与上述全面讨论正当防卫的专著有所不同，马卫军博士在本书中从防卫意思这一"小切口"出发，用一根绳子将散落的珍珠穿起来，试图把正当防卫问题的研究进一步引向深入，其勇气和努力都是值得肯定的。

二

防卫意思必要说与防卫意思不要说的争论，在一定意义上与刑法基本立场有关，但也具有超越"学派之争"的意义，对防卫意思进行讨论具有重大理论和实务意义。如果结合《刑法》第20条第1款的规定，可以认为，防卫意思是正当防卫的成立要件之一，立足于结果无价值论的防卫意思不要说与现行刑法规定相抵触，理论上也难以自圆其说，否定防卫意思要素的重要性，将偶然防卫朝着无罪方向解释的主张存在诸多不合理

---

① 参见陈兴良《正当防卫论》（第3版），中国人民大学出版社2017年版，第45页以下。
② 陈璇：《正当防卫：理念、学说与制度适用》，法律出版社2020年版，第249页。

之处。

结果无价值论认为，违法性的实质在于法益侵害，没有法益侵害或危险的行为不具有违法性，即使行为人内心为恶，刑法也不处罚不可能造成法益侵害的行为。因此，正当防卫的成立，防卫者无须具有防卫意思，只要从客观上观察其系对不法侵害行为进行防卫即可，因而主张防卫意思不要说。换言之，防卫的意图与动机存在与否，只不过反映了行为人的主观恶性的程度，因此，充其量只能构成责任要素，对此，不应在评价违法性时加以考虑。另外，即使不把"防卫的意志"理解为防卫的意图与动机，而是将其理解为对构成正当防卫的事实的认识，那么，这种认识应属于"正当防卫的故意"，如果坚持结果无价值论，不能把故意一般性地评价为违法要素，这种正当防卫的故意也不应构成违法判断要素。

行为无价值二元论则认为，不法不是纯客观的。在违法性判断上，仅仅以结果或者危险是否发生作为违法性判断的对象基准并不是全面的观点。只有同时以行为（包括伴随的主观违法要素）、结果（法益侵害或者危险）作为判断对象，才能有效地防止刑法评价对重要的要素的遗漏。不法同时具有行为无价值和结果无价值，与之相对应，阻却违法事由也不是纯客观判断，需要主观的阻却违法要素。行为人主观上是否认识到阻却违法的情形，对于相关结论的形成至关重要。"这种产生某种合法事情的意识，就清除了行为无价值及与之有关的不法。"① 正当化事由的成立自然需要主观的正当化事由，故成立正当防卫需要防卫人具有防卫意识。不是基于防卫意识所实施的反击行为，具备行为无价值，应当成立犯罪。换言之，行为无价值论要求行为人必须有防卫意思，防卫意思是主观的正当化要素，对侵害人实施的急迫、不正行为有所认识并进行防卫的，才能成立正当行为，由此赞成防卫意思必要说。

应当说，基于行为无价值论的防卫意思必要说是有道理的。"世界上所有的法律体系，在事实上都对自我防卫和紧急避险的辩护要求一种主观要素，这种做法看来是正确的。"② 同时，确实要考虑我国《刑法》第20

---

① ［德］克劳斯·罗克辛：《德国刑法学总论》（第1卷），王世洲译，法律出版社2005年版，第415页。

② 参见［美］乔治·P.弗莱彻《刑法的基本概念》，蔡爱惠等译，中国政法大学出版社2004年版，第133页。

条关于正当防卫的规定使用的是"为了使国家、公共利益、本人或者他人的人财产和其他权利免受正在进行的不法侵害"这种主观色彩浓厚的用语。在这种现实背景之下，只要坚持罪刑法定原则，就应当说，成立正当防卫可以不考虑行为人主观上的防卫意识的观点，是勉为其难的。①

按照行为无价值二元论，与防卫意思必要说紧密关联的推论自然就是：一方面，相较于主观构成要件要素，主观阻却违法要素的对应要求程度较低。原则上，行为人对不法侵害这一紧急事态有认知时，就可以肯定其防卫意思，而不要求仅具保护合法权益的目的（意欲）时才能成立正当防卫。因此，在防卫目的与复仇、愤怒等动机交织在一起时，也不能否认防卫意思。我国司法实务对于防卫意思总体上是认可的，但有时候对其存在与否有过高要求。日本法院虽然现在仍坚持"防卫的意志"这一要件，但已经不像以前那样积极地要求防卫的动机，而只是消极地将那些完全没有防卫动机的行为排除在正当防卫的范围之外，所以，判例对"防卫的意志"要件也开始放松了。② 另一方面，在偶然防卫的场合，行为人没有防卫意思，无论从一般人还是行为人的角度，只要从行为时出发，就可以认为该偶然防卫行为存在侵害法益的危险，符合犯罪未遂的特征，因为在犯罪未遂的场合，行为人的犯罪计划如果不受干扰地继续进行，就会直接导致整个犯罪构成要件的齐备。

三

马卫军博士在本书中从司法实践的基本立场出发，并且充分考虑了理论上的多数说，明确主张防卫意思必要说，据此展开相关详尽论述。作者认为，从实务上看，裁判上对于防卫意思予以认可，相关司法解释也正面确认了防卫意思，但实务上对于防卫意思的审查，附加了大量多余的道德判断，且过分强调防卫目的，使得正当防卫的成立较为困难，这种现状需要改变。从理论角度看，在防卫意思必要说中，对防卫目的认定较为严苛。因此，合理的主张是将防卫意思解释为防卫认识，此外不需要附加行

---

① 黎宏：《刑法总论问题思考》，中国人民大学出版社 2007 年版，第 324 页。
② ［日］山口厚：《日本刑法学中的行为无价值论与结果无价值论》，金光旭译，《中外法学》2008 年第 4 期。

为人的其他意思。

作者以此进一步主张,对行为人是否具有防卫认识需要从规范的角度进行判断:正当防卫所要求的防卫意思,包括对防卫前提之正在进行的不法侵害的认识,以及遵守规范的意识,是二重的认识。按照这种观点,从理论角度需要重构防卫意思的判断方法,从实务上需要做诸多改变,例如,不宜将将防卫意思等同于犯罪故意,需要反思将防卫过当一概认定为故意犯罪的做法;在互相斗殴的场合是否与具有防卫意思,需要区别情况进行更为细致的考察。

本书的优点在于作者的问题意识明确,立足于解决实践中正当防卫的具体认定标准掌握过严、限定过多的难题,确保司法不过于偏离民众的常识,回应民意中积极、善意的部分。作者在本书中所提出的对防卫意思及其关联问题的判断标准较为明确,能够指引办案部门根据整体案情,结合社会公众的生活经验,依法准确认定正当防卫的成立与否。

另外,本书对于防卫意思及其关联问题的研究,紧扣我国刑法的相关规定进行解释,没有迁就实务上对正当防卫限制过严的惯性思维,认为一个行为只要能够被确认为不法性质的侵害,就应该允许对方出于防卫认识予以防卫;对于防卫意思等条件的判断标准,只能从《刑法》第 20 条的规定出发进行理解。

当然,本书也有一些值得进一步推敲之处。在实践中成为问题的防卫案件,都是死伤结果严重的"难办案件",每个案件的情形都不一样,需要实务上结合案件发生的时间、地点、行为人与死伤者的关系、凶器的适用方式等具体地进行判断,进而得出防卫成立与否的结论。换言之,如果不从防卫者所处的具体情境以及实际上能够利用的防卫手段、防卫人的能力等方面加以考虑,就无从判断防卫的正当与否。因此,认定正当防卫更多与客观要素(不法侵害的开始与接受、侵害程度与防卫限度等)有直接关联,未必随时与作为主观要素的防卫意思有关,有的防卫条件与防卫意思的关系相对较弱,要把正当防卫认定的所有疑难问题都归到防卫意思名目之下"一网打尽"是不太可能的,本书对个别问题的讨论与防卫意思存在一定距离,论证起来略显牵强,多少有些"为赋新词强说愁"的意味。当然,瑕不掩瑜,本书紧扣中国司法实务进行分析,结合刑法"学派之争",站在学科前沿思考问题,对正当防卫的诸多复杂问题在与防卫意思相关联的意义上讨论得非常细致、深入，所得出的结论对于实务上准确认定正当防卫认定具有指导意义，是正当防卫研究方面不可多得的成果。

是为序！

2020 年 12 月 25 日于清华园

目　　录

第一章　导论 ·· (1)
　第一节　正当防卫的实践认定与裁判逻辑 ······························ (2)
　　一　正当防卫的实践认定 ·· (4)
　　二　裁判逻辑与司法建构 ·· (14)
　第二节　本书的研究对象与方法 ·· (21)
　　一　研究对象 ·· (21)
　　二　研究方法 ·· (23)

第二章　防卫意思不要说的理由和反驳 ····································· (25)
　第一节　防卫意思不要说的理由 ·· (26)
　第二节　对防卫意思不要说的反驳 ······································· (29)
　第三节　应当坚持防卫意思必要说 ······································· (43)
　　一　立足于自由主义的刑法观，也应当坚持防卫意思必
　　　　要说 ··· (43)
　　二　从规范的观点看，也应当坚持防卫意思必要说 ··········· (45)
　　三　"互殴无防卫"不是否定防卫意思的理由 ···················· (47)
　　四　防卫意思必要说与防卫意思不要说的争论并非没有
　　　　价值 ··· (47)
　　五　相关司法解释也正面确认了防卫意思 ······················· (51)

第三章　防卫意思的实务认定与防卫意思的内容 ······················ (53)
　第一节　司法实务中认定防卫意思的问题点 ·························· (53)
　　一　防卫意思中加入了道德判断 ···································· (53)
　　二　过分强调防卫目的 ·· (57)
　　三　不能正确界定斗殴意思与防卫意思 ·························· (58)

第二节　防卫意思的内容 ·· (69)
　　　一　防卫意思必要说诸观点述评 ·································· (69)
　　　二　本书的观点：规范性防卫意思 ·································· (75)
　　　三　可能的质疑与回应 ··· (82)

第四章　防卫意思的判断 ·· (84)

　　第一节　正当防卫的本质：权利本位 ·································· (84)
　　　一　正当防卫的权利本质 ··· (84)
　　　二　不得滥用防卫权 ·· (87)
　　第二节　正当防卫正当性的根据：二元论 ···························· (89)
　　　一　优越利益保护原理，不能成为正当防卫正当性的根据 ······ (89)
　　　二　将个人保全和法确证原理作为正当防卫正当性的根据，
　　　　　具有合理性 ·· (93)
　　第三节　司法功能的理念转化：从定纷止争到实现正义 ········ (102)
　　　一　定纷止争：历史与现状 ··· (103)
　　　二　司法功能：辨析法与不法，实现正义 ······················ (109)
　　第四节　防卫意思的判断方法 ··· (114)
　　　一　客观主义的立场 ·· (114)
　　　二　综合判断的方法 ·· (116)
　　第五节　具体判断：需要注意的两个问题 ···························· (118)
　　　一　克服认定防卫意思的道德判断 ································ (118)
　　　二　判断防卫意思的时间点：行为时 ····························· (120)

第五章　犯罪故意与防卫意思 ··· (122)

　　第一节　防卫过当与防卫意思 ··· (122)
　　　一　实务考察：防卫过当大多被认定为故意犯罪 ·············· (122)
　　　二　实务将防卫过当认定为故意犯罪的原因分析 ·············· (122)
　　　三　防卫意思不能等于犯罪故意 ································ (129)
　　第二节　互殴与防卫意思 ··· (157)
　　　一　互殴无防卫？ ·· (157)
　　　二　日本实务的借鉴意义 ··· (159)
　　　三　互殴与防卫意思的妥当判断 ································ (163)

第三节　挑拨防卫与防卫意思 …………………………（168）
　　一　挑拨防卫无防卫意思的理论阐述 ………………（168）
　　二　禁止权利滥用说的主张 …………………………（175）
参考文献 ………………………………………………………（181）
后记 ……………………………………………………………（192）

第一章　导论

　　蜕变于私刑、萌生于复仇，从习俗到法律、从观念到学说，正当防卫制度经历了一个漫长的历史发展过程。① 发端于1791年《法国刑法典》② 的现代意义上的正当防卫制度，与启蒙思想家的"天赋人权论"紧密相关。③ 时至今日，该制度几乎在世界各国和地区的刑法典中都有规定，成为刑法中最为重要的制度之一。我国《刑法》第20条规定："为了使国家、公共利益、本人或者他人的人身、财产和其他权利免受正在进行的不法侵害，而采取的制止不法侵害的行为，对不法侵害人造成损害的，属于正当防卫，不负刑事责任；正当防卫明显超过必要限度造成重大损害的，应当负刑事责任，但是应当减轻或者免除处罚；对正在进行行凶、杀人、抢劫、强奸、绑架以及其他严重危及人身安全的暴力犯罪，采取防卫行为，造成不法侵害人伤亡的，不属于防卫过当，不负刑事责任。"《德国刑法典》第32条第2款规定："为避免自己或第三人遭受现在不法之侵害，而实施必要之防卫行为者，为正当防卫。"该条第1款明确规定：正当防卫，并非违法。《日本刑法典》第36条第1款规定："对于急迫不正之侵害，为防卫自己或他人之权利，而出于不得已之行为，不罚。"《法国刑法典》第122-5条规定："在本人或他人面临不法侵害的当时，完成本人或他人正当防卫必需之行为者，不负刑事责任，但所使用的防卫手段与侵害的严重程度不相适应者，不在此列。为制止实施侵害财产之重罪或轻罪而完成除故意杀人

---

①　陈兴良：《正当防卫论》，中国人民大学出版社2017年版，第1页。
②　法国制宪议会于1791年7月19—22日通过了有关城市治安与"矫正（轻罪）警察"的法律，1791年10月6日通过了有关"刑事（重罪）警察"的法律。这两项法律实现了法律的统一与法典的编纂，从而成为一部真正的《刑法典》。参见［法］卡斯东·斯特法尼等《法国刑法总论精义》，罗结珍译，中国政法大学出版社1998年版，第79页。
③　陈兴良：《正当防卫论》，中国人民大学出版社2017年版，第11页。

以外的防卫行为,当此行为为实现目的之严格所需,且所采取的手段与犯罪的严重程度相适应时,行为人不负刑事责任。"第122-6条规定了两种推定的正当防卫:第一,夜间击退以破门撬锁、暴力或诡诈方式进入居住场所的行为;第二,对以暴力手段实施盗窃或抢劫的行为人进行自我防卫的行为。《巴西刑法典》第25条规定:"行为人对自己或者他人的权利受到的正在发生或者即将发生的不正当侵害,有节制地使用必需的工具进行反抗的,是合法防卫。"我国台湾地区"刑法"第23条规定:"对于现在不法之侵害,而出于防卫自己或他人权利之行为,不罚。但防卫行为过当者,得减轻或免除其刑。"对于正当防卫属于阻却犯罪成立的正当化事由、保护的范围至少包括个人权益、所针对的是不法侵害等问题,无论学界还是实务界,都能够达成共识,几乎没有争议。

但是,除了这些基本的共识之外,实务中对正当防卫的认定,基本上都是朝着否定的方向去理解和界定,动辄认定为防卫过当,甚至完全否认行为的防卫性质,这极大地压缩了正当防卫的成立空间。而刑法教义学也在试图通过重构正当防卫的正当化根据、重新界定正当防卫的成立条件和防卫过当的判断标准,为纠正司法实践对正当防卫限制过严的倾向开具药方,但效果还需时日验证。而对一些迫在眉睫或者引起公众关注的案件,相关机关巧妙地通过交付"听从民意"进行了解决,表面上的问题解决掩盖了司法实务和理论研究的困境,假以时日,老问题或许又会以新面目出现。

第一节 正当防卫的实践认定与裁判逻辑

我国1979年《刑法》第17条规定:"为了使公共利益、本人或者他人的人身和其他权利免受正在进行的不法侵害,而采取的正当防卫行为,不负刑事责任。""正当防卫超过必要限度造成不应有的危害的,应当负刑事责任;但是应当酌情减轻或者免除处罚。"尽管有此规定,司法实践中正当防卫的认定依然过严。有人认为,这是由于1979年《刑法》受"宜粗不宜细"的立法思想的影响,条文规定得过于笼统所致。[①] "造成这

[①] 王汉斌:《关于〈中华人民共和国刑法(修订草案)〉的说明》,载高铭暄、赵秉志主编《新中国刑法立法文献资料总览》,中国人民公安大学出版社2015年版,第697页。

一现象的原因是多方面的，如防卫案件本身情节较为复杂、承办人员业务素质不高等，但就立法而言，旧刑法对正当防卫的规定过于抽象和模糊，不能不说是一个很重要的因素。法律规定不明确，不仅使公民面对不法侵害无所适从，顾虑重重，削弱了人们对不法侵害进行正当防卫的法律意识，而且也使承办人员在具体处理防卫案件时难以操作，造成混乱甚至成为从严认定正当防卫的法律依据。"① 因此，1997年之前，对于实践中正当防卫认定过严的原因，人们自然地将之归结于立法论。顺应这种看法，1997年《刑法》修改时，立法机关对1979年《刑法》第17条正当防卫的条款作了重大变动。在1997年《刑法》第20条规定："为了使国家、公共利益、本人或者他人的人身、财产和其他权利免受正在进行的不法侵害，而采取的制止不法侵害的行为，对不法侵害人造成损害的，属于正当防卫，不负刑事责任。""正当防卫明显超过必要限度造成重大损害的，应当负刑事责任，但是应当减轻或者免除处罚。""对正在进行行凶、杀人、抢劫、强奸、绑架以及其他严重危及人身安全的暴力犯罪，采取防卫行为，造成不法侵害人伤亡的，不属于防卫过当，不负刑事责任。"两相对照，立法上的重大改动显而易见：（1）明确了不法侵害所涉及的权益范围。由以前的"公共利益、本人或者他人的人身和其他权利"修正为"国家、公共利益、本人或者他人的人身、财产和其他权利"。（2）放宽了防卫限度的条件。将"超过必要限度造成不应有的危害的"成立防卫过当，修改为"明显超过必要限度造成重大损害"。据此，只有明显超过必要限度，且造成重大损害的情形，才成立防卫过当。相反地，在以下三种情形下，均不成立防卫过当，而是正当防卫：第一，明显超过必要限度但没有造成重大损害；第二，虽然造成重大损害但没有明显超过必要限度；第三，虽然既造成重大损害又超过必要限度，但未达到"明显"超过的程度要求。（3）增设了特殊防卫制度（无过当防卫），对于严重危及人身安全的暴力犯罪，允许防卫人采取极端防卫手段，即便致人死亡，仍然成立正当防卫。学者对此也甚为满意，"这样修改使正当防卫的内容更加明确，说明正当防卫是制止不法侵害行为的正义行为"②。显而易见，

---

① 赵国强：《论新刑法中正当防卫权的强化》，《法学家》1997年第6期。
② 周柏森、方克勤：《正当防卫立法的修改与完善》，《法律科学》1997年第5期。

这种立法变动，主旨在于放宽正当防卫的成立条件，强化对防卫人的保护。对此，无论理论界还是实务界，均无疑义。①

然而，这种相对激进的立法，并没有达到预期的目的。即便有学者对该条第3款无过当防卫的规定表达了担忧，认为"片面夸大对严重暴力犯罪实行防卫可以'造成不法侵害人伤亡'的任意性，都是对法律精神的曲解，极易成为个人私刑报复的'合理'依据，而这恰恰是立法者所不愿看到的"②。但是，时至今日，被学者所担忧的局面并未出现，相反地，司法实务对正当防卫限制过严的倾向并未得到实质性的改观。③ 以无过当防卫为由进行辩护的案件不少，但极少能够获得法院判决的认可。④ 正当防卫在实践中究竟以何种面貌出现，有什么认定上的困境，是需要关注的问题。

一 正当防卫的实践认定

通说认为，"正当防卫的条件是主观意图与客观行为的统一。……可以从防卫意图、防卫起因、防卫对象、防卫时间、防卫限度等五个方面对正当防卫的成立条件予以界定"⑤。在这五个条件中，考察实务中对于案件的处理，除了防卫对象是针对不法侵害人之外，其他要件，基本上都是朝着否定正当防卫成立的方向来理解。⑥

---

① 王汉斌：《关于〈中华人民共和国刑法（修订草案）〉的说明》，载高铭暄、赵秉志主编《新中国刑法立法文献资料总览》，中国人民公安大学出版社2015年版，第697页；王政勋、贾宇：《论正当防卫限度条件及防卫过当的主观罪过形式》，《法律科学》1999年第2期。

② 杨忠民：《对正当防卫限度若干问题的新思考》，《法学研究》1999年第3期。

③ 需要注意的是，随着一系列案件的发生（如于欢案、昆山案等），司法实务中的确出现了认定正当防卫案件日趋增多的态势。参见徐日丹《2019年检察机关办理涉正当防卫不起诉人数同比增长110%》，https：//www.spp.gov.cn/spp/zdgz/202005/t20200526_ 462992.shtml，最后访问日期：2020年5月27日。但是，这是否标志着正当防卫限制过严得到了实质性的改观，结论为时尚早。当然，2020年8月28日，最高人民法院、最高人民检察院和公安部联合下发了《关于依法适用正当防卫制度的指导意见》，对正当防卫的司法适用中限制过严的情形进行了松绑，如果该意见能够得到坚决贯彻执行，则正当防卫的司法认定，可能会有实质性的改变。

④ 劳东燕：《正当防卫的异化与刑法系统的功能》，《法学家》2018第5期。

⑤ 高铭暄、马克昌主编：《刑法学》，北京大学出版社、高等教育出版社2017年版，第130页。

⑥ 劳东燕：《正当防卫的异化与刑法系统的功能》，《法学家》2018第5期。

（一）关于防卫起因

一般认为，正当防卫的起因条件就是有现实的不法侵害。而从我国立法及理论来看，首先，不法侵害不限于人身侵害，针对财产或者其他权利的侵害也可能是不法侵害；其次，针对自己的侵害是不法侵害，针对国家、公共利益或者他人的权利的侵害，也是不法侵害；最后，立法也没有对不法侵害的程度做出限制，只需具备不法性就可以了。因此，成为正当防卫起因的范围，相对是比较广的。

有研究发现，对于防卫起因，司法实务中却表现出保守的态度，对不法侵害往往做出一定程度的限定，一旦防卫人存在道德上的瑕疵，比如自招侵害的场合，往往就会被排除在防卫权的享有者之外。[①] 例如"黄某某故意伤害案"。[②] 一审法院认为，本案系因被告人黄某某与彭某甲之间的争吵和互殴纠纷而引发，彭某甲叫人殴打被告人黄某某的儿子黄某。在黄某被人殴打时，被告人黄某某持菜刀砍人，被告人黄某某的行为属于故意伤害的行为，不符合正当防卫的构成要件，故对辩护人提出的应当认定被告人黄某某正当防卫的意见，不予采纳。二审法院认为，上诉人黄某某与他人互殴，在互殴过程中持刀砍人，致一人轻伤，一人轻微伤，不存在本人正在受到不法侵害而防卫的情形，其行为构成故意伤害罪。

也有实证研究发现，以上推论能够获得一些实践数据支持，但是，在被害人过错程度较高的情况下，这种"道德洁癖"也非常容易导致对作为正当防卫起因之不法侵害的扩张性认定，从而有可能将原本的犯罪行为实质免罚，甚至有可能认定为正当防卫。因此，"该自变量（指'起因过

---

① 陈璇：《克服正当防卫判断中的"道德洁癖"》，《清华法学》2016年第2期。
② 本案案情：2014年6月10日14时，被告人黄某某与彭某甲在袁州区洪塘镇周某某开的杂货店门口因打牌发生口角，然后双方用板凳互殴殴打。被告人黄某某的儿子黄某在杂货店对面经营餐饮店，黄某见状就过去帮忙，黄某将彭某甲拖住，被告人黄某某即用板凳砸了一下彭某甲的头部，然后双方被劝开。当日15时，彭某甲认为自己吃了亏，就告诉儿子彭某乙，彭某乙要被害人肖某某帮忙去看看，于是被害人肖某某叫上付某等人来到洪塘镇，彭某甲带被害人肖某某等人找到黄某，然后被害人肖某某手拿摩托车锁和一起来的付某等人对黄某实施殴打，被告人黄某某见状拿菜刀砍被害人肖某某和付某。经宜春市袁州区公安司法鉴定中心鉴定，被害人肖某某的伤情为轻伤一级。经宜春司法鉴定中心鉴定，被害人付某的伤情为轻微伤，黄某尚不构成轻微伤。被害人肖某某受伤后，自2014年6月10日至2014年7月2日在宜春市人民医院住院治疗22天，用去医疗费52377.81元。参见中国裁判文书网：http://wenshu.court.gov.cn/website/wenshu/181107ANFZ0BX-SK4/index.html?docId=1af866e9ffc74adc9a46f41f6a1ff4b8，最后访问日期：2020年6月14日。

错'——引者注）对因变量（指'是否实质入刑'——引者注）有一定解释力，但相对其他更重要的变量（如'损害后果''是否谅解'），其解释力较为有限"①。所以，正当防卫认定中的"道德洁癖"，可能起到了限缩认定正当防卫的作用，也有可能起到了扩张认定正当防卫的作用。

（二）关于防卫时间

通说认为，不法侵害正处于已经开始并且尚未结束的进行阶段，是允许实施正当防卫的时间。《刑法》第 20 条"正在进行的不法侵害"的表述，严格限定了正当防卫的时间。侵害行为尚未开始，尚未威胁到合法利益时，没有必要实施正当防卫，相反地，当侵害已经结束，结果已经发生，也就丧失了防卫的意义。而不法侵害，一般可以理解为侵害人已经着手直接实施侵害行为。②对于"正在进行的不法侵害"的理解，无论通说还是有力学说都认为，只有当不法侵害具有紧迫性时，防卫行为方可实施。而征表紧迫性的要素，一般有侵害性质严重、侵害程度强烈、危险性较大、具有积极进攻性、侵害迫在眉睫等。③

司法实践中，对于侵害紧迫性要件，有判例在承认不法侵害正在进行，但是，依然以不具有紧迫性为由，而否认行为人的行为具有防卫的性质。比如陈某某故意伤害案。④法院认为：被告人陈某某故意伤害他人身体致人轻伤，其行为已构成故意伤害罪。理由是：自诉人高某某在被告人未给还债的情况下，卸被告人摩托车后轮的做法是错误的，而被告人陈某

---

① 赵军：《正当防卫法律规则司法重构的经验研究》，《法学研究》2019 年第 4 期。
② 高铭暄、马克昌主编：《刑法学》北京大学出版社、高等教育出版社 2017 年版，第 133 页。
③ 马克昌主编：《犯罪通论》，武汉大学出版社 1999 年版，第 719—720 页；高铭暄主编：《刑法专论》，高等教育出版社 2006 年版，第 421 页；张明楷：《刑法学》，法律出版社 2016 年版，第 201—202 页；周光权：《刑法总论》，中国人民大学出版社 2016 年版，第 204 页；黎宏：《刑法学总论》，法律出版社 2016 年版，第 131—132 页。
④ 本案案情：1999 年 8 月 2 日上午 10 时许，自诉人高某某找被告人陈某某要账，二人发生口角，互相厮打，高某某鼻部被打出血，后被人拉开。随后高某某又到被告人的伟祥焦化厂扳手卸被告人的摩托车后轮，被告人陈某某上前制止不听，便抓住自诉人的头发，二人厮打。在厮打过程中自诉人高某某脸部、鼻部、眼部被打伤，陈某某的头部也被打伤，后自诉人被送往医院住院治疗 16 天，花医药费 1204.48 元。参见北大法宝：https://www.pkulaw.com/pfnl/a25051f3312b07f36f3e1aa97ae73f6e0a2fc-99d9783b478bdfb.html?keyword=%E6%AD%A3%E5%BD%93%E9%98%B2%E5%8D%AB%20%20%E7%B4%A7%E8%BF%AB%E6%80%A7，最后访问日期：2020 年 6 月 28 日。

某在此情况下进行语言制止也是正确的，但当时自诉人的行为并不具有暴力性和紧迫性，属于轻微的不法侵害，故不符合正当防卫的构成要件。

但是，对于正当防卫中的侵害紧迫性要件，也有判例呈现出放宽的态度。① 比如"李某某故意伤害案"。② 辽宁省抚顺市中级人民法院刑事附带民事判决认定：被告人李某某无罪，驳回附带民事诉讼原告人刘某某的诉讼请求。宣判后，被告人李某某服判，附带民事诉讼原告人刘某某提出上诉，抚顺市人民检察院提出抗诉。抗诉意见为：第一，李某某的行为没有防卫性质。因为当时已不存在不法侵害的现实威胁，丧失了防卫要求的紧迫性。第二，当时，被害人并未对李某某及其家人实施任何不法侵害行为，因此，不具备正当防卫的前提条件。第三，李某某持铁管进入玉米地主动找被害人，在主观上有主动加害性，不具有防卫目的。辽宁省人民检察院的出庭意见为：第一，本案不属于无过当防卫。因为，村治保主任和联防队员赶到李某某家，是能够控制现场局势的，并且，被害人已经躲到玉米地里，此时已不存在严重危及人身安全的情况以及防卫的紧迫性。第二，本案属一般的正当防卫，但防卫明显过当。辽宁省高级人民法院于2015年4月27日做出刑事附带民事裁定：驳回抗诉、上诉，维持原判。在裁判理由部分，法院认为：《刑法》第20条第3款无过当防卫适用的前提是不法侵害人正在进行严重危及人身安全的暴力犯罪行为，且不受该条第2款规定的一般正当防卫"明显超过必要限度造成重大损害的，应当负刑事责任"的限制。本案中，检察院的抗诉意见及出庭意见并不成

---

① 陈璇：《克服正当防卫判断中的"道德洁癖"》，《清华法学》2016年第2期。
② 本案案情：2011年8月26日4时许，被告人李某某在位于抚顺市顺城区会元乡家中睡觉时，被院内狗叫声吵醒，其妻刘某元遂到院门口查看。后李某某听见刘某元的声音异常，亦来到院门口，发现刘某强手持一把尖刀正在对李家院门刺击并声称要"劫道"。李某某遂在院内取来一根铁管，但发现刘某强已经不见踪影，李某某跳墙出去寻找未果又回到家中。其间，刘某元电话通知该村治保主任刘首某等人到其家中。之后，刘某元见刘某强在其家房后出现，并将其家厨房的纱窗割开，便告知了李某某。李到房后及后院内的玉米地内寻找时，在玉米地内与刘某强相遇，刘某强持尖刀刺扎李某某，随即二人发生打斗，打斗中李某某持铁管照刘某强头部等处击打，致刘某强倒地，后被村民及刘某元送往医院，刘某强家属放弃治疗，于次日死亡。经法医鉴定：刘某强系头部遭受钝性外力作用造成颅脑损伤而死亡。参见北大法宝：https://www.pkulaw.com/pfnl/a25051f3312b07f3296e856eb71c30554dc3bcbc73330928bdfb.html?keyword=-%E6%AD%A3%E5%BD%93%E9%98%B2%E5%8D%AB%20%20%E7%B4%A7%E8%BF%AB%E6%80%A7，最后访问日期：2020年6月28日。

立,均不予采纳。抗诉及出庭意见的核心观点是被告人李某某有主动加害故意,其行为不构成无过当防卫,应认定为故意伤害罪。但是,第一,从本案起因来看,刘某强于凌晨 4 时持尖刀刺击李某某家院门并声称要"劫道",虽然当时村治保主任等人已经报警,但现场局势并未得到有效控制,持刀藏匿在李家封闭院落内的刘某强又出现在李家房后,还将厨房的纱窗割开。显然,案件系由刘某强的行为引发,该行为持续对李某某及其家人构成紧迫的现实威胁。同时,也能够证实被害人并没有放弃不法侵害的主观意愿。第二,从被告人李某某的主观方面来看,李某某持械进入自家院内玉米地寻找被害人,是公民依法保护自身人身安全的行为,不能据此认定其有加害故意。第三,从刘某强对李某某实施行为的性质来看,刘某强藏匿在玉米地里,持尖刀刺扎前来寻找的李某某,虽然没有使李某某实际受伤,但是,刘某强用利刃刺扎李某某,是严重危及他人人身安全的行为,足以严重危及李某某的人身安全,随时可能发生严重伤亡后果,故刘某强的行为属于"正在进行的严重危及人身安全的行凶暴力犯罪"。据此,李某某实施防卫行为并无主动加害故意,且符合无过当防卫的适用条件,不构成故意伤害罪。

(三) 关于防卫限度

关于防卫限度,1979 年《刑法》第 17 条规定:"正当防卫超过必要限度造成不应有的危害的,应当负刑事责任……" 1997 年修订《刑法》时,将之修改为:"正当防卫明显超过必要限度造成重大损害的,应当负刑事责任……" 并且,特别增加了第 3 款"对正在进行行凶、杀人、抢劫、强奸、绑架以及其他严重危及人身安全的暴力犯罪,采取防卫行为,造成不法侵害人伤亡的,不属于防卫过当,不负刑事责任"的规定。显然,对于防卫限度,1997《刑法》做出了对于防卫人有利的规定,这是合理的。鉴于正当防卫是将紧急情况中的私人暴力合法化了,而在紧急的情况下,人们往往不可能冷静思考、理智行动,因此,正当防卫容易超过必要限度而演变为防卫过当。[①] 关于防卫过当的考察,最高人民法院、最高人民检察院、公安部、司法部在 2015 年 3 月 2 日联合发布的《关于依法办理家庭暴力犯罪案件的意见》中的相关规定,具有很好的方法论意

---

① 冯军:《防卫过当:性质、成立要件与考察方法》,《法学》2019 年第 1 期。

义。该意见指出，要准确认定对家庭暴力的正当防卫，在认定防卫行为是否"明显超过必要限度"之时，应当以足以制止并使防卫人免受家庭暴力不法侵害的需要为标准，根据施暴人正在实施家庭暴力的严重程度、手段的残忍程度，防卫人所处的环境、面临的危险程度、采取的制止暴力的手段、造成施暴人重大损害的程度，以及既往家庭暴力的严重程度等进行综合判断。尽管该意见是有关办理家庭暴力犯罪案件的，但是，所提出来的关于防卫限度的判断方法，还是具有普遍意义。冯军教授将这种方法称为"综合判断方法"，并与"整体判断方法"进行了区分。①

司法实务中，有使用综合判断方法的案例，也有使用整体判断方法的案例。前者如"赵某故意伤害案"。② 公安机关以赵某涉嫌过失致人重伤罪，向晋安区人民检察院移送审查起诉。晋安区人民检察院以赵某的行为属防卫过当，构成故意伤害罪，作出相对不起诉决定。后福州市人民检察院审查认为，原不起诉决定适用法律错误，指令晋安区人民检察院纠正。晋安区人民检察院撤销原不起诉决定，认定赵某的行为是正当防卫，遂作出绝对不起诉决定。检察官的评析意见认为，在考察是否构成正当防卫的过程中，既要严格依照法律的规定，又要结合案情具体分析。现行刑法为了肯定见义勇为的行为，对于防卫限度的把握予以放宽，只有实施了明显不是为制止不法侵害所必需的防卫行为，才能认为是明显超过了必要限度。而对比本案侵害的法益和防卫行为所保护的法益，以及双方的手段、强度等因素，赵某的防卫行为并没有明显超过必要限度。再结合案发时的情境考虑，从赵某听到谩骂、呼救声下楼查看，到其制止李某对邹某的侵

---

① 冯军：《防卫过当：性质、成立要件与考察方法》，《法学》2019年第1期。
② 本案案情：被害人李某与邹某于2018年10月相识。同年12月26日晚23时许，二人酒后一同乘出租车到达邹某的暂住处福建省福州市晋安区某公寓楼，二人在室内发生争吵，随后李某被邹某关在门外。李某强行踹门而入，并殴打谩骂邹某，引来邻居围观。暂住在楼上的被不起诉人赵某闻声下楼查看，见李某把邹某摁在墙上并殴打其头部，即上前制止并从背后拉拽李某，致李某倒地。李某起身后欲殴打赵某，并进行言语威胁，赵某随即将李某推倒在地，朝李某腹部踩一脚，又拿起房间内的凳子欲砸李某，被邹某劝阻住，后赵某离开现场。经法医鉴定，李某腹部横结肠破裂，伤情属重伤二级；邹某面部软组织挫伤，属轻微伤。参见北大法宝，https://www.pkulaw.com/pfnl/a6bdb3332ec0adc4e9117f980aea4915587ac1ce562a21e1bdfb.html?keyword=%E6%AD%A3%E5%BD%93%E9%98%B2%E5%8D%AB%20%20%E9%98%B2%E5%8D%AB%E9%99%90%E5%BA%A6，最后访问日期：2020年6月30日。

害行为，再到其制止李某对其本人人身的侵害行为，整个过程在一个很短的时间内发生，其间赵某并没有离开现场，李某的侵害行为没有停止，人身危险性依然存在。作为防卫人的赵某面对李某紧迫的不法侵害，要求其对防卫限度有十分精准的把握，未免太强人所难，不是司法正义的应有之义。

使用整体判断方法的案例，有"龚某某故意伤害案"。① 法院认为，案发当天，与龚某某有积怨的韦某1酒后去到龚某某家，将龚某某堵在卫生间，被旁人劝阻、拉开，龚某某才能走出卫生间。该事实有诸多证据证实，可认定韦某1当天上门确属滋事。因韦某1被旁人拉开后又尾随龚某某进入龚某某卧室，不顾龚某某警告，采取手掐龚某某脖子等方式对龚某某实施人身侵害行为，龚某某为避免自己人身安全受到侵害而使用匕首针对韦某1本人还击的行为属于正当防卫。对公诉机关表示龚某某用匕首捅刺韦某1背部一刀是防卫行为，之后又二次捅刺手中无凶器的韦某1致其死亡的行为是一般的故意伤害行为，不是防卫行为的意见，法院认为，本案中，虽然龚某某曾供述其捅韦某1左胸口是因为害怕韦某1事后报复，但其也表示2013年其就曾被韦某1在其家中殴打致伤，当时担心韦某1被捅第一刀后仍继续侵害其才再次捅刀，案发时龚某某的此种恐惧和愤怒

---

① 本案案情：被告人龚某某和被害人韦某1素来有矛盾。2013年8月，韦某1曾去到龚某某家，在龚某某家卧室的床上殴打龚某某致其轻伤，韦某1因此被判刑。2016年6月19日17时许，韦某1酒后再次到武鸣县罗波镇凤林村板龚屯42号龚某某家滋事。其间，韦某1先是将龚某某堵在其家大院卫生间内，后经旁人劝阻、拉开韦某1，龚某某才得以走出卫生间。接着，韦某1听到走出卫生间的龚某某叫龚某1报警后又对龚某1进行威胁，不许龚某1报警。随后，龚某某回到自己卧室，韦某1紧随其后进入房间，龚某某遂从床头衣柜上拿起一把长砍刀挥舞警告韦某1。但韦某1仍上前将龚某某压倒在床上，在此过程中韦某1用手掐龚某某的脖子，龚某某手中的砍刀脱手，后龚某某拾起原先放置于床铺席子下的一把匕首刺中韦某1右背，后又持匕首捅刺韦某1左侧胸部。韦某1胸部被刺中后挣扎几下后趴倒在龚某某身上，龚某某随即拔出匕首，走出房间打110报警，并在现场等候民警到来。不久，民警和医务人员赶到现场处置，韦某1抢救无效死亡。经法医检验鉴定，韦某1躯干有多处创口，其中左腋前线第四肋骨处见两处创口，均深达胸腔；右腹右腋前线平脐部处创口与右腰处创口相贯通；经解剖见韦某1左胸部第三肋骨骨折，第四肋骨骨质缺失；左肺上叶、右肺上叶、主动脉弓、气管、右胸后壁各见两处创口。韦某1因主动脉破裂导致大出血死亡。参见北大法宝：https://www.pkulaw.com/pfnl/a25051f3312b07f31593ba859c82cf6aaf297c33194ef803bdfb.html?keyword=%E6%AD%A3%E5%BD%93%E9%98%B2%E5%8D%AB%20%20%E8%BF%9E%E7%BB%AD%E8%A1%8C%E4%B8%BA，最后访问日期：2020年7月2日。

交织的心态是合乎常理的。从案件发生、发展来看,无论是龚某某本人的供述和证人证言都可以证实,龚某某捅刺韦某 1 的背部和胸部两个不同部位的时间间隔很短,整个行为过程时间也很短,龚某某先后捅刺韦某 1 背部、胸部两个身体部位应视为龚某某实施的一系列连续行为,应做整体评价,属于龚某某实施的防卫行为,而不应简单机械地分割成两个行为分别进行评价,否则,不利于公民保护自身人身权利。因此,被害人韦某 1 到龚某某家中滋事,且采取手掐龚某某脖子的方式对龚某某实施人身侵害行为。龚某某为此针对韦某 1 本人使用匕首当场还击的行为是正当防卫。但当龚某某持匕首捅中韦某 1 背部一刀后,韦某 1 处于手中没有伤人工具且身受刀伤的情况,韦某 1 继续实施侵害的能力已被极大减弱,即便其再如龚某某所称"继续用手戳向龚某某眼睛,口称要整死龚某某",继续对龚某某实施人身侵害行为,也仅是一般性人身侵害行为,已经不可能严重危及龚某某人身安全。因此此时龚某某继续针对一般性人身侵害行为实施的防卫行为不属于无过当防卫,仅是一般正当防卫行为,存在必要限度。

(四) 关于防卫意思

传统理论认为,"防卫的认识与防卫目的是构成防卫意图并决定其性质必不可少的两个因素"①。防卫意思(意图、意识),就是"认识因素与意志因素的统一"②。近年来,在学界,防卫意思的内容主要是防卫认识的主张,成为有力学说,影响力越来越大。"正当防卫中的防卫意识,只要理解为对行为时所存在的客观事实的认识就足够了,没有必要做更高的要求"③。据此,在防卫意思的认定上,只需要防卫人认识到自己的行为是对抗正在进行的不法侵害即为已足。

在防卫意思的司法认定上,从主观面入手否定成立正当防卫,在实务中较为常见,尤其是以互殴为由而肯定冲突双方有相互伤害的故意而无防卫的故意最为普遍。④ 比如"刘某某故意伤害案"。⑤ 一审法院认为:被

---

① 马克昌主编:《犯罪通论》,武汉大学出版社 1999 年版,第 746 页。
② 陈兴良:《正当防卫论》,中国人民大学出版社 2017 年版,第 42 页。
③ 黎宏:《刑法学总论》,法律出版社 2016 年版,第 134 页。
④ 赵军:《正当防卫法律规则司法重构的经验研究》,《法学研究》2019 年第 4 期。
⑤ 本案案情:1994 年,被告人刘某某与本村村民路某某结婚。路的前夫刘某善对被告人刘某某经常去路宅心怀不满,两人多次发生口角。2000 年 2 月 11 日 18 时许,被告人刘(转下页)

害人刘某善嫉妒被告人刘某某与前妻结婚，经常谩骂刘某某并持刀扬言要杀人，被告人在对此知情的情况下，不能冷静处置而暗揣匕首上前挑拨，导致双方互殴。在互殴中，被告人刘某某将刘某善刺成重伤，其行为已构成故意伤害罪。二审法院认为：刘某善虽欲侵害上诉人，但因被他人劝阻，其侵害行为尚未实施，且已经停止。而上诉人刘某某与刘某善斗狠，并主动走近对方，故意激怒、刺激对方，促使其实施不法侵害，而后借口防卫将刘某善刺伤致残，其行为属挑拨防卫，不属正当防卫，已构成故意伤害罪。

（五）关于防卫对象

对于不法侵害人是正当防卫的对象，刑法理论和实务都没有争议。不法侵害人既包括直接实施不法侵害的人，也包括共同侵害人。在"牟某等故意伤害案"中①，某市人民检察院起诉书指控被告人牟某、牟1、牟

（接上页）某某来到路某某家中，正遇刘某善，刘某善即谩骂被告人刘某某，并持一把菜刀追赶刘某某，后被村民劝阻。刘某某回到家中，见刘某善仍站在某村民的屋前谩骂，并扬言要杀掉自己，便从家中拿出一把匕首，斗狠说："你今天不杀我，你就是我的儿。"说着走近刘某善，随即二人发生揪扯，双方扭倒在地。在扭打过程中，刘某善用菜刀砍击被告人头部，被告人刘某某亦用携带的匕首刺中刘某善左侧背部。此后，双方被人劝开，刘某善当即被人送往医院抢救。经法医鉴定：被害人刘某善的伤为重伤，构成九级伤残。参见北大法宝，https：//www.pkulaw.com/pfnl/a25051f3312b07f3b08119a39a53379713b1a2c358240492bdfb.html？keyword=%E6%AD%A3%E5%BD%93%E9%98%B2%E5%8D%AB%20%20%E4%BA%92%E6%AE%B4%20，最后访问日期：2020年7月2日。

① 本案案情：2009年1月19日凌晨2时许，被告人牟某与牟1等四人从某市一环东路V吧酒吧出来，到A3酒吧门口等候出租车。牟某与牟1内急，想到A3酒吧内上卫生间，偶遇从A3酒吧K歌出来的被害人宁某某、黄某某、傅某某等十多个人。黄某某发现了与其有积怨的牟1后，持刀在A3酒吧门口守候。当牟1出到酒吧门口时，黄某某即持刀砍伤牟1的头部、手部。牟1跑开躲避。宁某某等十多个人手拿砖头、啤酒瓶等追打牟1，但未追上，部分人返回A3酒吧。牟某见到牟1被砍伤后，到A3酒吧内告知牟某某，并与牟某某等人在V吧附近的芙蓉国酒楼停车场找到牟1。在牟某等人扶牟1到公路边准备离开时，宁某某等人又拿砖头等赶来。牟某某见状，上前拦住宁某某等人并问要干什么，被其中一人用砖头打伤头部。牟某、牟1等人见状，即与对方打起来。打斗中，牟某持一把随身携带的小刀胡乱挥舞，刺中宁某某的腹部。宁某某经抢救无效于当日死亡。傅某某被他人用刀刺破腹壁、肠、下腔静脉。经法医鉴定，宁某某系主动脉弓出血口处刺破致大出血休克而死亡；傅某某损伤程度为重伤。参见北大法宝，https：//www.pkulaw.com/pfnl/a25051f3312b07f395f6501da1d36347bde7c9bd8208c2bfbdfb.html？keyword=%20%E7%89%9F%E6%AD%A6%A6：7%AD%89%E6%95%85%E6%84%8F%E4%BC%A4%E5%AE%B3%E6%A1%88，最后访问日期：2020年7月2日。

某某等 6 人犯故意伤害罪。在法院审理期间，检察院以事实、证据有变化为由，于 2010 年 4 月 6 日决定撤回对被告人牟 1 等 5 人的起诉。某市中级人民法院审理后认为，被告人牟某故意非法损害他人身体健康致人死亡的行为，已触犯刑律，构成故意伤害罪。检察机关指控的罪名成立。本案中，审判机关与检察机关有两个分歧：一是貌似相互斗殴的打斗举动与刑法意义上的相互斗殴有无区分；二是在共同侵害中，部分人正在侵害，其他同伙没有实施侵害，对之能否实施正当防卫。检察机关认为被告人有时间离开现场而没有离开现场，事前事后有机会报警而没有报警，主观上有侵害对方的故意，是逞凶斗狠，打架斗殴，其行为均已构成故意伤害罪。但是，办案法官认为，本案有两个阶段：第一阶段是在 A3 酒吧，在牟 1 被对方发现之前，没有与被告人牟某等四人商量过要与被害人一方斗殴，牟 1 被黄某某无故用刀砍伤并被十多个人追打，完全处于没有防备的挨打状态，只好跑离，而被告人牟某等人当时完全不知情。此阶段，对牟某一方来说，他们没有不法侵害他人的故意，不能以互殴论。第二阶段是在芙蓉国酒楼门前，引起该次打斗亦是被害人一方主动袭击，被告人一方防卫而引起的。在牟某某上前询问究竟时，被害人一方直接讲要打人，并用砖头打伤牟某某，因此，被害人一方存在不法侵害。被告人一方的人身安全受到威胁，且处于现实的紧迫状态，此时牟某、牟 1 才拔出随身携带的水果刀与对方打斗，这表明牟某、牟 1 一方主观上只是维护自己及朋友权益，而没有不法加害的意图。在该案中，宁某某及傅某某等人手持凶器，但尚未伤害到人，不是直接加害人。被告人牟某的伤害行为不是针对打击牟某某的黄某某，而是对没有直接实施加害行为的宁某某、傅某某。但是，在案证据证明：在 A3 酒吧，宁某某、傅某某等人看到受伤的牟 1 跑开后，拿砖头追赶；得知牟 1 他们在芙蓉国酒楼停车场，又拿砖头赶到现场。虽然牟 1、牟某某的伤不是宁某某、傅某某等人所为，但宁某某、傅某某等人先后两次持砖头等凶器追向牟 1，意图伤害。当牟某某上前问究竟时，其同伙即动手伤人，足以判断宁某某、傅某某等人有伤害的共同故意，属于共同侵害。在共同侵害中，防卫对象不能局限于直接实行侵害者，其他共同行为人，尤其是共同实行人，可以一起作为防卫的对象。既然本案被害人方的宁某某、傅某某便是共同实行侵害人，当然可以作为防卫的对象。

二　裁判逻辑与司法建构

在刑事领域，"说理透彻、逻辑严谨的判决在司法实践中不多，许多判决千篇一律，空话、套话较多；有的不愿说理；有的不敢说理，有理当说不说；有的说理不当"①。刑事案件裁判文书的说理相对不充分、论证程式化成为一个痼疾。并且，裁判文书中的裁判理由，有时与作为判断者的法官内心不可言说的实质理由并不一致，甚至截然相反，因此，仅从裁判文书文本的内容来发现裁判逻辑，并不真实。对此，结合裁判文书，有学者通过与公安司法人员深入访谈，来加深对相关数据的理解，揭示裁判文书以外的关键信息，了解公安司法人员在处理相关案件时的真实心路历程，发现了正当防卫案件的裁判，实际上与现行立法、传统刑法理论相去甚远，而是遵循了另外一套逻辑。②

（一）裁判逻辑

1. 司法适用呈现出无罪率不高与"实质免罪率"不低的态势

学者研究发现，正当防卫案件中判决成立正当防卫的比例不高，因此，为人们所广为诟病的正当防卫沦为"僵尸条款"的问题的确存在。但是，如果加上定罪免刑案件、适用缓刑案件，正当防卫案件的非实刑判决率相对于普通刑事犯罪，则比例不低。之所以通过这种曲折的方式，从实质上给予被告人接近于无罪判决的处遇，是法官迫于各方压力，或者在控辩激烈、合议庭内部分歧较大、法官心证倾向于成立正当防卫的情形下，原则上作有罪判决，然后通过定罪免刑、缓刑等"实质免罚"方式来灵活处理。如此，正当防卫成为僵尸条款这个命题，不宜作绝对化解读。③

2. 定罪理由上出现法律规则的虚置与超法规的阻却正当化事由

在以正当防卫为抗辩理由的案件中，如果在难以反驳辩护意见的情况下，法官通常会围绕特定犯罪（通常是故意伤害罪）的构成要件展开论述，而对正当防卫的辩解不做正面回应，如此，使得正当防卫条款被悬

---

① 马卫军：《论刑事判决书的说理》，载陈兴良主编《刑事法评论》（第 30 卷），北京大学出版社 2012 年版，第 534 页。
② 赵军：《正当防卫法律规则司法重构的经验研究》，《法学研究》2019 年第 4 期。
③ 同上。

置,"隐含着某种与正当防卫立法精神相悖的司法逻辑"①。此外,在认定不属于正当防卫之时,判断者往往会突破法律条文的含义,一旦防卫人提前准备工具,或者侵害人攻击动作瞬时性下降,或者不法侵害对重大人身法益的威胁"不紧迫"等情形,判断者会据此认定被告人不具备正当防卫。这种在法定要件之外增设限制成立正当防卫的额外条件,的确有法外入罪之嫌。②"承认'超法规的正当化阻却事由',反映了限缩认定正当防卫的司法立场与鼓励正当防卫的立法精神之间存在巨大反差。"③

3. 情节考量与裁判规则的构成要素

赵军教授将"是否实质入刑"作为因变量,以"起因过错"等7个自变量作为正当防卫案件的裁判结果预测模型。研究发现,"起因过错""谁先动手""退让可能""工具来源""损害后果""被告报警"和"是否谅解"这些变量对于正当防卫案件的实际裁判结果具有一定的影响力,是司法裁判规则中的重要构成要素。④

在事件初始起因上,司法机关在处理案件时,往往会通盘考虑相关事件在整体上的来龙去脉与是非对错,在这一过程中,伦理评价对裁判结果有一定影响,从"被害人错"到"双方错"再到"被告人错",被告人被实质入刑的可能性也呈现出上升趋势。但是,相反地,从"被告人错"到"双方错"再到"被害人错",也有可能导致被告人出罪的概率上升。

---

① 赵军:《正当防卫法律规则司法重构的经验研究》,《法学研究》2019年第4期。
② 笔者在研究过程中,检索到索某某故意伤害案二审判决书,就索某某是否构成正当防卫,与某中级人民法院一刑庭法官讨论时,法官特别在意少数民族同胞有"带刀习惯",并以此为主要理由认为索某某不成立正当防卫。笔者对此大惑不解。本案案情是:2015年11月23日凌晨,唐某(已另案判处)伙同洛某(本案死者)从阿坝县尚某家盗走21头牦牛,连夜赶至一处名为"然日阿玛"的山坡并在此休息。2015年11月23日下午3时许,上诉人索某某等人为帮助失主寻找被盗牦牛,顺着牛蹄印找到唐某、洛某二人。索某某等几人发现唐某正在睡觉,随即将唐某控制。此时索某某见洛某持刀从距离十米左右的山沟向自己冲来,也持刀冲向洛某,双方快要相遇时,洛某拿刀砍向索某某,索某某用藏装裹手将洛某的刀抓住后,用刀刺中洛某右腋下,此后又先后刺中洛某左下腹部和左后背部。上诉人索某某在送洛某就医途中逃走。洛某于送医途中身亡。经鉴定,洛某死亡原因系急性失血性休克死亡。参见中国裁判文书网 http://wenshu.court.gov.cn/website/wenshu/181107ANFZ0BXSK4/index.html?docId=a5a483e4e00c4506b-1fca7f60122ad8c,最后访问日期:2020年8月16日。
③ 赵军:《正当防卫法律规则司法重构的经验研究》,《法学研究》2019年第4期。
④ 同上。

可见该自变量对因变量有一定的解释力，但解释力相对有限。因此，"司法机关的'道德洁癖'的确是限缩认定正当防卫的可能原因之一，但并非决定性因素"①。

在"谁先动手"上，被告人率先发起暴力攻击的可能性每上升一个等级，其被实质入刑的发生比相应升高。相反地，越是被害人率先发起攻击，后反击的被告人被实质免罚或被判决成立正当防卫的可能性就越高。因此，"谁率先发起攻击"是最为关键的情节之一，除非存在双方事先约定互殴等特殊情节。

而在事发当时，如果被告人能通过退让来避免冲突，则其被实质入刑的发生比将升高。因此，"退避性"要件是司法裁判规则的内容之一。"防卫人的'退让义务'不仅在观念层面得到司法机关的认可，在案件的处理中更是发挥了实实在在的作用，但还不是具有主导性、决定性的司法裁判规则"②。

如果被告人在冲突中使用了工具，则从"就地取材"到"未查明"再到"事前带入现场"，被告人被实质入刑的发生比相应升高，因此，提前准备工具往往视为肯定伤害故意、否定防卫意图的"超法规的正当化阻却事由"。需要注意的是，无论是否为了应对冲突而特意准备或者随身携带具有杀伤力的工具，都会提升实质入刑的可能性。背后的司法逻辑是："既然有时间准备工具，就有机会回避冲突，选择报警或求助他人；在这种情况下准备工具，就是主动迎击，就是互殴，从而可以否定成立正当防卫。"③

对"损害后果"的考察发现：被害人从"轻伤以下"到"轻伤"再到"重伤"最后到"死亡"，会使被告人实质入刑的发生比明显升高。这说明，"'损害后果'对裁判结果的实际影响力远超其他法定情节。……对裁判结果具有最强的作用力"④。这支持了学界对正当防卫案件的司法处理唯结果论的判断。

研究发现，如果积极赔偿对方损失、取得被害方谅解，则被告人被实

---

① 赵军：《正当防卫法律规则司法重构的经验研究》，《法学研究》2019 年第 4 期。
② 同上。
③ 同上。
④ 同上。

质入刑的发生比将显著下降。"这是一个对因变量作用力极强的数值。……被害方是否谅解对因变量有绝对优越的解释力,是司法实务考量的首要因素。"①

另外,如果被告人在案件发生后主动报警,表现出对执法、司法权威的服从姿态,则其被实质入刑的发生比将显著下降。与正当防卫法定要件无关的"被告报警"情节作用显著,就是对司法适用与立法精神存在巨大反差的实证。②

(二) 司法建构

2018年昆山反杀案③引起了社会各界广泛关注,有学者认为我国刑法第20条第3款的规定为我国所独有,德、日刑法正当防卫条款中均无此条款,而在德、日,这一问题通常在防卫过当的责任形式中讨论,比如《德国刑法典》第33条阻却罪责的防卫过当的规定。对于符合了第20条

---

① 赵军:《正当防卫法律规则司法重构的经验研究》,《法学研究》2019年第4期。
② 同上。
③ 本案经过:2018年8月27日晚,刘海龙醉酒驾驶皖AP9G57宝马轿车(经检测,血液酒精含量为87mg/100ml),载刘某某(男)、刘某(女)、唐某某(女)行至昆山市震川路,向右强行闯入非机动车道,与正常骑自行车的于海明险些碰擦,双方遂发生争执。经双方同行人员劝解,争执基本平息,但刘海龙突然下车,上前推搡、踢打于海明。虽经劝架,刘海龙仍持续追打,后返回宝马轿车拿出一把砍刀(经鉴定,该刀为尖角双面开刃,全长59厘米,其中刀身长43厘米、宽5厘米,系管制刀具),连续用刀击打于海明颈部、腰部、腿部。击打中砍刀甩脱,于海明抢回砍刀,并在争夺中捅刺、砍击刘海龙5刀,刺砍过程持续7秒。刘海龙受伤后跑向宝马轿车,于海明继续追砍2刀均未砍中。刘海龙跑向宝马轿车东北侧,于海明追赶数米被同行人员拉阻,后返回宝马轿车,将车内刘海龙手机取出放入自己口袋。民警到达现场后,于海明将手机和砍刀主动交给处警民警(于海明称拿走刘海龙手机是为了防止对方打电话召集人员报复)。刘海龙经送医抢救无效于当日死亡。经法医鉴定并结合视频监控认定,刘海龙连续被刺砍5刀,其中,第1刀为左腹部刺戳伤,致腹部大静脉、肠管、肠系膜破裂;其余4刀依次造成左臀部、右胸部并右上臂、左肩部、左肘部共5处开放性创口及3处骨折,死因为失血性休克。于海明经人身检查,见左颈部条形挫伤1处、左胸季肋部条形挫伤1处。检察机关认为,我国《刑法》第20条第3款规定:"对正在进行行凶、杀人、抢劫、强奸、绑架以及其他严重危及人身安全的暴力犯罪,采取防卫行为,造成不法侵害人伤亡的,不属于防卫过当,不负刑事责任。"根据上述规定和查明的事实,本案中,死者刘海龙持刀行凶,于海明为使本人人身权利免受正在进行的暴力侵害,对侵害人刘海龙采取制止暴力侵害的行为,属于正当防卫,其防卫行为造成刘海龙死亡,不负刑事责任。公安机关对此案作撤案处理符合法律规定。参见卢志坚《于海明的行为属于正当防卫,不负刑事责任》,《检察日报》2018年9月2日第1版。

第 3 款规定的情形，可以认定为假想无限防卫，按照事实认识错误，阻却犯罪故意来处理。① 黎宏教授认为，"我国刑法第 20 条第 3 款的规定是一种迥异于第 1 款正当防卫的免责规定"②。按照以上两种观点，《刑法》第 20 条第 3 款都是阻却罪责的规定，只不过前者采取了较为曲折的教义学解读，后者直接将该款与德、日等大陆法系国家和地区的阻却罪责的防卫过当做了相同的理解。③ 本书认为，对于我国《刑法》第 20 条的规定，无论通说的一般防卫与特殊防卫（无过当防卫）的区分，还是正当防卫与阻却罪责的防卫过当（或者假想无限防卫）的理解，都是对于法律条文的教义学解读，无论如何，以下结论应该是成立的：从立法上来讲，我国有关正当防卫的刑法规定是完备的。但是，正当防卫在司法实践中的确存在一定的困境，正当防卫条款成为"僵尸条款"的批评之声不绝于耳。或许这种批判有些严厉，较为妥当的表述可能是"我们不能简单地说正当防卫是'僵尸条款'。但是我们确实都认为，公安司法机关认定正当防卫还是偏严了"④。

第一，对相关理论各取所需、为我所用，成为司法实务的"重要论证手段"⑤。不能否认，如果"刑法教义学建构不足"，那么将会导致"防卫困境"。如果理论上对正当防卫成立条件的阐释不透彻，如果裁判者的法理训练不足，那么，正当防卫的认定就难以指望结果正确。⑥ 但是，近二十年来，尤其是随着国家司法考试（法考）的大力推进，司法人员的知识结构、法律素养和办案能力有了大幅度提升，在办理刑事案件的过程中，拿一些理论来支撑自己的观点的做法，在司法实践中较为常见，即便可能在最终的裁判文书上没有体现出来，但是，在

---

① 姚培培：《"昆山'反杀'案"的多种解决方案分析及可能的出罪路径》，"育灵子 Kan 刑法"公众号，2018 年 8 月 30 日。
② 黎宏：《事后防卫处理的日中比较——从"涞源反杀案"切入》，《法学评论》2019 年第 4 期。
③ 本书赞同黎宏教授的观点。
④ 曲新久：《正当防卫制度适用的现状与困境应对》，载最高人民检察院第一检察厅《最高人民检察院第十二批指导性案例适用指引：正当防卫》，中国检察出版社 2019 年版，第 152 页。
⑤ 赵军：《正当防卫法律规则司法重构的经验研究》，《法学研究》2019 年第 4 期。
⑥ 周光权：《正当防卫的司法异化与纠偏思路》，《法学》2006 年第 12 期。

相关问题的内部文书中，还是能够发现蛛丝马迹的。"对于域外立法参照或国内法学专家的论述，只有在与法官或法院立场相同时才会被拿来用作司法论证的工具，反之就可能被无视"①。正当防卫的司法适用，也是如此。②

第二，司法实务中额外添加相关要件，是以阻却正当防卫的成立、限缩正当防卫成立范围为目标的规则重构。因此，司法就遵循了以下一套裁判逻辑："（1）在事件起因上，防卫人不能有伦理过错；（2）即便预料到被攻击的危险，也不能提前准备防卫工具；（3）在有退让可能时，要选择退让；（4）不能先动手；（5）不能给对方造成重伤以上的损害，最好是连轻伤也不造成；（6）防卫行为结束后即刻报警；（7）事后通过赔偿获取被害方谅解；（8）实质满足正当防卫法定要件但未（完全）遵循前列各项司法裁判规则的，可获得实质免罚等轻判结果。"③ 需要说明的是，尽管在裁判规则上，司法实践呈现出限制正当防卫成立的取向，但是，在刑罚适用上却体现出对实质符合法定要件的防卫人从轻发落（如定罪免刑）。

---

① 赵军：《正当防卫法律规则司法重构的经验研究》，《法学研究》2019年第4期。

② 对昆山反杀案，江苏省苏州市人民检察院检委会委员、公诉二处处长王勇撰文认为，对于《刑法》第20条第3款的"行凶"，要进行综合判断。本案中，刘海龙在客观上实施了三个行政违法行为（非法携带管制刀具、实线变道、结伙殴打他人）和两个犯罪行为（危险驾驶罪、寻衅滋事罪）。从其短时间现场违法可看出，其不法行为数量多且逐步升级，从携带管制刀具到危险驾驶罪，从违反《治安管理处罚法》的殴打他人到寻衅滋事罪，没有限制、约束自己的迹象。醉酒的刘海龙在殴打于海明已经占优的情况下，又取出砍刀攻击，同行的刘某某都无法劝阻，难以预料其下一步攻击是否会继续升级。因此，应当认定为"行凶"。参见王勇《正当防卫疑难问题的司法适用》，载最高人民检察院第一检察厅《最高人民检察院第十二批指导性案例适用指引：正当防卫》，中国检察出版社2019年版，第190页。

周光权教授认为，关于防卫过当和正当防卫的认定的裁判规则，应当重在行为认定、注重侵害的持续性和考虑防卫的因素。在持续性侵害的场合，要放宽防卫的要求。周光权教授指出："在昆山这个案子里，王勇处长起草的那个说明里面大概有这个意思，我觉得讲得挺好。就是说你连续不断地殴打他人，要让那个防卫人很准确地判断你这连续不断的当中哪些是开玩笑的，哪些是当真的，你下手很重，特别是凶器很厉害的时候，要作出判断那是不可能的。"周光权：《正当防卫裁判规则的构建》，载最高人民检察院第一检察厅《最高人民检察院第十二批指导性案例适用指引：正当防卫》，中国检察出版社2019年版，第178页。

③ 赵军：《正当防卫法律规则司法重构的经验研究》，《法学研究》2019年第4期。

第三，事实上，对正当防卫尺度的理解与把握，整个"政法共同体"① 具有相当的一致性，这源自"政法共同体"有自身一套普遍遵循的支撑防卫观的底层逻辑。曲新久教授认为，司法实务中之所以出现过严把握正当防卫，或许与国家理论有关，高度垄断暴力的国家"不愿意、不希望暴力权力更多为民众分享。……所以司法机关过于限缩地理解掌握正当防卫的立法规定，过严地把握正当防卫成立条件，也就不难理解了"②。赵军教授发现，在现实司法规则背后，政法共同体普遍遵循的底层逻辑包括：在文明、法治社会，处理矛盾冲突的首选应该是和平的法律途径。由代表国家的执法、司法机关，对违反国家法律的不法侵害人予以制裁，是最恰当的方式。对执法、司法权威的否定与挑战的"以暴制暴"，会使冲突升级、损害后果扩大，同样破坏了"法治秩序"，必须予以限制而非鼓励。与之相应，正当防卫正当化的根据既不是个人权利保护与法确证利益，也不是法益衡量，而是在公权力机关力有不逮，为阻止不能容忍的严重不法侵害，为维护"法治秩序"，而不得不采取的、例外的、最低限度的暴力行动。③

第四，不能忽略多元主体的"博弈"，对司法裁判规则形成的影响。审判是"政治性的"，同时也是"个人性的"。④ 某种意义上说，裁判者在处理刑事案件的时候，都是"实用主义"者，但是，这种"实用主义"是受约束的，是"带着镣铐跳舞"。一方面，司法裁判不能脱离法律条文，如此，才能够为裁判结论打上合法性与正当性的烙印；另一方面，在对法律的阐释上，司法者也不是绝对任意的。在受法律条文文字表述约束的同时，从裁判的可接受性上考虑，面对资讯如此发达的信息时代，司法者在处理个案时，不得不考虑其他社会主体及社会情势的影响，尤其是那些引发广泛关注的热点案件，社会各界层的意见表达往往会对案件结果产

---

① 这里的政法共同体，包括了公安民警、检察官、法官，某种意义上也包括了政法委工作人员，而排除了理论上所认同的作为"法律共同体"组成部分的律师。

② 曲新久：《正当防卫制度适用的现状与困境应对》，载最高人民检察院第一检察厅《最高人民检察院第十二批指导性案例适用指引：正当防卫》，中国检察出版社2019年版，第153页。

③ 赵军：《正当防卫法律规则司法重构的经验研究》，《法学研究》2019年第4期。

④ ［美］理查德·波斯纳：《法官如何思考》，苏力译，北京大学出版社2009年版，第337页。

生某种实质性影响。① 同时，司法者还会关心自己在社会中的声誉，顾及已经在自己职业领域中历史地形成的、彼此"心照不宣"的司法"游戏"和司法惯例。申言之，"法律正义只能通过立法者、司法者及其他主体在执法司法、公共讨论等多维场域的复杂互动与互构中得到实现"②。

第二节　本书的研究对象与方法

一　研究对象

为了解决司法实务中正当防卫的认定困境，理论界的研究主要集中于以下方面：（1）对正当防卫成立要件、认定标准和方法进行研究，试图通过对法律规范的解释来纠正司法的偏差；③（2）从正当防卫的理论基础入手，力图引导司法观念的转化；④（3）从正当防卫的本土观念来揭示产生困境的原因；⑤（4）从实证的角度总结司法经验，探讨正当防卫法律规则的司法重构问题。⑥

以上研究，对于推进正当防卫的理论研究与解决实务困境，具有积极

---

① 比如邓玉娇案、许霆案、于欢案等。
② 赵军：《正当防卫法律规则司法重构的经验研究》，《法学研究》2019年第4期。
③ 如陈兴良：《互殴与正当防卫的界限》，《法学》2015年第6期；黎宏：《论正当防卫的主观条件》，《法商研究》2007年第2期；胡东飞：《正当防卫的时间条件》，《国家检察官学院学报》2013年第6期；陈璇：《正当防卫与比例原则——刑法条文合宪性解释的尝试》，《环球法律评论》2016年第6期；等等。
④ 如劳东燕：《防卫过当的认定与结果无价值论的不足》，《中外法学》2015年第5期；张明楷：《正当防卫的原理及其运用——对二元论的批判性考察》，《环球法律评论》2018年第2期；周光权：《正当防卫的司法异化与纠偏思路》，《法学评论》2017年第5期；王钢：《法秩序维护说之思辨——兼论正当防卫的正当性依据》，《比较法研究》2018年第6期；陈璇：《侵害人视角下的正当防卫论》，《法学研究》2015年第3期；等等。
⑤ 如劳东燕：《正当防卫的异化与刑法系统的功能》，《法学家》2018年第5期；陈璇：《正当防卫、维稳优先于结果导向——以"于欢故意伤害案"为契机展开的法理思考》，《法律科学》2018年第3期；等等。
⑥ 如赵军：《正当防卫法律规则司法重构的经验研究》，《法学研究》2019年第4期；尹子文：《防卫过当的实务认定与反思——基于722份刑事判决的分析》，《现代法学》2018年第1期；彭雅丽、邬丹：《正当防卫制度的司法症结和解决对策研究——基于全国2486件案例的实证分析》，陈兴良主编：《刑事法评论》（第37卷），北京大学出版社2016年版；等等。

意义。在对我国《刑法》第 20 条正当防卫的解读中，传统观点认为，刑法第 20 条第 1 款将"为了使国家、公共利益、本人或者他人的人身、财产和其他权利免受正在进行的不法侵害"规定为公民实行正当防卫的首要前提条件，这说明主观条件即防卫意图被置于"显要位置"。① 相反地，另有观点则主张防卫意思不是正当防卫成立的要件。② 笔者注意到，在正当防卫是否成立的诸多条件中，司法判例对防卫意思，青睐有加。在笔者所检索的中国裁判文书网上关于正当防卫的二审判决书中，③ 对于被告人或者辩护人以正当防卫为由的上诉或者辩护，二审法院认定"不是正当防卫"的案件为 206 件，其中，明确以"没有防卫意思、防卫目的和有非法侵害故意"为由的案件为 51 件，占 24.8%。另有 101 件案件是以"互殴、寻衅滋事过程中、好勇斗狠"为理由否定正当防卫的情形，如果考虑到"互殴、寻衅滋事过程中、好勇斗狠"自然是有犯罪的故意，当然没有防卫的意思，则该比例高达 73.8%。④

赵军教授的研究也支撑了笔者的结论。赵教授发现，司法实务中，"从主观面入手否定成立正当防卫，这在所有认定成立犯罪的正当防卫案件中占到六成。其中以互殴为由肯定冲突双方具有相互侵害故意进而否定

---

① 高铭暄、马克昌主编：《刑法学》，北京大学出版社、高等教育出版社 2017 年版，第 130 页。需要加以说明的是，本书所讲的防卫意思，与防卫意识概念可以做相同理解。

② 张明楷：《刑法学》，法律出版社 2016 年版，第 204—209 页。

③ 检索条件：案件类型：刑事案件；关键词：正当防卫；审判程序：二审；文书类型：判决书；检索时间：截至 2018 年 7 月 23 日。在该组检索条件下，命中 309 件案例。经筛选，除去 1 件民事判决和 19 件重复、判决中没有出现正当防卫和防卫过当词语的判决，最终符合研究条件的是 289 件判决。其中：按审级分高级人民法院 25 件，中级人民法院 264 件。按地域分北京 1 件；天津 1 件；河北 7 件；山西 14 件；内蒙古 8 件；辽宁 6 件；吉林 3 件；黑龙江 3 件；江苏 7 件；浙江 7 件；安徽 7 件；福建 10 件；江西 8 件；山东 10 件；河南 13 件；湖北 6 件；湖南 45 件；广东 26 件；广西 19 件；海南 4 件；重庆 7 件；四川 16 件；贵州 12 件；云南 24 件；西藏 2 件；陕西 9 件；甘肃 2 件；宁夏 5 件；新疆 5 件；青海 2 件。按年度分：2018 年 27 件；2017 年 78 件；2016 年 68 件；2015 年 49 件；2014 年 55 件；2013 年 6 件；2012 年 3 件；2011 年 2 件；2009 年 1 件。

④ 在相关研究中，研究者也得出了司法实践重视防卫意思的结论。在对全国 2486 件案例的实证分析研究中（该研究所依据的样本为北大法宝收录的案例），以"防卫意识"为由不成立正当防卫的案件为 1379 件，占比为 55.5%。参见彭雅丽、邬丹《正当防卫制度的司法症结和解决对策研究——基于全国 2486 件案例的实证分析》，载陈兴良主编《刑事法评论》（第 37 卷），北京大学出版社 2016 年版，第 133 页。

防卫意图的情况最为普遍,其次是直接从被告人的暴力行为出发认定被告人有伤害故意(以此否定防卫意图)"①。另有研究发现,"法院为防卫意识设立了过高的门槛,苛求纯粹的防卫意志,致使大量有成立正当防卫余地的案件被定性为故意伤害"②。显然,犯罪故意或防卫意思的认定,是正当防卫案件中最具普遍性的焦点问题。在理论界,在防卫前提、防卫对象、防卫限度和防卫时间上,争议不大,而对于正当防卫中是否需要防卫意思,则有"防卫意思必要说"与"防卫意思不要说"的分野。即便在"防卫意思必要说"内部,对于防卫意思应当包含哪些内容,又有"防卫认识说"与"防卫目的说"的争论。可以说,无论理论探讨还是实践层面,防卫意思对于正当防卫法律规则本身抑或司法重构,都具有相当的作用。因此,本书的研究对象聚焦于防卫意思,围绕是否需要防卫意思、防卫意思在实务中的认定难题、防卫意思的内容和防卫意思的判断等问题展开。

本书的基本观点是:防卫意思是正当防卫的成立条件之一,需要在相对柔软的意义上来理解防卫意思。正当防卫所要求的防卫意思,包括两个方面的内容,对防卫前提之正在进行的不法侵害的认识和遵守规范的意识。对于防卫意思的判断,需要立足于正当防卫的权利本位,坚持个人保全和法确证原理的正当性根基,按照客观主义的方法,沿着"行为→结果"的顺序进行判断。

二 研究方法

(一) 实证研究法

紧紧围绕正当防卫司法认定中的诸多典型案例,进行实证分析和研究,归纳分析裁判要旨,使研究有较强的问题针对性和实用性。

(二) 比较研究法

正当防卫作为人类人性的一种本能,自有人类,就已为社会共同体所接受。作为世界各国所普遍接受的正当化事由的正当防卫,更有值得我们

---

① 赵军:《正当防卫法律规则司法重构的经验研究》,《法学研究》2019年第4期。

② 彭雅丽、邬丹:《正当防卫制度的司法症结和解决对策研究——基于全国2486件案例的实证分析》,载陈兴良主编《刑事法评论》(第37卷),北京大学出版社2016年版,第137页。

比较之处。在国外，特别是大陆法系国家，对正当防卫制度的研究已经有数百年的历史，在理论研究上，有很多值得我们借鉴的地方，同时，对正当防卫的司法认定方面，也有着丰富的案例资源，值得借鉴。

（三）思辨研究法

关于正当防卫正当化理论和方法论的研究，应当避免对法律条文的简单阐释与分析，而是要着力于从根本入手，关注理论本身的逻辑建构。同时，辅之以案例的研究方法，通过对司法实务中正当防卫的认定考察，获得其他研究手段所不能获得的经验性知识，并以此为基础来分析各种类型的正当防卫之间的逻辑关系，检验和发展已有的理论体系。

（四）价值分析法

法律是人类的作品，只有从它的理念出发，才可能被理解。价值评判在法中起着重要作用，法律秩序中充满着价值判断。在正当防卫的立法过程中，立法者的价值观也是通过法律规范形式转化到法律之中，同时，法律一经公布生效，也就成为一个独立的存在，也就有着自身独立的价值与目的。因此，我们只有从价值的视角出发，才能发现正当防卫制度得以存在的正当性与合理性，从而科学合理地指导正当防卫的司法认定。

第二章　防卫意思不要说的理由和反驳

在正当防卫中，争议较大的是防卫意思的要否。大陆法系刑法理论中，德国通说认为，"防卫行为，首先必须体现防卫意思（Verteidigungswille）"①，德国判例也持防卫意思必要说这种立场。② 在学界，只有施彭德尔教授主张防卫意思不要说。③ 而在日本，判例采取的是防卫意思必要说，④ 而理论界则存在较大争议，大体上看，行为无价值论者大多主张防卫意思必要说，⑤ 相反地，结果无价值论者大多主张防卫意思不要说。⑥ 需要指出的是，在学术史上，防卫意思是否必要的问题，起先与行为无价值、结果无价值并无关联，即使不采取行为无价值论立场的学者，也有可能采取防卫意思必要说。⑦ "把这种联系（指行为无价值论主张防卫意思必要说，结果无价值论主张防卫意思不要说——引者注）视为当然，在学术史上来看是存在问题的"⑧。但是，不能不看到，随着理论研

---

① ［德］汉斯·海因里希·耶塞克、托马斯·魏根特：《德国刑法教科书》（上），徐久生译，中国法制出版社2017年版，第459页。

② ［德］克劳斯·罗克辛：《德国刑法学总论》（第1卷），王世洲译，法律出版社2005年版，第416页。

③ 同上书，第415页。

④ ［日］佐伯仁志：《刑法总论的思之道·乐之道》，于佳佳译，中国政法大学出版社2017年版，第115页。

⑤ ［日］大塚仁：《刑法概説（総論）》，有斐閣2008年版，第390页；［日］大谷實：《刑法講義総論》，成文堂2012年版，第283页；［日］西原春夫：《刑法総論（上卷）》，成文堂1993年版，第240页；［日］井田良：《講義刑法学·総論》，有斐閣2008年版，第253—254页。

⑥ ［日］平野龍一：《刑法総論Ⅱ》，有斐閣1975年版，第243页；［日］內藤謙：《刑法講義総論（中）》，有斐閣1986年版，第344页；［日］西田典之：《刑法総論》，弘文堂2010年版，第170页。

⑦ 参见［日］川端博《刑法总论》，余振华译，元照出版公司2008年版，第133页。

⑧ ［日］大塚仁：《刑法概説（総論）》，有斐閣2008年版，第391页。

究的深入，防卫意思问题已经与行为无价值论和结果无价值论的理论争论密切相关，由此，防卫意思必要说成为行为无价值论的标签，而防卫意思不要说成为结果无价值论的置喙。①

第一节　防卫意思不要说的理由

尽管也有见解从结果无价值论的立场出发，主张防卫意思必要说，防卫意思要否未必与违法性的本质论有理论上的必然性，② 但是，对于主观的正当化要素，彻底的结果无价值论者持否定态度，因此，大多会采取防卫意思不要说。概括来讲，防卫意思不要说主要有以下理由：

第一，依照结果无价值论的立场，违法的本质是侵害或者威胁法益。行为是否违法，关键是看该行为是否对法益造成了侵害或者威胁。主观内容对违法没有影响，违法性应当客观判断，至于行为者是否认识违法，则是另一回事，因此，"从结果无价值论的立场出发，就没有必要将防卫意思理解为正当防卫的要件（防卫意思不要说）"③。在结果无价值论者看来，将主观要素作为判定客观违法性的基础，难以避免违法判断上的随意性，因此，主观要素应尽量作为责任要素看待。同时，在违法评价对象中全面考虑行为人主观内容，就会出现"违法相对化"，即根据每个人的主观情况来判断是否违法的结局。因此，既然正当防卫是违法阻却事由之一，那么，行为是否阻却违法，只需要客观判断即可，无须主观的正当化

---

① 但是，不能将这一判断绝对化。日本学者曾根威彦教授属于结果无价值论阵营，但是，在防卫意思争论的重要场域偶然防卫的问题上，曾根威彦教授主张，紧急救助型的偶然防卫属于正当防卫（如，乙故意杀害了丙，事实上丙当时正在故意杀害丁。乙的行为保护了丁的生命，但乙对丙正在杀害丁的事实却一无所知），但是，自己防卫型的偶然防卫的场合，则否定正当防卫（如，B故意杀害了C，实际上C当时正在对B实施故意杀人行为，但B对此并不知晓）。从结果无价值论的方法论出发，紧急救助型的偶然防卫是正当防卫，自无异议，但是，自己防卫型的偶然防卫不是正当防卫的结论，实质上是在一定条件下承认了防卫意思必要说。参见［日］曾根威彦《刑法の重要问题（总论）》，成文堂2005年版，第94—95页。
② ［日］大塚裕史、十河太郎、塩谷毅、豊田兼彦：《基本刑法I总论》，日本评论社2016年版，第186页。
③ ［日］山口厚：《刑法总论》，有斐阁2007年版，第124页。

要素。①

　　第二，所谓目的犯中的目的，是一种超过客观要素的主观要素，完全可以视为一种主观要素。比如高利转贷罪中的"以转贷牟利为目的"这一构成要件，是主观超过要素。学者指出，"从犯罪构成理论分析，目的犯之目的是故意之外的主观要素，它与故意之内的目的是有所不同的"②，而"目的犯是指以超过的主观要素为罪责要素的犯罪"③。但是，在正当防卫中，考察防卫意思，主观要素并没有超过客观要素，即便诸如偶然防卫的场合，只不过是对构成正当防卫的客观事实没有认识到而已。因此，不能把防卫意思视为主观违法要素，在考察是否"正当"时，只需要客观看"结果是否好"就够了。否则，如果防卫意思是主观违法要素的话，那么，故意也当然是一种违法要素。但是，问题在于，故意是一种责任要素而非主观违法要素。

　　第三，从教义学上完全可以从客观上理解正当防卫，而无须将防卫意思作为成立正当防卫的要件。④ 如同我国《刑法》第 20 条第 1 款规定"为了……"，《日本刑法典》第 36 条、《德国刑法典》第 32 条也有类似规定。但是，从普通的字面含义解释"为了保护"是行不通的，因此，只有在该用语可能具有的含义内体系性地解释之。"'为了'不仅可以表示目的，也可以表示原因"⑤，因此，可以从"表示因果关系"的角度来理解"为了……"既然如此，就可以将《刑法》第 20 条第 1 款的规定解释为"由于保护使国家、公共利益、本人或者他人的人身、财产和其他权利免受正在进行的不法侵害"⑥。如此一来，"为了……"只不过是一种正当防卫的客观条件而已。

　　第四，在"侵害"的场合，即便行为人没有侵害的意图，在客观上也可以成为"侵害"。同样地，正当防卫也可以如此理解，即便没有防卫意思，客观上也可以称为"防卫"。无论"侵害"，抑或"防卫"，纯粹

---

① 张明楷：《论偶然防卫》，《清华法学》2012 年第 1 期。
② 陈兴良：《目的犯的法理探究》，《法学研究》2004 年第 3 期。
③ 同上。
④ 张明楷：《论偶然防卫》，《清华法学》2012 年第 1 期。
⑤ 同上。
⑥ 同上。

都是基于客观而决定的。① 甚至于以犯罪意图而行为，如果结局是实现了正当防卫的效果，从事后来看，就不存在结果无价值。按照结果无价值的立场，当然可以认定为正当化事由。比如 X 不知 A 在杀 B，基于杀意而向 A 射击，杀死了 A。这种场合，没有防卫意思，但是，由于在结果上因 X 的行为保全了 B 的正当利益，因此，X 成立正当防卫。在这种情况下，就冲突的 B 与 A 的两个利益，X 的行为维持了以"正（B）与不正（A）"为特征的正当防卫关系。因此，成立正当防卫，"从根本上来说不需要作为主观的正当化要素的防卫意思"②。

第五，对于偶然防卫的"不正对不正"，持防卫意思不要说的前田雅英教授有两个批判：一是以违法的结论作为前提，是循环论证；一是依据"欠缺防卫意思的行为（或者该行为所负担的利益）是'不正'"的论证法，是立足于一般正当防卫的"正"对"不正"，因为有防卫意思，但是，为何不提客观上指向防卫的来自行为人的利益？即便有"不正"的内心意思，但是，客观上是"正"，也非常有可能。③

第六，正当防卫是一种瞬时反击行为，甚至有时是本能的、几乎无意识的反射性行动，如果要求防卫意思，正当防卫成立的范围就会显著狭窄。④ 但是，防卫意思必要说者认为，防卫意思只需要意识到急迫不正的侵害，并想避免它这种单纯的心理状态就够了，因此，那些并非基于冷静判断的反击行为和出自本能的反射性行动，并不能一概认为没有防卫意思。⑤ 但是，将这些行为都认定具有防卫意思，是"十分牵强的"。⑥

第七，防卫意思必要说认为，既然在本能性的行为中都可能伴有防卫的意思，那么，在过失行为中也完全可能看出这种意思，因而，也可以考虑基于过失行为的正当防卫。⑦ 但是，如果采取防卫意思必要说，那么，

---

① 郑泽善：《刑法总论争议问题研究》，北京大学出版社 2013 年版，第 119 页。

② 曾根威彦：《刑法総論》，成文堂 2008 年版，第 104 页。

③ ［日］前田雅英：《正当防衛に関する一考察》，《団藤重光博士古稀祝賀論文集》（第 1 卷），有斐閣 1983 年版，第 344 页。

④ ［日］山中敬一：《刑法総論》，成文堂 2008 年版，第 463 页。

⑤ ［日］大塚仁：《刑法概説（総論）》，有斐閣 2008 年版，第 390 页。

⑥ 张明楷：《论偶然防卫》，《清华法学》2012 年第 1 期。

⑦ ［日］大塚仁：《犯罪论的基本问题》，冯军译，中国政法大学出版社 1993 年版，第 145 页。

过失防卫的场合,应当否定正当防卫才对,但是,这并不妥当。① 因为,明显地,过失行为人并没有认识到正当防卫的状况。"在这种场合,也认定具有防卫意思,要么是强辩,要么是自欺"②。

第八,采取防卫意思必要说,会得出不当结论。比如,甲意图伤害乙而扑向乙,乙为了防止被侵害反扑向甲。此时,乙的弟弟丙以为甲乙在打架,为了帮助哥哥而扑向了甲。这种场合,如果采取防卫意思必要说,由于甲针对乙是不正的侵害,因此不能反击乙,但是,由于丙没有防卫意思,所以,甲可以反击丙。这种结论,显然不妥。此外,妻子 A 以为携带凶器意图入室盗窃的 B 是喝酒晚归的丈夫 C,便对之实施暴力。按照防卫意思必要说是不能成立正当防卫的。但是,A 通过打倒不法入侵者 B 而保护了自身的安全,因此,应当肯定正当防卫的成立。③

第九,日本学者香川达夫主张防卫意思不要说,他针对防卫意思必要说发出了五个疑问。(1)为防卫意思必要说所主张的防卫意思自身定义并不明确;(2)就现在以防卫意思为必要而言,在从前的刑法体系中,究竟处在什么样的位置、特性并不明确(日本旧刑法中,正当防卫并没有规定在总则当中,而在分则条文中规定——引者注);(3)与第二个问题相关联,假定防卫意思也是作为主观的正当化要素的特性规制,但也有不易论证的问题;(4)如果防卫意思是主观的正当化要素,那么,要求认识到怎么样的程度就成为不可避免的课题;(5)以必要的防卫意思为前提,事实上基于防卫意思做出了防卫行为,结果却是紧急避险,或者相反,对于这种错误,防卫意思必要说如何解明,也成为问题。④

第二节 对防卫意思不要说的反驳

本书认为,表面看来,防卫意思不要说似乎很有道理。但是,也不是

---

① [日]平野龍一:《刑法総論Ⅱ》,有斐閣1975年版,第243页。
② [日]山中敬一:《刑法総論》,成文堂2008年版,第463页。
③ [日]齊藤誠二:《正当防衛》,阿部純二等编《刑法基本講座》(第3卷),日本法学書院1994年版,第59页。
④ [日]香川達夫:《防衛意思は必要か》,《団藤重光博士古稀祝賀論文集》(第1卷),有斐閣1983年版,第278—279页。

没有可被质疑之处。以下，本书就本章第一节防卫意思不要说的主要理由逐一进行反驳。

第一，不法的成立，仅具有行为无价值或者结果无价值是不够的，需要兼具行为无价值与结果无价值两个要素。"事实上，刑法是以行为人和被害人二元主义的评价规范为基础的！该评价规范一是作为行为规范（Verhaltensnorm）不允许实施对被害人产生威胁的行为；二是作为保护规范（Schutznorm）不允许对被害人的安全造成现实损害！前者对应于行为无价值，后者对应于结果无价值。"① 周光权教授指出，众多犯罪类型的不法内容不仅仅是由于法益侵害所决定的，同样也是由行为实施的方式和方法，即行为无价值所决定的，相关犯罪种类的固有的应受处罚性恰恰存在其中。② 犯罪不是孤立的行为，而是在社会关系中对社会有害的行为，而之所以说是有害的行为，显然是存在判断"有益"与"有害"的标准。这个评价标准，就是行为规范。犯罪就是背离了行为规范，违反了行为规范（或者可以说是破坏了行为规范），进而侵害或者威胁了法益。因此，刑事不法一定包含两个方面的内容：第一，行为违反规范；第二，行为有法益侵害导向。那么，作为问题的另一面，在判断阻却违法事由之时，当然需要判断特定行为不具备这两个方面的内容，正当防卫也应是如此。而这种判断，只能立足于行为当时，将"行为"与"行为者"关联在一起，因此，就需要考虑行为人在行为当时的主观内容。③ 否则就是一种抽象化的"客观的"判断。

而刑法中有意义的行为，一定是指出于意思所主宰支配的人类行止（menschliches Verhalten）。因此，在刑法上有意义的行为，包括行为的外在要素（体素）和行为的内在要素（心素）。④ 这样，那些无意识的反射行为、梦游等并非刑法概念上的行为。如此，行为发挥着基础要素（Grundelement）、连接要素（Verbindungselement）和分界要素（Grezelem-

---

① 陈璇：《德国刑法学中结果无价值与行为无价值的流变、现状与趋势》，《中外法学》2011 年第 2 期。
② 周光权：《刑法学的向度——行为无价值论的深层追问》（第 2 版），法律出版社 2014 年版，第 181 页。
③ 郑泽善：《刑法总论争议问题研究》，北京大学出版社 2013 年版，第 121 页。
④ 林山田：《刑法通论》（上册），作者发行 2008 年版，第 195—196 页。

ent）的功能。① 正当防卫是行为，在判断是否是正当防卫之时，当然需要判断是否具备行为的外在要素（体素）和行为的内在要素（心素）。需要指出的是，这种对主观的重视，不是将行为人的主观作为判断问题的标准，而是一种判断的资料。这恰恰与结果无价值论批判的"难以避免违法判断上的随意性"相反，更是精确判断违法性的一种方法。其实，在这里，结果无价值论者在批判防卫意思必要说时，认为，"行为无价值论将主观要素作为判定客观违法性的基础"，这实际上已经偷偷将行为无价值论者的"主观意思是一种判断资料"替换为"主观意思是一种判断标准"，从而使自己对相关问题的批判建立在一个扭曲的平台之上，所得出的结论当然不够牢靠。

此外，行为的心素，不是主观责任意义上的。从我国《刑法》第14条"明知自己的行为会发生危害社会的结果，并且希望或者放任这种结果发生，因而构成犯罪的，是故意犯罪"的表述上，不难得出，责任意义上的主观内容，是覆盖了"行为—结果"这一整体。而行为的心素，仅指针对客观的行为而言的，并不及于"结果"。因此，那种认为防卫意思属于主观责任范畴的观点，是一种形式化的僵硬表述，难以让人信服。

第二，以"目的犯中的目的，是主观超过要素，属于责任要素，而正当防卫中没有主观超过要素"为由，主张不能把防卫意思视为主观违法要素的观点，实质上是"连主观超过要素，都是责任要素，那么，防卫意思不是主观超过要素，更应该是责任要素了"。明显地，这种论证，存在思维上的跳跃。

此外，即便我们承认这种论证，也会因为其论证的前提存在疑义，而影响到了结论的科学性与合理性。对于目的犯中的"目的"，即便是持结果无价值论立场的学者，也承认"即便是主观因素，在会对法益侵害的危险施以影响这一限度之内，仍有将其理解为违法（或者违法构成要件）要素的余地"②，"某些场合，与上述客观构成要件要素不同的主观要素，也有可能成为构成要件要素"③，"从结论上说，对主观违法要

---

① 林钰雄：《新刑法总则》，元照出版公司2019年版，第114—116页。
② ［日］松原芳博：《刑法总论重要问题》，王昭武译，中国政法大学出版社2014年版，第84页。
③ ［日］西田典之：《刑法総論》，弘文堂2010年版，第89页。

素予以限定地认可"①。山口厚教授明确指出，在伪造货币罪、伪造文书罪中，不考虑作为行为意思的"使用的目的"，判断值得处罚程度的使用的危险，是很困难的。②同时，"具体适用中，在毫无疑问能够肯定防卫行为相当性的案件中，否定防卫意思的情况基本不存在"③。因此，目的犯中的"目的"，当然是违法要素。如此一来，前述论证，问题立显。

第三，从解释论的角度，将"为了……"理解为正当防卫的客观条件，并不妥当。张明楷教授认为："《日本刑法典》第36条中的'ため'一词，也并不必然表示目的。日文词典在解释该词时，明确指出该词具有'表示因果关系'的意思。"④但是，对于法律条文的理解，不能完全借助于词典的解释，依赖于词典的解释。"立法语言是一种特殊的书面语"⑤。刑法典的所有条文是通过单字（词）组成词语，词语组成句子，句子组成段落，段落组成文本来构成。对于某一条文中一个词语的正确理解，一方面依赖于该词语自身，另一方面还需要将这个词语放在句子、段落乃至整个文本中。这也就是"个别只有通过整体才能被理解，反之，整体只有通过个别才能被理解"⑥。"句义不是组成句子的词的义位的简单相加，不是量的增添，而是一种质变，词语之间因为义位的搭配，不仅满足了语法上、语义上和修辞上的要求，而且表现出了更多的意义"⑦。这也就是系统方法解释论点（Systemic Arguments）中的"上下文和谐论点（Argument from contextual-harmonization）"的方法。⑧因此，对于"ため"的意义究竟应该如何，还需结合该条文本身来理解。《日本刑法典》第36条第1款规定："急迫不正の侵害に対して、自己又は他人の権利を防衛

---

① ［日］日高义博：《违法性的基础理论》，张光云译，法律出版社2015年版，第59页。
② ［日］山口厚：《刑法総論》，有斐閣2007年版，第95页。
③ ［日］佐伯仁志：《刑法总论的思之道·乐之道》，于佳佳译，中国政法大学出版社2017年版，第116页。
④ 张明楷：《论偶然防卫》，《清华法学》2012年第1期。
⑤ 王政勋：《刑法解释的语言论研究》，商务印书馆2016年版，第93页。
⑥ ［德］弗里德里希·阿斯特：《诠释学》，洪汉鼎译，载洪汉鼎主编《理解与解释——诠释学经典文选》，东方出版社2001年版，第9页。
⑦ 王政勋：《刑法解释的语言论研究》，商务印书馆2016年版，第223页。
⑧ 张志铭：《法律解释学》，中国人民大学出版社2015年版，第72页。

するため、やむを得ずにした行為は、罰しない。"在这个句子中，"対して"指向的是"急迫不正の侵害"（可被视为原因），"急迫不正の侵害に対して"，可以被理解为"对于急迫不正之侵害"，这表现出引起防卫行为的起因特点。而"ため"指向的是"自己又は他人の権利を防衛する"，此时，如果将"ため"再理解为"表示因果关系"的意思的话，就出现了一个句子中反复出现"表示因果关系"这种赘言问题。如此，不符合法律条文"明、确、弹力性"①或者"准确无误、凝练简洁"②的要求。因此，这里的"ため"，只能回归主观意义上的"为了……"理解。事实上，即便是结果无价值论的日本学者，也承认"将'为了'（即指日文'ため'——引者注）防卫这一用语作为要求防卫意思的根据，就对法条的解释而言也并非不可能，但依照结果无价值论所持的违法性应当客观判断的基本立场，则可认为没有必要将防卫意思理解为正当防卫的要件"③。这句话可以理解为在解释学上，该法律条文体现出防卫意思必要说的要求，只不过是因为自己秉持的是结果无价值的立场，所以"没有必要将防卫意思理解为正当防卫的要件"了。显然，这是先有了立场，然后将法律条文做出了符合自己立场的解释。的确，这能够贯彻自己的立场和方法论，但是，却有"勉强解释"甚至是"硬解释"刑法条文的嫌疑。

而对于《德国刑法典》第 32 条的理解，罗克辛教授认为，行为人在客观上是在被正当化的范围之内，主观上认识到自己的行为是正当的，就足够了，因此，"就具有了要做某种在客观上合法的事情的故意"④。罗克辛教授的观点，似乎更接近防卫意思必要说中的防卫认识说。⑤ 事实上，对于罗克辛教授的观点，更为精确的理解应该是"'防卫的意思'要求至

---

① 梁启超先生曰："法律之文辞有三要件，一曰明，二曰确，三曰弹力性。"梁启超：《梁启超法学文集》，中国政法大学出版社 2000 年版，第 181 页。

② 潘庆云认为法律语言具有"准确无误""严谨周密""庄重肃穆""朴实无华"和"凝练简洁"的语体风格。参见潘庆云《中国法律语言鉴衡》，汉语大词典出版社 2004 年版，第 145 页以下。

③ ［日］山口厚：《刑法总论》，付立庆译，中国人民大学出版社 2018 年版，第 129 页。

④ ［德］克劳斯·罗克辛：《德国刑法总论》（第 1 卷），王世洲译，法律出版社 2005 年版，第 415 页。

⑤ 在防卫意思必要说中，有防卫认识说、防卫目的说等等，对此，后文将展开说明。

少要对紧急防卫情形有认识，而且有意识地对攻击实施抵抗"①。但是，即便按照张明楷教授的观点，罗克辛教授采取的是防卫认识说，这也不是否定了防卫意思，恰恰相反，是坚持了防卫意思，只不过对于防卫意思做了更为弱化的处理而已。当然对于那些要求防卫目的的学者来讲，②《德国刑法典》第 32 条，更是防卫意思必要说了。

第四，那种以"侵害"来类比"防卫"，存在问题。理由是：

首先，"行为人没有侵害的意图，在客观上也可以成为'侵害'"的观点，忽略了民事"侵害"与刑事"侵害"的不同。的确，如果从纯粹的"结果"来看，民事"侵害"与刑事"侵害"有时可能是一样的，甚至民事"侵害"有时还要严重。但是，两者有着本质性区别。民事"侵害"责任是一种填补型责任，即便没有侵害的意图，侵权人还是需要承担填补型民事责任。但是，刑事"侵害"所可能招致的责任是一种惩罚型责任，如果没有"侵害意图"——比如梦游状态下将他人打成重伤的行为，那么，就不是相应犯罪的实行行为，就不存在刑事不法，当然欠缺主观罪责，因此，不会被认定为犯罪行为。需要指出的是，作为这里所讲的"侵害意图"，不是主观责任意义上的故意过失，而是主观的构成要件所讨论的问题。否则，就会严重混淆民事"侵害"与刑事"侵害"本质性区别。从本质上来说，与民事"侵害"不同，如果一个行为要成为刑法所关注的"侵害"的话，仅有"体素"还是不够的，"心素"仍然是不可或缺。"就行为之构造而言，行为乃为客观与主观之综合体，行为人之意思内容，亦不能无视其存在。……基于侵害意思而实施之侵害行为，或无防卫意思之单纯侵害行为，均系违法行为，自无成立正当防卫之余地。"③ 这样，作为刑法所关注的"正当防卫"，当然需要具备"心素"的要求。

其次，对于"X 不知 A 在杀 B，基于杀意而向 A 射击，杀死了 A"这种偶然防卫的场合，尽管从最终的结果来看，似乎是"好的"，但是，

---

① ［德］乌尔斯·金德霍伊泽尔：《刑法总论教科书》，蔡桂生译，北京大学出版社 2015 年版，第 170 页。

② 比如耶塞克教授的观点。参见［德］汉斯·海因里希·耶塞克、托马斯·魏根特《德国刑法教科书》（上），徐久生译，中国法制出版社 2017 年版，第 441—442、459 页。

③ 甘添贵：《正当防卫之防卫意思》，《月旦法学杂志》1997 年第 10 期。

这仅仅是考虑了"物"的侧面。并且,也是形式化地考虑了正当防卫成立特征的"正对不正"之要求。按照结果无价值论的思考方法,偶然防卫是正当防卫,是无罪的。① 如果采取防卫意思必要说的话,当然会认定有防卫意思。但是,这种结论,是存在问题的,会陷入自相矛盾的尴尬境地。如张三、李四二人都有杀死对方的意思,但在互不知道对方已经持枪瞄准了自己的情况下,同时开枪射击对方。这种场合,对于张三和李四都应该被认定为偶然防卫。但是,在以下各种可能性中,会得出匪夷所思的结论。(1) 张三的枪的子弹先射中李四,而李四枪的子弹后射中张三;(2) 张三和李四的子弹同时射中对方;(3) 两人都中枪,无法查明何人先中枪。根据偶然防卫无罪说,第一种情形下,张三是偶然防卫行为,属于正当防卫。而根据正当防卫的基本法理,既然张三是正当防卫,那么,对张三的正当防卫就不能实施正当防卫,因此,李四的偶然防卫行为便无法被评价为正当防卫。如此一来,偶然防卫是正当防卫的观点,便无法贯彻到底。这种舍弃了防卫意思,而做出的纯粹客观违法的判断,只能得出张三和李四的生命法益均受到了紧迫的不法侵害,因此,无论任何一个人谁的子弹先抵达对方,谁的行为就是防卫自己的法益,是正当防卫,对方则成为被防卫的对象,这就出现了匪夷所思的"快者先胜"的局面。② 这样,"使行为违法与否的判断完全取决于子弹飞行的速度这一偶然而琐碎的事实。这无疑是将行为人投入命运的摇奖机之中"③ 了。在第二种情形下,根据偶然防卫无罪说,两者都是正当防卫。但是,正当防卫具有"正对不正"的构造,既然双方都是正当防卫,那么,双方都具有"正对不正"的构造才是必然的理论归结,但是匪夷所思的是,一方面,两者都是正当防卫,这就意味着出现了"正对正"的构造,与对正当防卫不能实施正当防卫的基本法理产生了根本冲突;另一方面,在张三针对李四的行为上,是正当防卫,张三的行为是"正",但是,在李四针对张三的行为上,张三的行为又是"不正",同样的李四的行为也同时兼备了"正"与"不正"。这种进退维谷、左右为难的尴尬境地足以说明偶然防

---

① 张明楷:《刑法学》,法律出版社 2016 年版,第 208 页。
② 余振华:《刑法违法性理论》,元照出版公司 2001 年版,第 310 页。
③ 邹兵建:《偶然防卫论》,载陈兴良主编《刑事法评论》(第 32 卷),北京大学出版社 2013 年版,第 137 页。

卫无罪说在结论上是难以站得住脚的。在第三种情形下，就会出现难以认定哪个是正当防卫的局面，如果按照"存疑有利被告"的原则来处理，则与第二种情形完全一样了。如果认为双方都有犯罪行为，那么，就是肯定了防卫意思。再如，甲意图杀乙，向乙开枪。乙意图杀丙，向丙开枪。丙意图杀甲，向甲开枪。甲乙丙三人均不知自己所瞄准的对象有杀死他人的意图。三人同时开枪，均击中对方，三人都负重伤。如果说甲开枪是偶然防卫，不具有违法性，那么，丙开枪杀甲就具有了违法性。但是，丙的行为具有违法性的话，乙射击丙的行为就不具有违法性了，同样是偶然防卫。这样就出现了乙的行为同时兼具违法性与正当防卫的奇异结论。① 为此，张明楷教授认为，"只要进行事后的客观判断，就会发现'先发制人'的一方都是正当防卫"②。但是，正如马乐博士质疑的那样，这个观点，无法说明同时开枪，同时击中对方，对方均受伤的情形，同时，也无法说明为什么在开枪有先后的场合下，先发制人者的行为正当化的依据何在的问题。③ 因此，防卫意思不要说的偶然防卫无罪观点，存在着根本性疑问。

"犯罪的本质是违反行为规范并指向法益。"④ 偶然防卫的场合，与"物的违法观"紧密相连的结果无价值论仅仅关心"结果是好的"这种"物"的考量不同，行为无价值论重视"人的违法观"，这就需要同时考量"行为"和"结果"，并且需要在动态意义上进行考量。行为人基于杀人的故意实施杀人的行为，违反行为规范自不待言。同时，对于前例偶然防卫的场合，客观上，"防卫人X"杀死的是一个在法律上"可以被杀死的A"，对于这种结果，法律并不反对，因此，X不具有法律所规定的既遂意义上的法益侵害结果。但是，X所实施的行为，只不过在事实上"碰巧杀死了一个可以被杀死的人"，但是，在规范意义上"有杀死一个无辜者的可能性"，具备法益侵害的危险，因此就具备了未遂意义的结果无价值，同时，该行为又具备犯罪意思，没有防卫意思。这样整体进行判断，X的行为，不阻却违法，属于犯罪未遂。从结果无价值立场出发，当

---

① 马乐：《刑法学中的"正当"与违法性理论》，法律出版社2017年版，第113页。
② 张明楷：《论偶然防卫》，《清华法学》2012年第1期。
③ 马乐：《刑法学中的"正当"与违法性理论》，法律出版社2017年版，第113—114页。
④ 周光权《行为无价值的中国展开》，法律出版社2015年版，第29页。

然的结论应该坚持偶然防卫无罪说。① 但有意思的是，在日本学界，结果无价值论阵营代表性学者西田典之教授和山口厚教授也持犯罪未遂说。"（偶然防卫）虽缺乏结果无价值，但仍存在发生结果的危险。……本书的立场是防卫意思不要说，认为偶然防卫具有未遂的可罚性。"② "在……有实现构成要件的可能性的场合，同时根据对未遂犯的理解，也有解释为成立未遂犯的余地。"③ 尽管西田典之教授在未遂的判断上，采取的是假定的盖然性说，但是，无论如何，在有结果发生的危险上，与山口厚教授一样，应该是得出了肯定的结论，否则，未遂之说，从何谈起？我国持结果无价值论立场的黎宏教授的观点，更是出现了从无罪说到未遂说的转变。黎宏教授曾经认为，"在偶然防卫的场合，尽管行为人在主观上的犯罪目的（杀人意图）的支配下，实施了杀人行为，但由于从事后来看，该行为不但没有造成剥夺无辜者生命的严重后果，反而引起了在法律上所允许的挽救自己或者他人生命的正当防卫效果，因此，客观上看，该行为并没产生客观的社会危害性……达不到成立犯罪的要求"④。后来，黎宏教授改弦更张，认为："就行为人主观上没有防卫意思，客观上却碰巧引起了防卫效果的偶然防卫而言，行为虽然没有造成实际的法益侵害，并不意味着其没有引起法益侵害的危险，因此，最终应当作为未遂犯罪处理。"⑤ 如此看来，"行为结果的好坏不影响行为正当与否的判断。由此推论，刑法中正当化事由的成立也不应以行为确实在客观上实现了法益保护的效果为前提"⑥。

而以 B 与 A 是"正与不正"的关系，即便 X 没有防卫意思，X 与 A 也是处于"正对不正"的关系，X 的行为也是以正当防卫行为为由，主张"成立正当防卫不需要作为主观的正当化要素的防卫意思"，表面看来，似乎颇有道理，其实不然。假设 A 发现 X 举枪瞄准自己，为了保护

---

① 张明楷教授就持结果无价值论立场，坚持无罪说。参见张明楷《论偶然防卫》，《清华法学》2012 年第 1 期。
② [日] 西田典之：《刑法总论》，弘文堂 2010 年版，第 171 页。
③ [日] 山口厚：《刑法总论》，有斐阁 2007 年版，第 124 页。
④ 黎宏：《刑法学》，法律出版社 2012 年版，第 138—139 页。
⑤ 黎宏：《刑法总论问题思考》，中国人民大学出版社 2016 年版，第 321 页。
⑥ 马乐：《刑法学中的"正当"与违法性理论》，法律出版社 2017 年版，第 116 页。

自己的生命，在 X 开枪之前，抢先出手，杀死了 X。按照防卫意思不要说，这就出现了"不正对正"的构造，A 当然构成故意杀人罪。再进一步，即便是警察，在 X 的行为是偶然防卫的"正"的场合，也不能制止 X。这个结论，显然不妥。为此，曾根威彦教授认为，"只是，在 A 杀死 X 的场合，没有防卫意思的 X 的利益，与 A 的利益同样，都是不值得法律保护的不正利益，就不能认为存在'正对不正'的利益冲突状况，从而认为 X 的行为是正当防卫就存在困难"①。但是，为什么在 X 杀死 A 的时候，X 的行为是正当化的，此时，X 处于"正"的一侧，但是，而 A 反过来杀死 X 的场合，X 又不处于"正"的一侧了，为什么这种场合，没有防卫意思的 X 的利益，与 A 的利益同样都是不值得法律保护的不正利益？这种论理方式，思维过于跳跃了吧！

　　第五，关于前田雅英教授的两个批判的回应。的确，偶然防卫是"不正"对"不正"的关系命题，呈现出循环论证的表象，因为，这个命题中间存在"偶然防卫行为是'违法'，故'不正'"，所以，偶然防卫是"不正"对"不正"的关系。这个问题的根源，可能是因正当防卫是"正对不正"这种观念所招致的误解。实际上，正当防卫的"正"可以从两个方面来理解，一是因防卫行为所导致的结果意义上的"正当化"（结果意义上的"正"）；一是被侵害者拥有应该为法所保护的"正当利益"，在法秩序上，被侵害者没有必要忍受法益侵害。相反地，不法侵害人则因其实施了法益侵害行为，因此是"违法的"，故"不正"。这样的话，正当防卫当然具有"正对不正"的构造。在此构造下，防卫人所实施的为了保护被侵害者利益的行为，被"正当化"了。前田雅英教授的第一个批判，实际上就是在正当防卫之所以是"正"的第一个意义上（即在结果意义上的"正"）来批判偶然防卫是"不正对不正"的构造，是循环论证，但是，这明显打错了靶子。这里就必须回到问题的原点。正当防卫人在实施行为之时，该行为是基于防卫意思而实施的，是为了保护被侵害者的合法权益，因此，是"正"的。相反地，偶然防卫人在实施行为之时，是基于不法意思而实施的，并非为了保护被侵害者的合法权益，因此，是"不正"的，即便客观上保护了被侵害者的合法权益，但是，这

---

①　[日] 曽根威彦：《刑法総論》，成文堂 2008 年版，第 104 页。

种所谓的事后最终"好的"结果,并不能当然反射作用于偶然防卫人实施行为的当时。因此,自然的结论就是,行为人实施行为之时,是否是"正"的,判断资料当然包括了防卫意思之有无。

　　前面的论证,实际上已经对前田雅英教授的第二个批判做出了回应,之所以要考虑主观的防卫意思,是因为在是否具有"正对不正"的构造上,需要首先考察防卫的"前提",即"正当防卫的状况"——是否有欲侵害他人合法利益或者使他人合法权益受到侵害的危险的行为(紧迫不正的侵害),是否有知晓紧迫不正之侵害而欲应对的行为,而不是根据"结果的好坏"反过来定义"正"与"不正",从而主张防卫意思不要说。问题的关键在于,偶然防卫的场合,偶然防卫者与不法攻击者双方都单方面地欲侵害法益,因此,都没有应依法秩序所保护的正当的地位,所以两者都被视为"不正"。两者的行为及其产生的法益侵害危险,都属于"不法",是"不正"。只不过偶然防卫者的行为,碰巧没有实现"不法"的实害,这是基于其意志以外的原因,没有遂行犯罪而已,但不能因为客观上没有遂行犯罪,反而在物理上出现了"好的"结果,就对防卫意思加以质疑。相反地,如果不考虑防卫意思,认为偶然防卫是正当防卫的话,就会出现"违背法律规范,实施自己主观上认为是'不法'的行为",但是,因为"客观结果是好的,故我的行为是'正当的'",所以,"我的行为是没有违反法律的禁止性(或者命令性)规定"。这样一来,"违反法律规定"又变成了"没有违反法律规定",这的确是一种匪夷所思的局面,一方面实施违法行为,另一方面又受到了正当化评价,防卫意思不要说的自相矛盾之处,一目了然。

　　此外,需要附带指出的是,正当防卫的"正对不正"的构造,是为了与紧急避险的"正对正"做一个相互对照。紧急避险的场合,紧急避险人与法益受到侵害的人,在与法秩序的关系上,均居于应当受到法保护的"正当地位",因此,两者存在"正对正"的构造。

　　第六,即便在瞬间的反击,可能是一种本能的行动,但是,这也不是否定防卫意思的理由。这是因为,本能的行动也是一定意识支配的举止,只不过,与那些深思熟虑的行为举止不同。但是,这也无法否认本能行动具有"心素"。只不过本能的行动,所伴随的是瞬时意识活动,而深思熟虑的行为举止,意识活动时间较长而已。与"刻意"这种形态表现出的显而易见的"有意识"有所不同，本能的行动，往往属于一种"潜意识"支配下的举止，但是，尽管如此，也不能绝对地否定本能反应下反击不当行为存在"意思活动"。所以，不能因为是"潜意识"下的举止，就武断地说将这些行为认定具有防卫意思，是"十分牵强的"。

第七，对于过失行为制止了不法侵害的场合，应当否定正当防卫。因为，过失防卫，没有防卫意思。对于过失防卫也肯定防卫意思，山中敬一教授的"要么是强辩，要么是自欺"的批评，一语中的。持防卫意思必要说的福田平教授"本能的反击行为都具有防卫意识，那么，也能认为过失的反击行为亦成立正当防卫"①的观点，存在逻辑矛盾。福田平教授的观点，实际上是一种当然的推理：连没有意识的本能的反击行为都能够认定存在防卫意思，那么，至少有（过失）意识的行为当然能够认定存在防卫意思。"既然在本能性的行为中都可能伴随有防卫的意思、避难的意思，那么，在过失行为中也完全可以看出这种意思，因而，也可以考虑基于过失行为的正当防卫、紧急避难。"②其实，本能的反击行为是潜意识支配下的一种行为，实际上是有着难以为人觉察的意思，而不是说根本就没有意思，显然，过失防卫是正当防卫的推理前提出现了问题，其结论自然可被质疑。本书认为，应该承认，过失防卫没有防卫意思，过失防卫不成立正当防卫。但是，过失防卫不成立正当防卫并不意味着需要追究过失者的刑事责任。众所周知，过失犯是结果犯。而在过失防卫的场合无非是一种偶然防卫而已，行为人存在行为无价值，但是，只不过未遂的结果无价值，不存在成立过失犯所要求的既遂的结果无价值，③因此，并不符合过失犯的构成要件，当然欠缺成立过失犯所要求的违法性，因此，刑法并不关注过失防卫。

这里需要讨论一下我国台湾地区学者甘添贵教授的观点。甘教授认为，过失防卫可能有两种形态。一种是不知道现在有不法侵害。这种情况下，鉴于防卫意思是以行为人认识到不法侵害为前提，如果对此客观情状

---

① ［日］福田平：《全訂刑法總論》，有斐閣2011年版，第160页。
② ［日］大塚仁：《犯罪论的基本问题》，冯军译，中国政法大学出版社1993年版，第145页。
③ 得出过失防卫不存在成立过失犯既遂的结果无价值，而是未遂的结果无价值的结论，方法与前文讨论偶然防卫存在未遂的结果无价值一样。

关于基于防卫意思做出了防卫行为，结果却是紧急避险的问题，的确存在不同于正当防卫"正对不正"的构造，而是"正对正"。其次，这是一种事实认识错误，不能认为属于违法性认识错误。这种事实认识错误，阻却故意。同时，考虑到行为人并没有违反规范的意思（有正当防卫的意思），加之紧急避险的意思与正当防卫的意思之间存在重合之处，因此，在保护利益大于牺牲利益的场合，可以认定为紧急避险。如果牺牲利益等于保护利益，则可以考虑免责的紧急避险。如果牺牲利益大于保护利益，原则上不宜认定为过失犯罪，按照意外事件处理。除非根据当时的具体情况，一般人都具有预见可能性，且能够避免，可以考虑防卫过当，按照过失犯处理。至于以紧急避险的意思，引起了正当防卫的效果，考虑到行为人并没有违反规范的意思（有紧急避险的意思），意欲实施要求相对严格的紧急避险，但客观上是正当防卫，加之紧急避险意思与正当防卫意思之间存在重合，认定为正当防卫似乎也不存在多大的障碍。

第三节 应当坚持防卫意思必要说

防卫意思（Verteidigungswille）是大陆法系国家刑法理论中的一个概念，在我国，通说称之为防卫意图。[①] 前文对于防卫意思不要说进行了反驳，自然的结论就是成立正当防卫，一定要有防卫意思。为了更进一步说明，本书对防卫意思必要说的理由再做以下补充。

一 立足于自由主义的刑法观，也应当坚持防卫意思必要说

邹兵建博士经过考察指出，在正当防卫正当化的依据上，有两条路径。一个是权利本位的理论，一个是利益本位的理论。前者立足于人的自然权利，来解释正当防卫的合法性基础。这一理论的全面阐释主要分布于古典自然法学派的经典著作之中。后者从刑法的任务在于法益保护这一前提性判断出发，以利益（法益）为理论内核通过利益权衡的方法找寻正

[①] 高铭暄、马克昌主编：《刑法学》，北京大学出版社、高等教育出版社2017年版，第130—131页。

当防卫的合法性基础。在这两者理论角力的背后，是（启蒙时代的）自由主义与功利主义在刑法学战场的激烈交锋。① 从自由主义出发，正当防卫的权利本位理论应当得到赞同。而从功利主义出发，利益本位理论应当得到承认。如果是权利本位理论的话，当然需要承认正当防卫的防卫意思必要说，而利益本位理论则无须承认防卫意思必要说。② 而为结果无价值论所极力推崇的法益概念，初衷在于保障自由，应该体现出（启蒙时代的）自由主义的立场才对。但是，在结果无价值论者法益概念推崇到极致的同时，却体现出功利主义的特征。主张法益侵害说的张明楷教授旗帜鲜明地主张"行为功利主义违法观"③，明显地，这种理论动向的合理性值得怀疑。考察近代以降，刑法学关注对国家刑罚权的限制、对公民自由的保障，自由主义成为刑法学的理论起点和背景立场当无疑问。邹兵建博士指出，既然正当防卫是一种权利，那么，"'正当防卫的成立是否需要防卫意思'的问题被置换成了'权利的行使是否以权利主体明知其权利的存在为必要'的问题"④。这一问题的根本解决，有赖于对权利属性、功能的进一步考察。在以权利行使来排除行为不法时，刑法赋予对世权与对人权的不同效力。众所周知，对世权是一种针对所有人的一种绝对权利，对人权则是针对特定人的一种相对权利。在阶层犯罪论体系中，前者在构成要件层面发挥作用，排除不法，后者则在第二阶层起到违法阻却的作用。而正当防卫作为一种权利的行使，其针对的是特定人，当属对人权。因此，行为人若想以对人权来排除其行为的不法，则不仅要求其客观上具备这种权利，而且还要求其在主观上明知这种权利的存在。在这个意义上，防卫意思是防卫权得以行使的前提要件，因此，成立正当防卫，防卫意思不可或缺。⑤

---

① 自由主义的概念非常复杂，如果将自由主义做广义的理解，则包含功利主义，如果将自由主义限定为康德与黑格尔意义上的自由主义，则与功利主义可以区分开来。
② 详细论证，参见邹兵建《偶然防卫论》，载陈兴良主编《刑事法评论》（第32卷），北京大学出版社2013年版，第146—151页。
③ 张明楷：《行为功利主义违法观》，《中国法学》2011年第5期。
④ 邹兵建：《偶然防卫论》，载陈兴良主编《刑事法评论》（第32卷），北京大学出版社2013年版，第152页。
⑤ 同上书，第156页。

二　从规范的观点看，也应当坚持防卫意思必要说

"社会是一个规范共同体，规范使得个人之间能够产生联系，也使得社会更为有序，这些命题的存在，对于刑法理论的建构至关重要。"① 刑事不法是反规范的、破坏法秩序的行为，设立正当防卫除了防卫自己或者他人的权利之外，也是为了维护法秩序。从这个角度而言，防卫者存在规范的认同。相反地，"不法是对法规范的否认，是用法规范共同体成员会认真对待的方式宣称法规范的无效力"②。而只有基于从不法侵害中保护自己或他人正当权利的意图，而实施相关防卫行为的人才能够被评价为维护法秩序。否则就会出现只要结果相同，无论是否违反规范，破坏法秩序，都是为法所认可甚至提倡的行为。比如，对于偶然防卫，持防卫意思不要说的张明楷教授认为是无罪的。对于"丙正在非法杀害丁时，甲与乙没有意思联络却同时开枪射击丙，丙的心脏被两颗子弹击中，但甲为了救丁并且知道丙正在杀害丁，乙为了杀丙并且不知道丙正在杀害丁"这个设例，张明楷教授认为，甲与乙的行为在客观上保护了值得保护的法益，他们两人都无罪。否则，"只有知道丙在杀丁时，挽救丁的生命的行为才是合法的；不知道丙在杀丁时，挽救丁的生命的行为是非法的。……对客观上完全相同的行为得出了截然相反的结论，这便难以令人赞成"③。

刑法体系是一个价值评价体系，这个评价体系只能从另外一个评价体系推导出来，而不能求诸存在体系。④ 按照新康德学派的观点，从"存在"无法得出"当为"。"今天，在德国刑法学理中占据主导地位的见解，不再是以存在事实为导向的体系了，而是以刑法的任务和目标为指导的体系。"⑤ 犯罪是一种现象，尽管这种现象很重要，但是，更为重要的是对于犯罪这种现象的规范"评价"，而不是现象本身。因为规范来源于价值

---

① 周光权：《刑法学的向度——行为无价值论的深层追问》，法律出版社2014年版，第105页。
② 冯军：《刑法教义学的立场和方法》，《中外法学》2014年第1期。
③ 张明楷：《刑法学》，法律出版社2016年版，第207页。
④ 许玉秀：《犯罪阶层体系及其方法论》，公益信托春风煦日学术基金2000年版，第39页。
⑤ [德]克劳斯·罗克辛：《刑事政策与刑法体系》，蔡桂生译，中国人民大学出版社2011年版，第70页。

体系，而不是来源于所谓的生活事实，所以，不能用评价的事实来代替事实的评价。这样，前述案例，从规范上来看，正如学者所言，在构造上，甲与乙的行为明显不同。① 甲向丙开枪是为了救丁，最终也救了丁；乙向丙开枪不是为了救丁，而是为了杀丙，最终也杀死了丙。甲和乙的客观行为的确是相同的，但是，仅此就认为两个人的行为都是"好"的，显然有些过于仓促。尽管客观行为相同，但是，在对规范的态度上，则存在天壤之别。如果认为两个人的行为都是正当防卫的话，无疑是将有规范认同的甲和反规范的乙做了等同处理，如此，"规范可以不被遵守，只要结果是好的"将是一个自然的结论。这个结论，荒谬之处，一目了然。事实上，"甲和乙通过相同的客观行为实现了各自不同的意思，凭什么要在法律上同样对待？"② 如果认为偶然防卫是正当防卫，就会违反通过法的确证以维护社会秩序的正当防卫的宗旨，"就意味着保护实施不正当行为的侵害者，这是不妥当的"③。正如学者所言，"在偶然防卫之情形，行为人通常系基于侵害之意思（故意）实施侵害法益之行为，纵然事后客观表象具有正当防卫之客观要件，然仍无法评价其行为系属法益保全之行为。此情形从法秩序之观点言之，其与一般违法行为并无不同。因此，偶然防卫应解为非正当防卫"④。

  从法规范维护的角度来看，因为丙正在非法杀害丁，为了保护丁，杀死丙就是法规范所期待的结果，因此，在法规范上，丙的死亡并不重要。所以，乙的行为不可能成立针对杀丙的既遂的故意杀人罪。但是，乙的行为中表现了否定法规范的态度，在乙以杀人故意持枪走向丙时，在客观上也出现了一种否定法规范的态度和危险（有无辜者可能被杀死），而这种否定法规范的态度和危险在乙开枪杀丙之前就已经存在，在开枪之后，就有"无辜者可能被杀死"的高度危险，只不过，他碰巧杀死了一个"可以被杀死的人（丙）"而已，因此，存在未遂的结果无价值。从规范论的角度，说穿了，乙的行为已经足以让交往社会中的人产生不安全感，从而不能自由地前往乙之目标所指，进入该领域。因此，在实质上，乙的行

---

① 冯军：《刑法教义学的立场和方法》，《中外法学》2014年第1期。
② 同上。
③ 陈家林：《外国刑法通论》，中国人民公安大学出版社2009年版，第286页。
④ 余振华：《刑法违法性理论》，元照出版公司2001年版，第310页。

为已经侵害了他人的外在行为自由。而只有甲的行为完全符合了法规范的期待，所以，才是无罪的。这样的话，认定甲、乙的行为具有不同的规范意义，又怎么会令人"难以接受"呢？

三 "互殴无防卫"不是否定防卫意思的理由

"从犯罪故意的内容上看，防卫意图和它没有任何共同之处。"① 需要注意的是，互相斗殴的场合，表面看来，斗殴者在主观上是复杂的，既有侵害对方的意思，也有保护自己免受侵害的意思。这样，斗殴行为都可以分解为不法攻击和保护自己的防御两种行为。对方的攻击是"正在进行的不法侵害"，而己方的保护性防御也正是为了使自己的人身免受对方的攻击。总之，互殴行为在主观上似乎是含有防卫意思的，在客观上也符合正当防卫的其他要件。既然如此，为什么斗殴行为还要受到处罚，这岂不与正当防卫的要件相矛盾？事实上，这种观点严重忽略了斗殴作为一种违法行为与正当防卫作为一种正当化事由之间的本质性区别。正当防卫具有"正对不正"的构造，正当防卫中的防卫意思（无论是自我保护，还是保护他人），一定具有规范上的"正价值"特质。正当防卫是基于（正）的防卫意思实施（正）的防卫行为，来反对对（不正）的侵害。相反地，斗殴则是"不正对不正"的构造。斗殴的意思，在规范上并不能够因为斗殴行为保护了行为人自己而获得"正价值"评价，相反地，是"负价值"。这样，斗殴是基于（不正）的意思，实施了（不正）的互相击打的行为，来抗击对方（不正）的侵害。这不是"互殴无防卫"支持防卫意思不要说，恰恰相反，"互殴无防卫"反而印证了防卫意思必要说。防卫意思必要说之所以有这个疑问，根本上是因为曲解了正当防卫与斗殴在主观上的"正"与"不正"的关键性区别。

四 防卫意思必要说与防卫意思不要说的争论并非没有价值

有日本学者指出，随着判例立场的缓和，防卫意思不要说与防卫意思必要说之间的理论对立，"失去了实际意义"。该学者的理由是：第一，对偶然防卫，防卫意思不要说也能够得出未遂的结论；第二，对于借口防

---

① 陈兴良：《正当防卫论》，中国人民大学出版社2017年版，第19页。

卫中危险性比较低的侵害，意图实现危险性非常高的"防卫行为"，在客观上没有充足正当防卫的要件，只不过是防卫过当的可能性。这样，防卫意思必要说在现实上并不关乎正当防卫的成立与否，而只是有意图的过当行为的一种类型，在刑罚的减免上有一定的意义而已。而防卫意思不要说对于防卫过当在刑罚的减免上，也会考虑责任减少，从而考虑对抗之时的主观面。①

本书认为，这种理由并不成立。

第一，对于偶然防卫，如果坚持结果无价值论的防卫意思不要说，就应该只能得出无罪的结论。在典型的偶然防卫的场合，如 A 开枪杀死了 B，却不知 B 要开枪杀 C，恰好救了 C。在这种情况下，B 因实施杀人行为，就在客观上使得任何一个人都可以以正当防卫为由杀死他。换言之，此时"B 是该死的"，杀死了一个该死的人，救活了一个不该死的人，无论如何，从最终的结果上来看，是一件"好"事情，按照结果无价值论否定主观违法要素的观点，只应该在客观上对行为人的行为给予"正"的评价，但是，未遂的结论，又明显是做出了"负"的评价。为何做出这种明显与自己立场截然不符的矛盾判断，恐怕一句"违法结果发生的现实性危险被创设，因此肯定未遂"是说不过去的。再则，这种结论的得出，明显与结果无价值论注重"存在论"不符，而是滑向了他们所批判或者提防的"规范论"了。

赞同防卫意思必要说的黎宏教授正确地指出，"偶然防卫不完全是一个关系到防卫意思的问题，更主要地是一个涉及未遂犯与不能犯的界限何在的问题"②。西田典之、山口厚不主张防卫意思，但同时认为，偶然防卫具有作为未遂犯的可罚性。在未遂犯的判断上，西田典之教授采取"假定的盖然性说"，而山口厚教授则主张"既遂的现实的、客观的危险（具体危险说）"。"假定的盖然性说"是指在判断结果发生的可能性时，既要探究未发生结果的原因、情况，同时也要探究出现何种情况变化得以发生结果，以及这种情况变化具有多大程度的盖然性。只有在经过这种探求之后，仍然得出并无结果发生的盖然性，或者盖然性极低的结论时，方

---

① ［日］桥爪隆：《日本正当防卫制度若干问题分析》，江溯、李世阳译，《武陵学刊》2011 年第 4 期。

② 黎宏：《刑法学总论》法律出版社 2016 年版，第 138 页。

可否定结果发生的可能性，认定为不能犯。① "既遂的现实的、客观的危险（具体危险说）"是指引起既遂犯的构成要件结果的现实的、客观的危险，而非一般的、抽象的危险，是以既遂的具体的危险为结果的一种具体的危险犯。在判断是否发生这样现实的、客观的危险之际，要考虑行为人的试图实施引起法益侵害行为的行为意思。②

西田典之教授的"假定的盖然性说"，实质上是一种"概率论"。对于这种概率发生的大小，如果仅仅站在事后来观察，进行严密的事后的科学性判断的话，那么，所有的未遂都难免不成为不能犯。因此，概率论的考察方法，应该沿着从行为到结果这一发展顺序展开。从西田典之教授前述关于盖然性判断方法来看，就是顺着"行为→结果"这一径路来考察结果发生的可能性的。姑且不论结论的妥当与否，这种考察方法，已经不复为结果无价值论从结果到行为这一考察问题的方法论了。事实上，承认偶然防卫是未遂犯，当然要判断作为未遂的法益侵害结果，但是，这与是否必然要抛弃防卫意思，并不存在理论上的冲突。而山口厚教授的"既遂的现实的、客观的危险（具体危险说）"，实质上就是具体危险说。众所周知，具体危险说认为"危险概念中含有主观要素"，并为行为无价值论者主张。而判断是否存在具体危险的方法则是立足于行为当时，遵循行为当时一般人的标准，根据行为时的具体情况，来判断结果是否会发生。③ 山口厚教授也大方地承认，在判断是否发生危险之际，要考虑行为人的试图实施引起法益侵害行为的行为意思。这就承认，偶然防卫的场合，行为人有"试图实施引起法益侵害行为的行为意思"，更确切地讲，就是犯罪意思。这很明显在违法性的积极考量当中，加入了主观的违法要素。正当防卫是阻却违法事由之一，是不具有违法性的消极考量，如此，在成立与否上当然需要判断是否具有防卫意思。但是，令人费解的是，为什么山口厚教授在判断正当防卫是否成立上，却坚持防卫意思不要说，这种前后矛盾的做法，的确无法自圆其说。即便是张明楷教授，也指出"本书虽然不赞成将防卫意识作为正当防卫的成立条件之一，但这并不意味着正当防卫人都没有防卫意识。事实上，在大多数场合，防卫人都具有

---

① ［日］西田典之：《刑法総論》，弘文堂2010年版，第310—311页。
② ［日］山口厚：《刑法总论》，付立庆译，中国人民大学出版社2018年版，第284页。
③ 周光权：《区分不能犯和未遂犯的三个维度》，《清华法学》2011年第4期。

防卫意识"①。张明楷教授承认"事实上，在大多数场合，防卫人都具有防卫意识"，一方面是坚持结果无价值论立场的需要，另一方面，大概是为偶然防卫无罪的结论背书吧。

第二，借口防卫或者挑拨防卫的场合，原本就是在客观上侵害法益，主观上有违法意思的行为，本来就欠缺防卫意思，不是正当防卫。正因为伴随反击行为的主观是违法意思，如何能够得出"即使是在打架斗殴和自招侵害的过程中，行为人也当然认识到不正的侵害，并且为了避免这种不正侵害而实施对抗行为，因此，即使从防卫意思必要说的立场出发，也难以否定防卫意思"这样的结论？这种将伴随违法意思的反击行为，偷换为为了避免不正侵害而实施具有反击意思的对抗行为，然后再以日本学界"只要有应对不法攻击的心理状态，就具有防卫意思"为理论根据，从而认定挑拨防卫、打架斗殴中存在防卫意思，显然是一种移花接木之术，看似有理，实则谬误。②

第三，该学者认为，防卫意思必要说在讨论挑拨防卫等问题的时候，是以"当存在犯罪意思时就否定防卫意思"为前提，从一开始就将自招侵害等状况下实施对抗行为的意思视为"犯罪意思"，否定了防卫意思，是结论先行。③这种批判，并无道理。事实上，在理论上不难阐明，挑拨防卫等场合是有不法攻击意思（违法意思），这种意思内化于不法攻击行为，一个行为不可能既伴随有合法的意思，又伴随有非法的意思，因此，结论自然就是挑拨防卫等行为，不具有防卫意思。违法意思与防卫意思本来就是势不两立、水火不容的关系。而在司法实务中，对一个挑拨防卫的行为是否为正当防卫的判断过程中，一定是要结合正当防卫的成立条件来进行，当然会要判断有无防卫意思。对于防卫意思的判断方法，不只是正面的"有"的判断，也可能是反面的"无"的判断。一旦认定有防卫意思，当然就排除了违法意思，反之，一旦判断有违法意思，当然也就否定了防卫意思。这怎么是结论先行呢？需要讨论的是，在这里，可能会有

---

① 张明楷：《刑法学》，法律出版社2016年版，第208页。

② 当然，本书并不是说在挑拨防卫、互殴的场合，绝对不会出现正当防卫，详细讨论，将在后文中展开。

③ ［日］桥爪隆：《日本正当防卫制度若干问题分析》，江溯、李世阳译，《武陵学刊》2011年第4期。

"防卫过当中,既有防卫意思,又有违法意思"这种说法。这种说法是错误的。实际上,防卫过当之所以是违法行为,原因就在于"过当",考察的重心是"过当"而不是"防卫",这样,就"过当"部分,防卫人是没有防卫意思的,防卫人的防卫意思,仅及于"不过当"的"防卫部分"。因此,防卫过当的场合,防卫意思不能无限延展,从而覆盖了"过当"的部分,进而认定对于"过当"部分既有防卫意思,又有犯罪意思。当然,这里会涉及对防卫过当的主观方面的理论认知,鉴于此处并非讨论防卫过当的最佳场所,本书的观点是防卫过当属于过失犯罪,不能将防卫意思等同于犯罪故意。详细的讨论,将在后文中展开。

既然防卫意思不及于"过当"部分,防卫过当属于过失犯罪,那么,与故意犯罪相比,违法性当然要小,所对应的刑罚当然要比故意犯罪轻。那种认为防卫意思的价值仅在于"减免刑罚"的意义,显然没有找到问题的要害。另外,以在责任阶段会对对抗行为时的主观面加以考虑的说法,一方面使得责任阶段承担了过多的使命,另一方面,能够在前一阶段解决的问题,为什么要拖到后一阶段来解决?这明显是"不经济"的。①

五 相关司法解释也正面确认了防卫意思

近年来,"于欢案""昆山反杀案"等涉及正当防卫的案件引发了社会的广泛关注,尤其是随着自媒体的发达,参与讨论的已不限于专家学者和司法实务界,新闻媒体、普通群众都投身其中,各抒己见,讨论相当激烈。从讨论的情况来看,民众对法治、公平、正义、安全等的确有着相当高的期待,当然其中也不乏非理性的声音,同时,个别案件的实务认定,比如"于欢案"的一审判决②,也暴露出司法实务界部分办案机关在正当防卫制度的理念、规则、操作等方面都有诸多问题,这些问题值得进一步深入探讨。为此,最高人民法院《关于在司法解释中全面贯彻社会主

---

① 周光权:《行为无价值论的法益观》,《中外法学》2011年第5期。
② "于欢案"中,一审法院山东省聊城市中级人民法院于2017年2月17日作出(2016)鲁15刑初33号刑事附带民事判决认定:"于欢捅刺被害人不存在正当防卫意义上的不法侵害前提,其所犯故意伤害罪后果严重,应当承担与其犯罪危害后果相当的法律责任。"参见中国裁判文书网:https://wenshu.court.gov.cn/website/wenshu/181107ANFZ0BXSK4/index.html?docId=604fe188e24e4a03a825a79b00dc7821,最后访问日期:2020年9月3日。

核心价值观的工作规划（2018—2023）》提出："适时出台防卫过当行为适用法律的司法解释，明确正当防卫、防卫过当的认定标准和见义勇为相关纠纷的法律适用标准，加大指导性案例的发布力度，鼓励正当防卫，旗帜鲜明保护见义勇为者的合法权益，弘扬社会正气。"2020 年 8 月 28 日，最高人民法院、最高人民检察院、公安部联合发布了《关于依法适用正当防卫制度的指导意见》（以下简称《指导意见》），同时，配套发布了 7 个涉及正当防卫的典型案例，以强化《指导意见》的指导效果。

从《刑法》第 20 条不难解读出"成立正当防卫，必须具备防卫意思"这项内容。《指导意见》又全面贯彻落实了刑法第 20 条的精神。《指导意见》第 8 条明确规定："准确把握正当防卫的意图条件。正当防卫必须是为了使国家、公共利益、本人或者他人的人身、财产和其他权利免受不法侵害。对于故意以语言、行为等挑动对方侵害自己再予以反击的防卫挑拨，不应认定为防卫行为。"在正面规定了正当防卫必须有防卫意思的情形下，为了更好地帮助司法实践中理解和认定防卫意思，《指导意见》又在第 9 条和第 10 条中，就如何具体判断行为人的主观意图进行了详细规定。相关内容，将在后文中相应部分详加论述，此不赘言。

第三章　防卫意思的实务认定与防卫意思的内容

本书认为，应当坚持防卫意思必要说。考察我国有关正当防卫的判例，也能够看出司法实务中很重视防卫意思，但是，"司法机关往往对于防卫意思从严把握，从而限缩了正当防卫的成立可能"①。那么，实践中认定防卫意思的问题点在哪里？防卫意思应当如何理解？这是亟须解决的问题。

第一节　司法实务中认定防卫意思的问题点

对于我国司法实务中正当防卫认定较低的问题，学者指出，这与着眼于防卫结果有关。通过判断利益是否失衡，导致防卫尺度把握的偏差，在造成死伤结果的场合，尤其如此。② 但是，司法实践中对于防卫意思的判断，也有可能是正当防卫认定较低的主要原因之一。考察司法实践中关于防卫意思的认定及其方法，主要有以下几个问题。

一　防卫意思中加入了道德判断

在防卫意思中加入道德判断，是指法院往往倾向于将防卫权的享有者限定在对侵害发生毫无道德瑕疵的无辜者之上。③ 主要体现在对于行为人招致的他人不法侵害案件，尤其是违法的自招侵害案件，对于行为人主观上是否有正当防卫的意思，司法实务往往持否定态度。在先有某些挑衅或者激怒行为的场合，法院的理由往往是行为人通过刺激对方，促使对方实

---

① 储陈诚：《正当防卫回归公众认同的路径——"混合主观"的肯认和"独立双重过当"的提倡》，《政治与法律》2015年第9期。
② 周光权：《正当防卫的司法异化与纠偏思路》，《法学评论》2017年第5期。
③ 陈璇：《克服正当防卫判断中的"道德洁癖"》，《清华法学》2016年第2期。

施攻击行为,属于防卫挑拨,有斗殴或者伤害对方的故意,因此,不是正当防卫。如"邓某1故意伤害案"。① 对于辩护人的正当防卫或者防卫过当的辩护观点。法院认为,本案因邓某某建房三楼屋面超被告人邓某1房屋地界问题引起,双方本可通过调解或者法律途径解决问题,而被告人邓某1却采用私自到邓某某新建房的三楼争论,争执无果后,被告人邓某1试图使用暴力的方式强行拆除邓某某新建房的超界部分,从而引发邓某某对他实施伤害行为,被告人邓某1在挡开邓某某木棍攻击后仍挥拳朝邓某某腹部打击,致使被害人邓某某脾脏破裂;综合全案被告人邓某1的行为明显是在其挑拨后的相互斗殴行为,属防卫挑拨,不构成正当防卫,故辩护人的意见不予采纳。

有时,对于那些一般性的挑衅行为,即便已经结束,法院也会倾向于否定实施一般性的挑衅行为者的防卫可能性。有时甚至直接强调实施挑衅行为的人,完全不属于正当防卫人的问题领域,当然也就不存在防卫意思的问题。如"黄某某故意伤害案"。② 本案二审期间,对于辩护律师"原

---

① 本案案情是:2017年5月13日,被告人邓某1因亲哥哥邓某某家正在三楼扎钢筋网,预备倒水泥板,认为超过他的房屋地界,就这个问题去与邓某某商量无果后,便想捡旁边的木棍敲邓某在建的钢筋网超界部分,而邓某某先于一步抢到木棍打邓某1头部一棒,邓某1用手挡开后,随即挥拳朝邓某某腹部打了一拳,之后两人被赶到现场的叔叔扯开。邓某某中午感觉到腹部疼痛,第二天到桂阳县人民医院检查,发现脾脏破裂住院治疗。出院后经鉴定,邓某某的伤情为重伤二级。参见北大法宝网:http://www.pkulaw.cn/case/pfnl_a25051f3312b07f31858fabc68bb076ba6a1892f53-5ded81bdfb.html? keywords=%E9%98%B2%E5%8D%AB%E6%8C%91%E6%8B%A8&match=Exact,最后访问日期:2018年8月31日。

② 本案案情:2014年9月28日晚11时许,被告人黄某某和同事黄某等人吃饭喝酒后回到安义县华宇铝业公司宿舍楼,见同事陈某1和王某2(女)坐在宿舍楼前玩手机,黄某某、黄某上前挑衅,黄某用手掐了陈某1的颈部。当陈某1返回一楼宿舍时,黄某某、黄某又跟随走进陈某1宿舍并用言语对其进行威胁。黄某某、黄某离开后,陈某1打电话叫来被害人陈某6,并邀集陈某2、陈某3等人拿着空心铁管、臂力器跑上宿舍楼四楼殴打黄某、黄某某。黄某某往楼下逃跑时在二楼平台处被追上。陈某1、陈某2、陈某6、陈某3便对黄某某进行殴打,黄某某见状抽出随身携带的折叠刀,朝陈某1、陈某6等人来回乱划并刺中陈某6左胸部。黄某某继续往楼下逃跑时遭遇上楼拦截的任某,持折叠刀刺中任某的大腿后逃离。陈某6倒地后不久死亡。经鉴定,被害人陈某6系单刃刺器刺破心脏致心脏破裂大出血死亡;陈某1、任某损伤程度均为轻微伤。黄某某在逃出宿舍楼后,经同事方某、吴某的劝说,搭乘方某的汽车返回华宇铝业公司投案途中被公安民警拦下归案。参见中国裁判文书网:http://wenshu.court.gov.cn/content/content? DocID=4ba30652-2884-4fd5-8100-a73a00f08762&KeyWord=黄某某|防卫过当,最后访问日期:2018年8月31日。

审被告人黄某某为使自身的权利免受不法侵害,持刀刺伤被害人致其死亡系出于防卫目的,应属防卫过当"的辩护意见,法院认为:"经查,黄某某伙同黄某无故对陈某1进行挑衅,挑起事端,引发陈某1等人的报复,双方纠缠中黄某某拿出携带的刀与陈某1等人对打,在伤害陈某1后逃跑过程中,对进行拦截的任某又持刀捅刺。黄某某等人先行挑衅引发本案,面临他人一般性的侵害报复时持刀捅刺他人,造成一死数伤的严重后果,其行为不具备防卫的正当性、适时性,不属防卫过当"。再如"刘某某犯故意伤害案"①,湖北澧县人民法院一审认为:正当防卫的观点,与客观事实不符,且有悖法理,不予采纳。常德市中级人民法院二审认为:本案是由民事纠纷引起,原审附带民事诉讼原告人刘某善虽欲侵害上诉人,但因被他人劝阻,其侵害行为尚未实施,且已经停止。而上诉人刘某某与刘某善斗狠,并主动走近对方,故意激怒、刺激对方,促使其实施不法侵害,而后借口防卫将刘某善刺伤致残,其行为属挑拨防卫,不属正当防卫,已构成故意伤害罪,应当依法追究其刑事责任。但是,正如学者所言,第一,尽管行为人从家中拿出匕首后辱骂被害人,但该事实充其量只能说明行为人知道自己出言不逊很有可能引来被骂者的攻击,进而对此加以放任,却很难证实他预先就有借防卫之名加害对方的明确目的。因此,挑拨防卫的论断本身就存在疑问。第二,即便能证明行为人有挑拨防卫意图,但在行为人的言语挑衅面前,被害人并未丧失决定是否挥刀伤害对方的自由和能力。作为一名正常的公民,当然知道采取违法行为绝不是应对

---

① 本案案情:1994年,被告人刘某某与本村村民路某某结婚。路的前夫刘某善对被告人刘某某经常去路宅(系刘某善与路协议离婚时分割给路的财产)心怀不满,两人多次发生口角。2000年2月11日18时许,被告人刘某某来到路某某家中,正遇刘某善,刘某善即谩骂被告人刘某某,并持路家一把菜刀追赶刘某某,后被村民劝阻。刘某某回到家中,见刘某善仍站在村民刘某某的屋前谩骂,并扬言要杀掉自己,便从家中拿出一把匕首,斗狠说:"你今天不杀我,你就是我的儿。"说着走近刘某善,随即二人发生揪扭,双方扭倒在地。在扭打过程中,刘某善用菜刀砍击被告人头部,被告人刘某某亦用携带的匕首刺中刘某善左侧背部。此后,双方被人劝开,刘某善当即被人送往澧县人民医院抢救。当晚11时许,被告人刘某某向当地公安派出所投案自首。经法医鉴定:被告人刘某某的伤系轻微伤;被害人刘某善的伤为重伤,构成九级伤残。刘某善因伤住院治疗用去医药费27682.87元,已经治愈。参见北大法宝网:http://www.pkulaw.cn/case/pfnl_ a25051f3312b07f3b08119a39a53379713b1a2c358240492bdfb.html? keywords=%E6%8C%91%E6%8B%A8%E9%98%B2%E5%8D%AB&match=Exact,最后访问日期:2018年8月31日。

这种挑衅的正确方法。①

　　甚至在有些情形下，只要起因存在瑕疵，法院往往会断定行为人主观上就没有了防卫意思。如"邱某甲故意伤害案"②，二审法院认为：上诉人邱某甲事先明知撬砖会导致邱某辛先动手打人引发打架，仍坚持为之，主观上存在伤害他人的故意，缺乏防卫意思，不属于正当防卫。从妥当解决本案相邻关系的角度而言，如果邱某辛新建的房屋占用了邱某甲家通往归水河的小路，影响邱某甲家房屋通风采光的话，可以通过协商、向有关部门要求解决（如村委会、乡镇人民政府等），必要时还可以向人民法院起诉。显然，邱某甲的行为，是激化矛盾的诱因。但是，不能因其行为是激化矛盾，或者已经预见到引发打架，就一概否定防卫意思，进而否定正当防卫的成立。

　　更有甚者，有法院以行为人在起因阶段存在刑事不法，从而认定行为人没有防卫意思，如"钟某某故意杀人案"③，一审法院认为：被告人钟

---

①　陈璇：《克服正当防卫判断中的"道德洁癖"》，《清华法学》2016 年第 2 期。

②　2013 年 5 月，邱某辛在被告人邱某甲家房屋斜对面的一田地上动工准备新建房屋，邱某甲以邱某辛新建的房屋占用了他家通往归水河的小路，会影响房屋通风采光等为由，向有关部门举报邱某辛违规建房，阻止邱某辛施工。2013 年 6 月 11 日中午，邱某甲事先找到邱某丙、邱某庚，将自己与邱某辛之间的矛盾告知两人，称自己要去拆邱某辛家地基，肯定会与邱某辛发生冲突，若邱某辛先动手打自己肯定会还手打他，要邱某丙、邱某庚两人到时去该地基旁用手机进行拍摄作为见证。当日 13 时许，邱某甲持一空心水管与邱某丁到邱某辛的新屋地基上去撬砖，邱某辛闻讯后，左手持喷射防卫器、右手持柴刀赶到现场，先用喷射防卫器对邱某甲的脸部喷射，后用柴刀砍了邱某甲头部一刀。邱某甲持空心水管还手，用空心水管击打邱某辛的左手小手臂、右手小手臂，将邱某辛手持的喷射防卫器、柴刀打落在地并致邱某辛头部受伤。邱某辛被打倒在地后，邱某甲又持空心水管打邱某辛的腰部等处，致邱某辛轻伤，九级伤残。邱某辛受伤后，先后在涟源市人民医院、涟源市中医院、娄底市中心医院等地治疗。2013 年 11 月 4 日，被告人邱某甲在深圳市宝安区隔圳新村被广东省深圳市公安局上塘派出所民警抓获。参见中国裁判文书网：http：//wenshu. court. gov. cn/content/content? DocID = a26ccef0 - 5f9c - 4f0c - be99 - 30272bb70b72&KeyWord=邱某甲丨正当防卫，最后访问日期：2018 年 8 月 31 日。

③　2004 年 2 月 8 日，被告人褚某某在广东获悉厦门的制毒窝点被警方查获后，指使被告人张某某、吴某某到厦门市嘉禾路湖北大厦 1913 室、1914 室取走现金、枪支、弹药等物品到广东惠来高速公路与其会合。2 月 9 日上午，被告人张某某、吴某某受褚某某指使，携带现金人民币 200 多万元、冲锋枪 1 支、手枪 2 支、子弹 400 多发运到广东高速公路惠来路段，交给被告人褚某某。

2 月 9 日晚，被告人褚某某与苏某某驾驶闽 D—06500 宝马越野车在广东省境内逃窜途中，怀疑被警方跟踪，决定更换车辆继续逃窜。为此，被告人褚某某多次打电话给被告人（转下页）

某某明知同案人褚某某等 2 人可能是犯罪的人而为其藏匿作案工具、带路。在帮助褚某某、苏某某二人逃匿的过程中，双方发生争吵并相互开枪射击，双方均属不法行为，钟某某用手枪击中苏某某，致其当场死亡，已分别构成故意杀人罪、窝藏罪。显然，一审法院以防卫起因阶段存在"窝藏"的刑事不法，进而认为，即便钟某某被苏某某枪击，钟某某在和苏某某的搏斗中，用手枪击中苏某某，致苏某某死亡，也是不法行为，当然没有正当防卫的意思。在钟某某上诉后，二审法院认为：原判认定上诉人钟某某构成故意杀人罪不当，应予纠正。上诉人钟某某因被苏某某怀疑是制毒窝点被警方捣毁的举报人，在被枪击后，又继续铐在车上。在与苏某某搏斗中，上诉人钟某某为了本人的生命免受仍在进行的不法侵害而开枪打死直接实施不法侵害者苏某某，符合正当防卫的构成要件，依法不负刑事责任。二审法院的结论，应该是妥当的。

二　过分强调防卫目的

我国刑法通说认为，防卫意思包括两个方面的内容：一是防卫认识；一是防卫目的。防卫认识是防卫人对正在进行的不法侵害的认识，它包括对不法侵害的诸多事实因素的认识，基本内容有：（1）明确认识侵害合法权益的不法行为的存在；（2）明确认识不法侵害正在进行；（3）明确

（接上页）钟某某，告知其所在工厂出事了，要钟某某到厦门将其新购买的奥迪车开到福建泉州一带与其交换。被告人钟某某打电话叫朋友黄某某到福厦高速公路南安市水头镇隧道口接应被告人褚某某与其会合并交换车辆。被告人钟某某目睹被告人褚某某持有枪支，仍应褚某某要求帮助藏匿宝马车。被告人褚某某驾驶奥迪车载苏某某往福州方向逃窜，仍认为被警方跟踪，怀疑被告人钟某某是检举他们在厦门高崎制毒的举报人，再次返回与被告人钟某某交换车辆，并要求钟某某、黄某某驾驶奥迪车带路至高速公路入口处，褚某某、苏某某驾驶宝马车紧随其后。行驶过程中，认为被告人钟某某在前带路故意绕圈，且黄某某又中途下车，愈加怀疑钟某某是举报人，遂叫被告人钟某某将奥迪车停在路旁，一同乘坐宝马车。行驶中，苏某某取走被告人钟某某 2 部手机，用手铐将钟某某的左手铐在车上，持手枪追问检举之事并击中钟某某腹部 1 枪，致其腹部表皮及表皮下组织贯通伤。2 月 10 日凌晨 4 时许，当车行至高速公路泉州市丰泽区庄任村路段，因车胎爆裂停在路边时，被告人钟某某挣脱手铐，拉开车内 1 枚催泪弹，在与苏某某搏斗中，抢得 1 把手枪朝苏某某连开 3 枪，其中 1 枪击中苏某某胸部，致苏死亡后，持车内的 1 把冲锋枪从高速公路跳下逃走。参见北大法宝网：http://www.pkulaw.cn/case/pfnl_a25051f3312b07f32fd8f37-1bacbf75f90ad20721c62c381bdfb.html? keywords=%E9%92%9F%E9%95%BF%E6%B3%A8&match=Exact，最后访问日期：2018 年 8 月 31 日。

认识不法侵害者；（4）明确认识不法侵害的紧迫性，且能够以防卫手段加以制止。此外，还应基本认识到防卫行为所需要的手段、强度及可能造成的必要损害后果。而防卫目的是指防卫人以防卫手段制止不法侵害，以保护合法权益的心理愿望。凡正当的防卫意图都必须以保护合法权益、制止不法侵害为目的。防卫目的是确定防卫意思的关键。正当防卫的目的包括两个层次：第一层次是制止不法侵害；第二层次是通过制止不法侵害，保护合法权益。① 按照通说，如果防卫人没有防卫目的，则正当防卫难以成立。司法实务中，也有彻底贯彻防卫目的的判例。比如"邱某某故意伤害案"②，对于被告人邱某某提出其系正当防卫或防卫过当的意见，法院认为：本案系因琐事引发纠纷而起，被告人邱某某在被害人邱某1击打其面部后随即一拳反击，将邱某1打倒在地，致其重伤，可见被告人邱某某主观上具有伤害被害人的主观故意，而非出于防卫目的，不属于正当防卫或防卫过当。

三　不能正确界定斗殴意思与防卫意思

从理论上来说，互殴与正当防卫明显不同。是互殴，就不是正当防卫，是正当防卫，就一定不是互殴。因此，如果认定是互殴的话，那么，就意味着有互殴意思，无防卫意思，反之亦然。司法实践中，在否定防卫意思的判断上，"有互殴意思，无防卫意思"是常见的一个理由。在中国

---

① 高铭暄、马克昌主编：《刑法学》，北京大学出版社、高等教育出版社 2017 年版，第 131 页。

② 本案案情：2017 年 2 月 11 日 23 时许，被告人邱某某与邱某 1 等人在石狮市锦尚镇祥益酒店三楼一包厢内喝酒。次日 1 时许，被告人邱某某因琐事与邱某 1 发生口角，后被在场人员劝开。之后，邱某 1 及被告人邱某某先后离开包厢至该酒店三楼大厅时，邱某 1 往回走，动手击打被告人邱某某面部，邱某某随即一拳反击，将邱某 1 打倒在地，致邱某 1 头部受伤。经法医学鉴定，被害人邱某 1 外伤致左额颞顶硬膜下血肿、创伤性蛛网膜下腔出血、左侧基底节区脑出血破入脑室、双侧额顶叶、左颞叶脑挫伤，伴神志朦胧，GCS 评分 11 分、对光反射迟钝、右侧肌张力下降、右下肢 Babinskie 征阳性等神经系统症状体征，损伤程度属重伤二级。案发后，被告人邱某某的家属支付邱某 1 医疗费人民币 10000 元。参见北大法宝网：http://www.pkulaw.cn/case/pfnl_ a25051f3312b07f332a1a64d359981976eedc5c0d58ee707bdfb.html? keywords =% E9% 98% B2%E5%8D%AB%E7%9B%AE%E7%9A%84&match = Exact，最后访问日期：2018 年 8 月 31 日。

裁判文书网，笔者针对289件涉及正当防卫的二审判决中，对于一审判决进行概括时，提及一审法院认定不是正当防卫的案例有57件。① 在这57件不是正当防卫的案例中，以互殴、有伤害故意，没有防卫目的为理由否定正当防卫的有26件，占45.6%。而二审认定的不是正当防卫的案件有206件，其中，以"互殴、寻衅滋事、好勇斗狠"为理由而否定正当防卫成立的案件有101件，占49%。这中间，大部分的认定可能不存在多大问题，但是，也有"只要有双方打斗，就是互殴，就不是防卫"的判断。根据笔者对中国裁判文书网和北大法宝网上的相关案件的梳理，主要有以下几种情形。

（一）只要有互相谩骂，就认为产生了斗殴故意，就没有防卫意思

比如，"崔某某、张某某故意伤害案"②，一审法院认为："张某某、崔某某因琐事与魏某1相互谩骂过程中，主观上已经产生了殴斗的犯意，具有危害社会的犯罪目的。……三人厮打在一起，因此双方都出于主动，均有侵害对方的不法侵害行为，不具有正当防卫应具有的防卫性和目的的正当性，不属于正当防卫的范畴。"换句话说，即便魏某1回家取刀返回现场，意图攻击崔某某、张某某二人，鉴于前面已经有了相互谩骂，崔某某、张某某二人已经产生了斗殴的故意，因此，本案不存在防卫意思的问题。被告人崔某某以正当防卫为由提起上诉。辩护人提出，根据现场多处滴落状血迹证明魏某1两次倒地，在魏某1第二次与崔某某厮打前其已经

---

① 考虑到对一审法院理由的概括上，有些二审判决只是很简单地提及，因此，一审裁判理由在二审判决中，不会是很全面的。这里涉及二审裁判文书的制作问题，容待另行撰文研究。下文所有涉及一审理由的阐明，除有特殊说明外，均以二审判决书所提及的为准。

② 本案案情：2015年8月21日14时许，上诉人张某某与妻弟崔某某酒后回到其居住的满洲里市扎赉诺尔矿区温馨家园小区，遇见陈某及被害人魏某1等人，上诉人崔某某给陈某、魏某1递香烟时，魏某1说不要，崔某某便骂了魏某1，魏某1也回骂了崔某某，因此二人发生口角。魏某1便回家取两把尖刀返回现场，崔某某迎上前持树枝条抽打魏某1的头面部，张某某也冲上前，双方发生厮打。魏某1两手各持一把尖刀捅刺张某某、崔某某二人，并刺中张某某左腿，张某某、崔某某分别夺下魏某1左右手中的尖刀，并刺伤魏某1右侧肘窝下方手臂，致魏某1右侧桡动脉断裂导致大量血液流出，造成失血性休克，经医院抢救无效而于当日死亡。案发后，崔某某、张某某在现场附近被公安机关抓获归案。参见中国裁判文书网：http://wenshu.court.gov.cn/content/content?DocID=6031a2e1-b5ef-41b1-86a3-a80700a246bc&KeyWord=，最后访问日期：2018年9月1日。

受伤，不排除崔某某在抢夺魏某1右手尖刀时，尖刀回扎到魏某1内手臂，故应宣告崔某某无罪。而检察机关出庭意见为，一审判决认定上诉人张某某、崔某某抢下魏某1手中尖刀刺伤魏某1的事实不清，证据不足。现有证据可以证明魏某1所受损伤为崔某某所抢的尖刀所致，但损伤原因无法确定。二上诉人因琐事与魏某1相互谩骂过程中，而产生殴斗犯意的证据不足，且张某某未牵扯其中，故一审判决认定事实不清，建议撤销一审判决，发回重审。即便如此，二审法院依然认为，崔某某因琐事谩骂魏某1，引起双方口角后，在魏某1持两把刀返回现场时，崔某某上前用树枝抽打被害人的头面部，张某某也冲上前，二人抢夺魏某1手中尖刀，并与魏某1厮打在一起，因此双方均主动参与厮打、均有侵害对方的主观故意，故张某某、崔某某行为不具有防卫的正当性和防卫意思，不属于正当防卫的范畴，因此其行为均不构成正当防卫。最终以故意伤害罪分别判处两被告人有期徒刑10年。姑且不论本案是否存在证据不足的问题，就法院否定正当防卫的理由而言，显然存在"只要打架，就是互殴，就不是正当防卫"这样一种判断。

（二）只要滞留现场，就有斗殴意思，没有防卫意思

比如"吴某某故意伤害案"①，对于被告人吴某某以"是对被害人正在进行的不法侵害进行防卫，双方不是互殴，其行为属防卫过当，原判未认定防卫过当错误"为理由的上诉，二审法院认为："吴某某与刁某甲在购物还价过程中双方出言不逊，恶语相向而发生争吵。被他人劝开后看见刁某甲叫其等着并打电话叫人，明知刁某甲不会罢休，可能会叫人来打架，不听他人劝解离开，仍然滞留现场。显然，吴某某亦有逞强斗殴的故意和准备。吴某某在刁某甲用木棍击打其后，立即拿起剪刀连

---

① 本案案情：2014年4月23日中午，被告人吴某某在浙江省玉环县玉城街道西青塘村小商品展销会其摆设的杂货摊上与刁某甲发生争议。刁某甲打电话叫其子刁某乙快来。刁某乙与其朋友张某一起赶到现场。刁某甲见其子刁某乙来后，持木棍击打吴某某，吴某某随即拿起摊位上的剪刀捅刺刁某甲和刁某乙，其间，刁某乙也用匕首捅刺吴某某。被害人刁某甲被刺破左侧锁骨下动脉引起大出血致失血性休克，经送医院抢救无效于当日死亡；被害人刁某乙被刺致轻微伤。吴某某被刺致轻伤二级。参见北大法宝网：http://www.pkulaw.cn/case/pfnl_ a25051f3312b07f3-0ca5abb302b877ae25c9258adc9acf24bdfb.html? keywords =% E5% 90% B4% E6% B0% B8% E8% 83% 9C&match=Exact，最后访问日期：2018年9月1日。

续捅刺刁某甲要害部位数下，致刁某甲死亡，其实际上是借对方先行行凶为由，故意报复，本质上不是出于防卫目的，故吴某某上诉称其系正当防卫的理由不能成立，不予采信"。二审法院的逻辑是，行为人已经知道被害人不会善罢甘休，居然不听他人劝解离开这一是非之地，滞留在此，已经有了斗殴意思了。对于本案，周光权教授认为，刁某甲先动手实施不法侵害，吴某某的行为具有了防卫性质，不仅可以成立防卫过当，甚至就本案的实际情况来看，还存在成立特殊正当防卫的可能。"法院秉持的是朴素但未必正确的'死者为大'逻辑，有要求正义向非正义避让之嫌"①。

（三）只要事先准备工具，就有斗殴意思，没有防卫意思

比如"朱某某故意伤害案"②，对于朱某某以其行为属于防卫过当的上诉，二审法院认为："朱某某明知可能发生纠纷而准备作案工具，存在伤害他人的故意，其行为不属防卫过当"。而对于朱某某以防卫过当，被害人有重大过错且涉嫌寻衅滋事为由的申诉，云南省高级人民法院认为，"经查，朱某某明知可能发生纠纷而准备作案工具，具有伤害他人的故意，其行为不属防卫过当，该理由不能成立。……一审法院鉴于被害一方有重大过错，已对朱某某予以从轻处罚。……被害人涉嫌寻衅滋事的理由于法无据，本院不予采纳。原判根据原审被告人朱某某犯罪的事实、性质、情节和社会危害程度，所作判决并无不当"③。但是，本案至少存在

---

① 周光权：《正当防卫的司法异化与纠偏思路》，《法学评论》2017年第5期。

② 本案案情：2014年8月18日凌晨2时许，被告人朱某某与陈某、杨某乙邀约在丽江市医院后门附近协商借债还款事项。杨某乙事前邀约了雀某、李某乙、李某甲、杨某丙等十余人并准备了木棒等工具后前往。在市医院后门附近的汉庭酒店门前人行道上，杨某乙等人先用事先准备的木棒殴打被告人朱某某，被告人朱某某被殴打之后，用事先准备的水果刀捅刺殴打他的人。双方打斗情形被巡逻民警发现并鸣枪示警后，被害人杨某乙及其余人员即分散逃跑。被告人朱某某被公安民警当场抓获。被害人杨某乙受伤逃离现场20米左右倒地，后被送往丽江市医院抢救无效而死亡；其余人受伤到玉龙县医院治疗。参见北大法宝网：http://www.pkulaw.cn/case/pfnl_ a25051f3312b07f3c86baaa37d720b5d0802b7734672cc63bdfb.html? keywords=%E6%9C%B1%E6%9E%97%E5%88%9A&match=Exact，最后访问日期：2018年9月1日。

③ http://www.pkulaw.cn/case/pfnl_ a25051f3312b07f3526aee02304826fd2c7e07edd226a638-bdfb.html? keywords=%E6%9C%B1%E6%9E%97%E5%88%9A&match=Exact，北大法宝网，最后访问日期：2018年9月1日。

防卫的前提，至于是否为防卫过当，则是另外一个问题。对于事先得知他人将对自己实行侵害，而准备工具的所谓预期侵害，能否据此推定准备工具者具有斗殴意图从而没有防卫意思，进而否定此后反击行为的正当性，在我国司法实践中，的确存在意见分歧，特别在检察机关与法院之间，分歧似乎更为明显。① 因为：第一，在人身安全受到威胁，但尚未受到实际的危害前，陈兴良教授认为："预先准备工具的反击行为，不能否定行为的防卫性。"② 仅仅以准备工具行为本身，不能说明行为人就有了斗殴意图，产生了斗殴意思。第二，在公力救济无法及时到达，而行为人所受到的不法侵害威胁相对巨大且确定，既然法律赋予了公民正当防卫权，那么，在受到不法侵害威胁的情况下，准备工具，以便防卫，法律不能禁止。③

---

① 比如"胡某某故意伤害案"，2002年3月19日下午3时许，被告人胡某某与同事张某某（在逃）因搬材料问题发生口角，张某某扬言下班后要找人殴打胡某某，并提前离厂。胡某某从同事处得知张某某的扬言后即准备两根钢筋条并磨成锐器后藏在身上。当天下午5时许，张某某纠集邱某某（在逃）、邱某道随身携带钢管在厦门伟嘉运动器材有限公司门口附近等候。在张某某指认后，邱某道上前拦住正要下班的胡某某，要把胡某某拉到路边，胡某某不从，邱某道遂打了胡某某脸部两个耳光。胡某某遭殴打后随即掏出携带的一根钢筋条朝邱某道的左胸部刺去，并转身逃跑。张某某、邱某某见状，一起持携带的钢管追打胡某某。邱某道受伤后被"120"救护车送往杏林医院救治。胡某某被殴打致伤后到曾营派出所报案，后到杏林医院就诊时，经邱某道指认，被杏林公安分局刑警抓获归案。经法医鉴定，邱某道左胸部被刺后导致休克、心包填塞、心脏破裂，损伤程度为重伤。对于本案，一、二审法院与检察机关的认定，截然不同。一审厦门市杏林区人民法院认为：被告人胡某某的行为是防卫过当。但是，厦门市杏林区人民检察院认为：被告人胡某某主观上具有斗殴的故意，被害人的不法侵害行为不具有伤害人身的严重性和急迫性，胡某某的行为不属于防卫性质。厦门市中级人民法院认为：被告人胡某某遭到被害人邱某道殴打时，为了制止正在进行的不法侵害，掏出钢筋条刺伤被害人，其行为属于防卫行为，但鉴于被害人邱某道实施不法侵害时并未使用凶器，尚未严重危及人身安全，故胡某某的防卫行为明显超过必要限度，属防卫过当。参见北大法宝网：http://www.pkulaw.cn/case/pfnl_a25051f3312b07f3ba0ca5ac0dfa07fa2b2eb8832ddff884bdfb.html?keywords=%E8%83%A1%E5%92%8F%E5%B9%B3&match=Exact，最后访问日期：2018年9月1日。

② 陈兴良：《互殴与防卫的界限》，《法学》2015年第6期。

③ 陈兴良、张军、胡云腾主编：《人民法院刑事指导案例裁判要旨通纂》（上卷），北京大学出版社2018年版，第736—737页。

（四）只要事先有斗殴意思，最终发生了打架，就是斗殴，没有防卫意思

如"姜某某故意伤害案"①，对于姜某某 2001 年 7 月 15 日的伤害行为，辩护人认为属正当防卫。二审法院认为：尽管被害人先动手，存在过错，但是，姜某某在得知原与其父有过纠纷的郑某某对其父亲实施挑衅后，即四处寻找郑某某并准备菜刀蓄意报复，事先就存在着斗殴故意，之后亦积极实施伤害行为，故不是正当防卫。对于本案，陈兴良教授认为，互殴必须以打斗双方事先存在斗殴意图为前提。如果双方事先具有斗殴意图，谁先动手谁后动手并不重要。如果事先不存在这种斗殴意图，则先动手的一方是不法侵害，后动手的一方具有防卫性。② 的确，抽象地看，斗殴的场合，一定是在互相有斗殴的意思的前提下发生的，而且，客观上，参与斗殴的人员不可能同时出手，一定有个前后，在这个意义上，陈兴良教授的观点是有道理的。但是，在"姜某某故意伤害案"中，姜某某寻人未果，在返回的路上，被被害人追上，被害人先持铁棒击打姜某某。姜某某还击，致被害人受伤。在时空已经发生了移转的情况下，这种斗殴意思是否能够"一以贯之"地被认定，或者说，借用刑法学中的"概括故意"概念，是否就一定存在"概括斗殴意思"，这的确存在疑问。本书认为，对于典型的斗殴，陈兴良教授的观点是有道理的。但是，这并不意味着能够一以贯之地认定，只要存在互殴的合意，则任何情况下，动手的先后都没有意义。

---

① 被告人被指控三起作案事实。其中第二起案件存在争议，案情是：2001 年 7 月 15 日晚，被告人姜某某得知与其有过纠纷的郑某某当日曾持铁棍在航埠镇莫家村姜某木家向其父姜某新挑衅后，便前往郑某某家滋事。因郑某某不在家，姜某某便返回，并从路过的叶某某家的厨房内取了一把菜刀藏于身后。当姜某某行至该村柳某某门前路上时，郑某某赶至并持铁棍打姜某某，姜某某即持菜刀与郑某某对打，并用菜刀砍郑某某左手腕关节，姜某某也被随后赶至的郑某某之女郑某仙砍伤。经法医鉴定，郑某某所受损伤属轻伤。2001 年 7 月 17 日，被告人姜某某在医院治疗期间，委托其姐姜某芳代为向公安机关投案。参见北大法宝网：http：//www.pkulaw.cn/case/pfnl_ a25051f3312b07f3b318428eee5ffa0aba07c94d84a250bdbdfb.html?key-words=%E5%A7%9C%E6%96%B9%E5%B9%B3&match=Exact，最后访问日期：2018 年 9 月 2 日。

② 陈兴良：《互殴与防卫的界限》，《法学》2015 年第 6 期。

（五）只要最终表现为相互对打，就是互殴，没有防卫意思，不问前因后果

如"宫某某故意伤害案"①，对于被告人宫某某提出自己的行为系防卫过当的辩解，法院认为，宫某某和被害人因琐事引发争执和厮打，属于互殴，均不存在正当防卫的前提，因此就不存在防卫过当的基础，所以对被告人防卫过当的辩解不予支持。但是，鉴于被害人首先动手和使用刀子，宫某某系从被害人手中夺下刀子，然后伤人的事实，故可从轻处罚。对此，周光权教授批判道，"这是基本上不分是非的判决"②。一方"不好好说话"，先动手并且使用刀子，显然具有违法性，而另一方夺过刀子，迅疾反击，自然具有"正"的一面，因此，本案存在"正"对"不正"的关系。至于是否过当，则是另外一个问题。因此，本案不是"互殴"，自然就不能认定存在互殴的意思，当然就具有防卫意思。法院的这种"只要相互对打，就是互殴，无论前因后果"的逻辑，的确有压缩防卫意思，否定正当防卫存在空间的嫌疑。

（六）只要前面是互殴，即便逃跑，被追上后互相打，也是斗殴，没有防卫意思

如"杨某故意伤害案"③，对于被告人杨某的辩护人"杨某在双方第

---

① 本案案情：2005年4月15日19时许，被告人宫某某与田某某在东营区裕华购物广场西侧偶遇。在躲闪让路时，二人相撞，并为此引起争执而厮打在一起。在厮打过程中，宫某某从田某某手中夺过刀子，向田某某右肋部连捅两刀后潜逃。被害人田某某经医院抢救无效死亡。经法医鉴定，被害人田某某系单刃薄背类锐器刺破心脏而死亡。参见北大法宝网：http：//www.pkulaw.cn/case/pfnl_ a25051f3312b07f375790adb5c8025def30d14b47d191712bdfb.html? keywords = %E5%AE%AB%E6%96%B0%E5%86%9B&match=Exact，最后访问日期：2018年9月1日。

② 周光权：《正当防卫的司法异化与纠偏思路》，《法学评论》2017年第5期。

③ 本案案情：2012年6月19日22时许，被害人索某某怀疑杨某偷盗其电动车充电器，二人发生争执。被害人在邀房东（田某某）进行对质期间，杨某便将存放在背包内的折叠刀取出后揣在裤兜内。当被害人与房东来到杨某处，进行对质过程中，杨某同被害人再次发生争执直至打斗。其间，杨某持折叠刀捅了被害人一刀。被害人身受刀伤后，返回其屋内提起一四方铁管来到案发第一现场。杨某见状，欲躲避未成。进而与追赶而至的被害人再次发生互殴。其间，杨某持折叠刀捅刺索某某数刀，致被害人倒地，杨某随后亦倒在现场。后二人被赶到现场的侦查人员及"120"医务人员送往医院救治，索某某经抢救无效死亡。经法医鉴定，索某某系左胸部受单刃类锐器刺击导致心脏破裂死亡。杨某左手臂损伤系轻微伤。参见中国裁判文书网：http：//wenshu.court.gov.cn/content/content? DocID=f5ca207d-9754-4f33-ad37-8568ca40e5e4&KeyWord=互殴 | 正当防卫，最后访问日期：2018年9月1日。

二次打斗过程中的捅刀行为系对被害人索某某违法侵害的正当防卫或防卫过当"的辩解意见，一审法院认为：第一，两次打斗发生在同一区域，间隔时间短，具有一定的连续性，不应完全割裂成为两个事实；第二，被害人所受的伤要更为严重。故不应认定杨某构成正当防卫或防卫过当。

二审法院除了认同一审法院的两个理由外，又补充增加了以下三点：第一，被害人的工具是铁四方管，不是钢管，被害人的攻击行为并未对杨某形成危及其生命安全的现实紧迫威胁；第二，第一次斗殴后，杨某手持刀具，仍停留在案发原地，在别人的提示下才离开躲避，说明仍有斗殴意图；第三，被害人追上来时，被告人未有效彻底地放弃斗殴，反而继续与被害人相互厮打，并连续向被害人身上捅刺数刀，进一步印证了其主观上有伤害的故意。

显然，一、二审法院均认为，只要在时空相对紧密的场合，如果继续厮打，就不是彻底放弃斗殴，因此，双方是在伤害对方身体的犯罪故意支配下，较短时间内连续实施的互殴行为，不能将本案割裂为性质完全对立的两个事实。但是，这种逻辑，实际上就是：只要前面实施了互殴行为，在时空相对紧密的场合，如果互相再打，无论何人先动手，都有斗殴意图，因此是互殴，而没有防卫意思。所以，按照这种逻辑，只有两种情形才有可能是彻底放弃斗殴：第一，彻底离开现场；第二，即便是在对方先行攻击之下，另一方只能设法逃跑，即便被打，也不要还手，否则，一旦还手，就是互殴。如果这样理解的话，只要有斗殴，几乎就没有正当防卫的空间。事实上，二审阶段，出庭支持公诉的检察人员的意见，值得赞同。该出庭意见认为，在本案的第二次打斗过程中，杨某存在防卫意思，并试图躲避，其在躲避不成，仍被被害人追打过程中，捅刺被害人，最终造成被害人死亡的行为，属防卫过当。本书认为，检察人员认定存在防卫意图的观点，是妥当的。

（七）即便对于不法侵害即时进行反击，也是互殴，没有防卫意思

如"常某某故意伤害案"①，法院认为，尽管刘某纠集多人将常某某

---

① 本案案情：2015 年 5 月 27 日晚，常某某与刘某因收拾桌子一事发生口角。被害人刘某邀常某某外出打架，常某某没有理会。当晚 22 时许，被害人刘某纠集被害人司某等人（转下页）

从宿舍叫至楼道内,且刘某首先对常某某实施不法侵害,但是,没有达到对生命构成威胁程度。虽然常某某主观心态上有一定的防卫因素,但是常某某伤势轻,对方一死一重伤,因此,常某某的主观心态是与对方互殴,积极追求被害人身体的伤害,并非出于正当防卫。法院的逻辑是,即便对方有侵害行为,但是没有威胁到生命,此时就不能用较严厉的反击措施。否则,即便是即时反击,也是互殴,没有防卫意思。明显地,在受到没有威胁到生命攻击的情况下,但是反击措施严厉,不就是防卫过当中的防卫行为"明显超过必要限度"吗?更何况本案中,刘某先用砖头击中常某某的头部,难以排除存在威胁到生命的攻击。因此,常某某的防卫意思是有的。实际上,法院结论得出的方法论是:第一,从结果反推故意。法院认为,常某某伤势为轻微伤,而常某某"却持刀捅刺刘某至少三刀,捅刺司某至少两刀","造成了刘某心脏、双肺破裂大失血死亡,司某重伤二级的严重后果",因此,从结果上看,刘某实施的不法侵害,没有达到对生命构成威胁程度。常某某反击严厉,追求身体伤害,因此,主观上是故意。第二,既然主观心态是与对方互殴,那么就不应承认一般防卫的存在不法侵害的前提,更不应承认存在特殊防卫的存在危及生命的严重暴力犯罪的前提。

但是,第一,法院严重混淆了不法攻击的互殴"故意"与正当防卫的"故意(有意)"。不法攻击的互殴"故意"与正当防卫的"故意"有着本质性不同。互殴当中的"故意",是侵害他人的"故意",行为人认识到的是自己的行为会"发生危害社会的结果",因此,不具有任何的正当性;相反地,正当防卫中的"故意",是制止不法侵害的"故意",是认识到自己的行为和由此产生的结果是维护行为规范,保护法益所必要的。即便在防卫过当中,"防卫人认识到不法侵害正在发生,基于保护法益的意思而实施相关行为,这样的'有意性'并不符合《刑法》第 14 条

(接上页)将常某某从黄骅港国富商城西侧 3 楼宿舍叫至楼道内,刘某先用砖头击中常某某头部,后被告人常某某用刀捅刺刘某胸部、腰部,捅刺司某腹部,致刘某心脏、双肺破裂大失血死亡,致司某重伤二级。参见中国裁判文书网; http://wenshu.court.gov.cn/content/content?DocID=25385877-bef4-4e26-939b-a7330011173a&KeyWord=正当防卫丨互殴丨反击,最后访问日期:2018 年 9 月 2 日。

的犯罪故意的定义"①。事实上，即便本案法院认定常某某的主观心态是与对方互殴，积极追求被害人身体的伤害，也不得不承认，"被害人刘某用砖头击中常某某头部，首先对常某某实施不法侵害""常某某主观心态上有一定的防卫因素"。但是，令人匪夷所思的是，这种主观心态上有一定的防卫因素，无论如何都具有"正"的内容，如何瞬间就变成了具有"不正"内容的"互殴意图"？

第二，既然法院承认本案被害人用砖头击打常某某头部的行为是"不法侵害"，那么，本案就有正当防卫所要求的存在不法侵害的前提，因此，至少对于被害人的行为应当评价为"不正"，而常某某即时反击这种"不正"，当然就是"正"，伴随着这种"正"的行为的主观，当然就是正当防卫的意思了。此外，本案不能认定为"互殴"，不能因为双方打架了，就是互殴，因为，这里不存在互殴意思（或者互殴合意）。尽管正当防卫与互殴外观相似，但两者根本的不同在于事先是否有殴斗合意。"只有事先双方经过约定，具有互相殴斗的合意，此后的相互打斗行为才能认定为互殴，双方都不具有防卫的性质。"② 互殴意思，是指双方均具有不法侵害对方的意思，而不应当理解为只要存在一方向对方约架，有了"殴打对方的意思"，即便另一方不予理会，仍然足以认定双方存在"互殴意思"。这种思考，实际上是"即便你不想打架，但是，对方已经表达出了约架殴打的意思，在你知道的情况下，对方打你，你还手，就有了'互殴意思'"。这种不顾客观事实，想当然地认为双方都具有了斗殴意思的结论，实在令人难以接受。本案中，在双方发生口角之后，刘某向常某某约架，常某某并没有理会，因此，就不存在"互相约好，进行斗殴"的现象。按照陈兴良教授的观点，如果双方事先不存在斗殴意图，则双方动手的先后这个问题就是十分重要的，先动手者是不法侵害，后动手者具有防卫性。③ 因此，至少应当认定存在一般正当防卫成立的不法侵害前提。这样的话，常某某的行为就具有了正当防卫的因素，自然就存在防卫意思。

---

① 劳东燕：《防卫过当的认定与结果无价值论的不足》，《中外法学》2015年第5期。
② 陈兴良：《正当防卫如何才能避免沦为僵尸条款》，《法学家》2015年第5期。
③ 陈兴良：《互殴与防卫的界限》，《法学》2015年第6期。

（八）对于能避让而不避让者，认定为互殴，没防卫意思

如"罗某某故意伤害案"①，对于辩护人防卫过当的辩护观点，一审法院认为，被告人罗某某在侦查机关供认，在被害人王某某持斧子向罗某某冲来时，罗某某掏出随身携带的尖刀进行还击，因此，罗某某不具有防卫的正当性。二审法院认为，罗某某见王某某持斧子朝自己冲过来，本可以采取其他方法避免严重后果的发生，但其却掏出包中携带的尖刀，欲将王某某制服，又准备连续捅刺王某某数刀，其中两刀造成致命创伤，足见其主观上有伤害的故意，其行为具备互殴的性质，不符合正当防卫的特征。因此，该上诉理由不能成立。显然，一审法院只是认定双方持械斗殴，因此，就不是正当防卫。而二审认定互殴的理由是：第一，罗某某可以通过其他方式，避免结果发生；第二，后果严重，有两处致命伤。

但是，第一，"其他方式"究竟是什么方式？考察本案，面对被害人持斧冲来，行为人可能有以下几种处理方式可供选择：（1）采取本案的方式，与对方对打；（2）扔掉刀子，与对方对打；（3）服软，向对方赔礼道歉；（4）转身逃跑。第一种方式已被法院否定。在剩下的几种方式中，扔掉刀子，与对方对打，显然并不合适。服软向对方道歉或许是一条可供选择的路径，但是，如果被害人根本不管，继续攻击，那么，行为人也有较大风险。因此，最好的方式就是行为人转身逃跑。也许，法院的言下之意就是如此。但是，变相要求防卫人躲避或采取其他方式避让，实质上就是对原本可以躲避但实施防卫的情形，认定为防卫人和侵害人"互殴"，使正义彻底向非正义屈服。② 在日本，通说一直认为"正没有必要对不正让步"，防卫人没有退避的义务，因此，即便在确实能够安全地退避的场合，防卫行为人没有退避，面对不正的侵害而实施了对抗行为，也

---

① 本案案情：2014 年 8 月 27 日 15 时许，被害人王某某因罗某某的羊进入自己家菜地而不满，与罗某某发生争吵。王某某持斧子先追砍进入菜地的羊，尔后又持斧冲向罗某某。罗某某见状掏出随身携带的尖刀，在躲过王某某砍击的斧子后，连续捅刺王某某数刀，并将王某某摁倒在地，问王某某"想死想活"，王某某服软后，罗某某将王某某放开。王某某在驾驶四轮车回家途中死亡。经法医鉴定，王某某系左大隐静脉破裂出血合并左肺上叶破裂出血死亡。案发后，罗某某向公安机关自首。参见中国裁判文书网：http：//wenshu.court.gov.cn/content/content？DocID＝ec7e0ba7-e3b9-4504-8863-eb7bc78a1299&KeyWord＝正当防卫丨罗某某，最后访问日期：2018 年 9 月 2 日。

② 周光权：《正当防卫的司法异化与纠偏思路》，《法学评论》2017 年第 5 期。

应该被正当化。① 第二，法院以后果严重为由，反推行为人是互殴。其方法论与前述从事后的结果出发，反推行为时行为人的主观，如出一辙。如前所述，这种方法并不妥当。

第二节　防卫意思的内容

正当防卫始终被作为合法的行为，而不仅仅是作为不受处罚的行为得到承认。西塞罗说正当防卫"非制定法，（而是）自然法"，盖普有言，"正当防卫没有历史"②。即便如此，只有具有防卫意思的行为才可被认为是"防卫行为"。③ 防卫意思是判断是否成立正当防卫的一个重要方面，我国通说认为，诸如斗殴、偶然防卫之所以不能被正当化，原因在于其不仅没有防卫意思，反而具有侵害他人权利的故意。④ 但是，防卫意思的内容，在理论上不是没有争议的。

一　防卫意思必要说诸观点述评

大陆法系刑法理论中，对于防卫意思的内容，有两种观点：防卫认识说和防卫目的说。

（一）防卫认识说

防卫认识说主张，所谓防卫意思，就是指防卫认识。在什么是防卫认识上，有单纯的紧迫不法侵害认识和"紧迫的不法侵害认识+应对不法侵害的意思＝防卫状况或者正当化状况"的对立。前者认为，只要认识到存在紧迫的不法侵害，就具有了防卫意识。如野村稔教授认为，"防卫的意思，就是指对作为反击行为状况的'紧迫不正之侵害'的认识。在此之限，即使还存在激愤、攻击的意思等其他动机、目的，同样可以肯定防卫意思"⑤。后者认为，在认识到不法侵害的同时，还需要有自己的行为是

---

① ［日］桥爪隆：《日本正当防卫制度若干问题分析》，江溯、李世阳译，《武陵学刊》2011年第4期。
② ［德］李斯特：《德国刑法教科书》，徐久生译，法律出版社2006年版，第218页。
③ 同上书，第225页。
④ 张明楷：《刑法学原理》，商务印书馆2011年版，第187—190页。
⑤ ［日］野村稔：《刑法总论》，成文堂1998年版，第225页。

与紧迫的不法侵害行为相对抗的心理认识。大塚仁教授认为，在紧急状况下，反击行为未必就是冷静判断下做出的，也可能是一个发自自卫本能的反射行动，即便如此，也不能一概认为没有防卫意思。在反击时，伴随有攻击意思、愤怒、憎恶等感情的场合，也是同样。所以，只要是意识到急迫不正的侵害并想避免它这种单纯的心理状态，防卫意思就够了。① 大谷实教授指出，尽管防卫意思的本来含义就是积极防止不法侵害，保护权利的意思。但是，不能否定即便是本能的自卫行为也是出于防卫意思而为的，毫无疑问，正当防卫的规定中也考虑了本能的反击行为。所以，在没有积极的防卫意图、动机的场合，也应当认可防卫意思。因此，在反击之时，即便因亢奋、狼狈、激愤而没有积极的防卫意思，或者在攻击意思与防卫意思并存的场合，也不能马上否定防卫意思。如此，防卫意思，应当是指在认识急迫不正的侵害同时，欲避免该侵害的一种心理状态。②"行为人在客观上是在被正当化的范围内，但是在主观上是在对正当化状况的认识中行为的，因此，行为人就具有了要做某种在客观上合法的事情的故意。这种产生某种合法事情的意识，就清除了行为无价值及与之有关的不法。"③ 而之所以在急迫的不法侵害认识上再增加反对不法侵害的意思，这是因为：单纯的急迫不法侵害认识如同"作为防卫意思的内容，'防卫的认识，对应的意识'即为已足"④，只不过就是对该正当防卫要件的事实的认识而已。这样的话，单纯的不法侵害认识的意义，就只能体现在偶然防卫这种没有认识到相当于正当防卫的事实却在客观上实现了防卫的情形下，否定违法阻却而已。而且，按照单纯的不法侵害认识的观点，即便在否定防卫意思的判例中，也能够肯定防卫意思。⑤ 有判例论述道，假借防卫之名，对被害人积极施加攻击行为，欠缺防卫意思。不能认为是为了正当防卫的行为。但在防卫意思与攻击意思并存的情况下，不欠缺防卫意

---

① [日] 大塚仁：《刑法概説（総論）》，有斐閣 2008 年版，第 390 页。
② [日] 大谷實：《刑法講義総論》，成文堂 2009 年版，第 289—290 页。
③ [德] 克劳斯·罗克辛：《德国刑法学总论》（第 1 卷），王世洲译，法律出版社 2005 年版，第 415 页。
④ [日] 曽根威彦：《刑法総論》，成文堂 2008 年版，第 104—105 页。
⑤ [日] 山口厚：《刑法総論》，有斐閣 2007 年版，第 123 页。

思，可以评价为正当防卫行为。① 因此，判例也否定了单纯的紧迫不法侵害认识就是防卫意思的主张。

在我国，周光权教授认为，防卫意识是防卫人认识到不法侵害正在进行，为了保护本人或者他人、公共利益和国家利益，而决意制止不法侵害的心理状态。防卫意识包括：第一，对正在进行的不法侵害的认识，即防卫认识；第二，对于制止正在进行的不法侵害的决意，即防卫意志。② 尽管持结果无价值论立场的张明楷教授明确主张防卫意思不要说，但是，持同样立场的陈兴良教授、黎宏教授却主张防卫意思必要说。陈兴良教授的观点，与周光权教授的观点相差无几。③ 黎宏教授认为：成立正当防卫，必须具有防卫意识。在我国的刑法规定之下，完全否定成立正当防卫必须具有主观意思的观点是不合适的，但是，防卫意识的内容上，只需行为人有防卫认识，认识到正在面临紧急不法侵害就可以了，没有必要做更高的要求。那种在行为当时，认识到正面临紧急不法侵害，出于理性防卫目的的场合，当然有防卫认识。即便由于恐惧、亢奋、惊愕等非理性情绪性影响而实施的反击，甚至利用反击的机会乘机攻击对方（也就是在防卫的意图中夹杂有加害意思）的场合，也认为有防卫意思。④ 黎宏教授的观点，与大塚仁、大谷实等学者的观点大体上是一致的。

（二）防卫目的说

该说认为，防卫意思不仅是对紧迫不正侵害的认识，还必须出于保护合法权益免受侵害的积极的动机和目的。因此，该说应当被理解为：防卫认识+防卫目的。我国通说认为，防卫意图，是在实施防卫行为时，防卫人对防卫行为及结果所具有的心理态度，包含防卫认识和防卫目的。防卫认识与防卫目的是构成防卫意图并决定其性质必不可少的两个因素。防卫认识是防卫意图的前提，起基础作用；而防卫目的则是防卫意图的核心，起着决定防卫行为正确合法的关键作用，二者结为一体，相互影响，缺一不可。防卫认识是指防卫人对不法侵害诸多事实因素的认识。包括：第一，存在正在进行的不法侵害，并确定实行正当防卫的适当时机；第二，

---

① ［日］西田典之、山口厚、佐伯仁志：《判例刑法總論》，有斐閣2009年版，第181页。
② 周光权：《刑法总论》，中国人民大学出版社2016年版，第206页。
③ 陈兴良：《本体刑法学》，中国人民大学出版社2017年版，第251页。
④ 黎宏：《刑法学总论》，法律出版社2016年版，第133—134页。

某种合法权益受到正在进行的不法侵害的危害，并确定不法侵害人，从而产生防卫动机，形成防卫目的，明确防卫对象；第三，所保护的合法权益的性质及不法侵害行为的特性，确定是否具有紧迫性、破坏性、积极进攻性，是否将给重大的合法权益带来损害；第四，对防卫行为的强度，所应使用的手段，将会造成的后果应当有一个大致的认识，从而将自己的防卫行为控制在刚好足以制止侵害人的不法侵害行为。而防卫目的，是指在防卫认识的基础上，在防卫动机的驱使下，实施防卫行为所希望达到的结果的一种心理愿望。防卫目的有两个层次：第一层次是直接目的，即防卫行为针对不法侵害人实施，是为了制止其正在进行的不法侵害，使该不法侵害被迫停止或归于失败；第二层次是根本目的，即通过制止不法侵害，保护国家、公共利益和公民个人合法权利。直接目的是手段，根本目的是最终效果。制止不法侵害是为了保护合法权益，而合法权益得以保护又有赖于不法侵害被制止。二者相辅相成、密不可分，共同构成完整的正当防卫的防卫目的。①

在德国，耶塞克教授等认为，毋庸讳言，从人的不法论出发，当然要求所有的合法化事由均需与行为人的意图和允许规范相一致。因为，只有在这种条件下，行为不法才能够取消掉。从目的论的立场看，考虑主观的正当化要素，了解行为人所希望实现的目的是什么当然非常重要。② 而防卫行为，首先必须体现防卫意思（Verteidigungswille），即便伴随有憎恨、激愤或者报复心理，只要存在防卫意思，此等动机共存是被允许的。但是，在互殴情况下，侵害意思与防卫意思相互转换，则欠缺防卫意思。③ 耶塞克教授的观点，接近于防卫目的说。

在日本，也有人主张防卫目的说。草野豹一郎教授认为，正当防卫要出于防卫自己或者他人的权利之目的，缺乏此目的者，不成立正当防卫。④ 山中敬一教授认为，防卫目的、意图或者动机不仅仅是内发的东

---

① 马克昌主编：《犯罪通论》，武汉大学出版社1999年版，第744—746页。
② ［德］汉斯·海因里希·耶塞克、托马斯·魏根特：《德国刑法教科书》（上），徐久生译，中国法制出版社2017年版，第441—442页。
③ 同上书，第459页。
④ 转引自马克昌《比较刑法原理：外国刑法学总论》，武汉大学出版社2002年版，第352页。

西,没有以上任何根据,即便坚信是防卫行为,也不是正当防卫中的防卫行为。因此,以认识正当防卫状况为前提,增加要求防卫目的、动机的,是目的说。如此,那些行为人面对侵害,因狼狈、惊愕、激愤、兴奋、狂乱而过度反击的场合,不是出于积极的"欲防卫"的动机,在主要动机是狼狈、惊愕、激愤、兴奋、狂乱的案例中,就否定了防卫意思。①

(三) 简要评析

在行为无价值论看来,主观的阻却违法要素,与主观的违法要素一样,都应当得到承认。在此立场下,应当承认防卫意思。以上两种观点中,在成立正当防卫上,认识说要宽于目的说。如果考虑到阻却违法的任务是排除该行为的行为无价值,而要求具备主观的违法阻却要素的话,那么,通常情况下,只要行为人认识到行为时阻却违法的事实就足够了。并且一般而论,只要行为人认识到自己在客观上阻止违法,那么,他的意志就不可能指向违法构成要件,而是指向阻却违法构成要件。②

而有时,仅仅认识到阻却违法事由的客观前提还是不够的,还需要有特定的意志指向。比如,我国《刑事诉讼法》第82条规定了公民扭送,即对于正在实行犯罪或者在犯罪后即时被发觉的、通缉在案的、越狱逃跑的和正在被追捕的人,任何公民都可以立即扭送公安机关、人民检察院或者人民法院处理。尤其是对于正在实行犯罪的人,目睹整个事件的其他公民,当然有权控制此人的人身自由,交付有关机关处理。在这里,明显的有一个指向特定目的的要求,换言之,对于正在实行犯罪的人,公民扭送需具备两个条件:第一,公民知道该人正在实施犯罪;第二,公民有将之移交公安司法机关处理的目的。如果从制止正在进行的犯罪活动,并且行为人知道有人正在犯罪这一点上来看,与正当防卫类似,甚至可以直接认为是正当防卫,那么,这里当然就存在防卫认识。如果仅仅强调这一点,那么,就会出现下列情形下,被认定为是违法阻却事由:甲发现乙正在实施犯罪行为,于是将乙人身予以限制,时间长达24小时,但是,甲并不将乙移送给有关机关依法处理。显然,将这种情形认定为是违法阻却事

---

① [日]山中敬一:《刑法総論》,成文堂2008年版,第466页。
② [德]冈特·施特拉腾韦特、洛塔尔·库伦:《刑法总论I——犯罪论》,杨萌译,法律出版社2006年版,第195页。

由，的确不妥。如此看来，一概否定防卫目的似乎并不合适。

但是，自启蒙运动以降，基于依法治国的观念，只要行为客观上还在法律许可的范围内，行为人的目的或者动机在法律上就是无关紧要的。比如，A 发现自己的仇人 B 就是盗窃犯，于是抱着让仇人坐牢的目的，向公安机关控告。后来 B 被法院依法判处有期徒刑 3 年。显然，如果仅仅考察 A 的目的，这种泄愤、公报私仇至少不能被正当化。尤其在正当防卫的状况下，如果行为人知道面对的是不法侵害，但是依然基于伤害侵犯者而实施了制止侵犯的行为，一概否定，似有不妥。如甲看见仇人乙正在暴打丙，于是以复仇的心态对乙实施了暴力，制止了乙的行为，此时否定甲的行为是正当防卫的结论，正如医生以猥亵的心态，但是，对他人实施了正常的体检活动，认定医生构成强制猥亵罪一样，显然不妥。因此，正当防卫中，行为人在认识到有正在进行的不法侵害的情况下，无论其出于什么样的目的，只要具备了正当防卫的行为外观，就应当认定为正当防卫。"非正当防卫的本身，和其他不法构成要件一样，都是行为构成不法所必须具备的要件之一。因此在主观要件相对称的，行为人对于防卫情状以及防卫行为的存在与否也必须有所认知。不过，和基本的故意概念相一致的是，有认知就有故意。至于行为人的动机如何以及目的如何，并不重要。因此，通说所谓的防卫意识，一个比较合理的用语应该是防卫故意或是防卫认知。换句话说，如果行为人所认知的事实是一个防卫情状下的防卫行为，那么，行为人即欠缺犯罪故意。行为人所认知的事实并不是一个防卫情状下的防卫行为，那么行为人即具备犯罪故意。至于防卫行为则并不以防卫目的为必要，这是很明显的道理。"① 所以，在正当防卫中，没有必要苛求行为人是否遵循了防卫目的。对此，即便采取防卫目的说的王政勋教授，也对防卫目的进行了弱化处理。王教授注意到：对于防卫目的，通说认为有两个层次，第一个层次的目的是给不法侵害人造成损害，以制止不法侵害，第二个层次是通过制止不法侵害，保护自己或者他人、社会和国家的利益。第二个层次是最为根本的目的，是防卫目的的核心。而正是因为第二个目的，才使得正当防卫成为排斥社会危害性的行为。对于通说重视第二层次目的而忽略第一层次目的的研究，王政勋教授批判道，回避

---

① 黄荣坚：《刑罚的极限》，元照出版公司 1999 年版，第 104 页。

第一层次对不法侵害人造成损失的研究,"这种讳莫如深的做法不是科学的态度。……刑法理论应该直面第一层次的防卫目的的研究"①。王政勋教授提出要重视第一层次目的研究的主张,实际上就是重视对不法侵害人造成损失这一点,至于第二层次的目的,则可以相对弱化一些。这种观点,有逐渐向防卫认识说靠近的趋势。

如此说来,防卫认识说在原则上是相对合理的。

二 本书的观点:规范性防卫意思

本书主张防卫认识说。但是,不能否认,在防卫认识说内部有争议的是,在一个有意识的行为前提下,符合构成要件的行为能否彻底阻却违法,仅取决于是否认识到排除不法内容的事实,还是在此基础上,还要求行为人有某种特定的意志?对此,日本司法实务的观点变迁,对于我们认识防卫意思具有很好的借鉴意义。

(一) 日本司法实务观点的演变及启示

日本判例将防卫意思作为正当防卫的要件,大体来看,实务观点经历了从防卫目的到防卫认识的变化。而对于防卫认识说,又有从单纯的认识说到防卫状况说的转变。

1. 防卫目的说

防卫目的说主要有两个代表性案例。

案例一 [大判昭和11年(1936年)12月7日刑集15卷第1561页]:被告人在调停A与B女的打架时,B女面对被告人,突然揪住被告人的前襟,被告人激愤中,将B女推开。B女掉入海中,被水呛,导致气管发炎。对此,原判决认为,被告人因前襟被揪住,而做出了愤怒的暴行,被告人的行为不是为了防卫不正的侵害。理由是,《日本刑法典》第36条以针对加害行为的防卫意思之存在为必要。纵令在紧迫不正的场合,对之要加以防卫,须出自防卫意思。而考察本案,被告人的行为,是出自激愤,并没有出自防卫的意思。②

---

① 王政勋:《正当行为论》,法律出版社2000年版,第164—165页。
② [日]西田典之、山口厚、佐伯仁志:《判例刑法总论》,有斐阁2009年版,第177—178页。

案例二［最决昭和 33 年（1958 年）2 月 24 日刑集 12 卷 2 号第 297 页］：被告人平日穷于应付与之同居的 A 经常饮酒耍酒疯。某日，早晨就开始饮酒的 A 发狠话"要杀死你，要放火烧你家"，并拿起身边的炭炉、火架子、锅等投向被告人。有一口小锅打中了被告人的头部。被告人无法抑制平时积压的愤怒，决意杀死此人，便抓起手斧在 A 的头上打了两下，用两手压住其头部，致其窒息而死。本案最高法院赞同第一审的认定，认为，事实上，被告人能够从容地从被害人紧迫不正的侵害中逃避，并且也可以求助于住在隔壁的被告人的成年子女。被害人深度醉酒，加之被害人与被告人之间感情对立等诸多因素，故本案中，针对被害人之紧迫不正的侵害，被告人并非是为了防卫自己的权利，毋宁说是因为被害人的暴行，而激发了平日压抑的愤懑，在情绪爆发中做出了杀死被害人的决意。因此，这不是正当防卫，也不是防卫过当。①

上列案例，都强调防卫意思是成立正当防卫的条件，同时否定了基于激愤、恼怒等情绪爆发而予以反击的行为有防卫意思，体现出重视防卫目的的倾向。"最高法院的态度是，除正当防卫状况的单纯的认识之外，还要求防卫的意图、动机作为防卫意思的内容。这样，否定了后者，就否定了防卫意思。"② 这是"将防卫意思狭隘地理解为防卫意图或是动机这样的含义"③。

2. 防卫认识说

防卫认识说主要有以下几个案例。

案例一［最判昭和 46（1971）年 11 月 16 日刑集第 25 卷 8 号第 996 页］：被告人 X 与同在旅馆宿泊的 A 发生口角。A 怒吼如果再见到 X 出现在他面前，就会杀了他。X 感到住在旅馆有危险，被迫暂时离开旅馆，到附近的酒馆喝酒。在此期间，X 想向 A 赔礼道歉与之和好。X 借着酒势，回到旅馆。A 又与之纠缠叫骂，"你还敢来"，并用拳头两次击打 X 的脸面。X 勃然大怒。取出放在屋内门框上面的一把小刀，向 A 的左胸部猛刺，杀死了 A。对于防卫意思，最高法院认为，尽管《日本刑法典》第

---

① ［日］西田典之、山口厚、佐伯仁志：《判例刑法総論》，有斐閣 2009 年版，第 178—179 页。

② ［日］山口厚：《問題探究・刑法総論》，有斐閣 1998 年版，第 61 页。

③ ［日］山口厚：《刑法总论》，付立庆译，中国人民大学出版社 2018 年版，第 128 页。

36 条的防卫行为，必须是出自于防卫意思而实施，但是，在行为人被对方的加害行为所激愤或激怒而予以反击，的确不能因此而直接认定为欠缺防卫意思。只要不能认定被告人素来对 A 持憎恨之念，而趁遭受攻击之机，积极实施加害行为这种特别情况，就应该认定 X 的反击行为是出于防卫意思而实施。①

案例二［最判昭和 50 年（1975 年）11 月 28 日刑集 29 卷 10 号第 983 页］：被告人在 1973 年 7 月 9 日下午 7 时 45 分，与朋友 A 一起乘车行驶中，与 B 等人发生纠葛，B 等人对 A 反复实施暴行。被告人感觉到如此下去 A 就会有生命之忧，于是跑回家拿来猎枪准备救 A。在被告人寻找 A 的过程中，为距离大约 30 米开外的 B 的妻子发现。B 等人高喊："在那里，杀了他"，并向被告人追了过来。被告人见状一边跑一边喊："不要过来！"在向西跑了大概 11.2 米，被告人感觉到 B 追了上来，于是转身，在 B 距离约 5.2 米时，向 B 开枪，散弹击中 B 的左腿附近，伤及腹部和大腿部，需要治疗四个月。对此，一审法院认为，成立防卫过当。原审法院认为，被告人不是出于激愤，而是明显的有对抗性的攻击意图，因此，不是防卫过当。最高法院认为，对于紧迫的不正侵害，只要能够认定是为了防卫自己或者他人的权利所实施的行为，即便同时也是出于加害意思而实施，认定该行为是出于正当防卫的目的而实施，是恰当的。也就是说，假借防卫之名，对侵害者积极实施攻击行为，由于缺乏防卫意思，不能认定为属于正当防卫行为；但是，在防卫意思与攻击意思同时并存的场合，由于不能说缺少防卫意思，故可以评价为防卫行为，因此，本案属于防卫过当。②

案例三［东京高判昭和 60 年（1985 年）10 月 15 日判时 1190 号第 138 页］：1982 年，被告人与 A 一起工作归来，一起在附近的饮食店喝了啤酒后，又在宿舍台阶前喝威士忌。A 醉酒后想起此前其与同宿舍的 B 发生口角，被告人在制止过程中打了 A 的脸。A 质问被告人以前为什么打

---

① ［日］西田典之、山口厚、佐伯仁志：《判例刑法総論》，有斐閣 2009 年版，第 166、179 页。

② ［日］西田典之、山口厚、佐伯仁志：《判例刑法総論》，有斐閣 2009 年版，第 179—181 页；［日］西田典之、山口厚、佐伯仁志：《刑法判例百選Ⅰ（総論）》，有斐閣 2008 年版，第 50 页。

自己。两人发生口角。A 拿出菜刀，被告人用酒瓶在 A 的左侧头部猛力击打，玻璃四溅。A 倒地，右手所持菜刀掉落地下。对此，东京高级法院查明，被告人当时 25 岁，相对于当时 64 岁的 A 要年轻，在体力上占据优势，并且当时 A 已经喝醉，即便攻击，被告人也是能够轻易躲开。被告人用威士忌酒瓶猛击 A，在 A 倒地，菜刀掉落，全然丧失攻击意思之后，依然对之施加暴行。基于以上事实，法院认为，仅仅考虑被告人在用威士忌酒瓶击打 A 的当时是否有防卫意思的存在，最高法院以前判例认为，在行为人被对方的加害行为所激愤或激怒而予以反击，的确不能因此而直接认定为欠缺防卫意思。对于紧迫的不正侵害，为了防卫自己或者他人的权利，即便有加害意思并存，行为人所实施的行为也应当被认为是出于防卫意思。但如果假借防卫之名而积极行攻击之实，则不是基于防卫意思的防卫行为。在本案中，究竟是防卫意思与攻击意思并存，抑或仅是攻击意思，成为问题。考虑到本案的实际情况，被告人用威士忌酒瓶的殴打行为，不是出自防卫意思，而是积极的攻击意思。①

案例四 [大阪高判平成 11 年（1999 年）10 月 7 日判夕第 1067 号第 276 页]：A（32 岁）滥用稀释剂（paint thinner），母亲 X 想从其手中把稀释剂夺过来。却被 A 按住颈部并受到辱骂。X 在愤慨中，怀着杀意用烟灰缸猛击 A 的头部十余下，然后用电线紧紧缠绕已仰面倒地 A 的颈部，致 A 窒息而死。对此，大阪高判认为，由于反击行为太过当了，而且 X 是怀着杀意实施相关行为的，故已经不能说是出于防卫意思而实施的行为，不成立防卫过当。②

从以上几个判例可以看出，与之前强调防卫目的相比，日本实务界对于防卫意思的判定，逐渐呈现出相对缓和的态势，但是，防卫意思也不是限于"单纯的认识"，而有超出"单纯认识"的意义。③ 即便不存在防卫目的，但是，如果有防卫认识，也可以成立正当防卫。即便是因激愤或者勃然大怒而实施了防卫行为，也不能仅此就否定防卫意思，并且，在攻击意思兼而有之的场合，未必一概否定防卫意思。但是，积极的加害行为所

---

① [日] 西田典之、山口厚、佐伯仁志：《判例刑法总论》，有斐阁 2009 年版，第 182—185 页。
② [日] 前田雅英：《刑法总论讲义》，曾文科译，北京大学出版社 2017 年版，第 240 页。
③ [日] 山口厚：《正当防卫论》，王昭武译，《法学》2015 年第 11 期。

体现出的纯粹的攻击意思，就没有防卫意思。因此，防卫意思，不是指单纯的防卫认识，也不是狭义地理解为完全出于防卫意图（目的）或者动机而实施的反击。这种缓和的态度，使得正当防卫的认定相对较为宽泛。从判例所体现出的倾向，不难看出，只要认定存在一定程度的防卫动机或者意图，就有很大的可能认定为存在防卫意思。但是，如果攻击意图（目的）或者动机压倒性地占据优势地位，或者行为人的行为显著过当（有意的过当行为），就可以被认定为欠缺防卫意思而实施的积极加害行为，从而被排除在正当防卫的范围之外。

判例的这种动向，实际上就是以下逻辑：因为行为人存在着积极的加害目的而实施行为，所以，就欠缺正当防卫的意图（目的）、动机，但是防卫的"认识"并没有消灭。从这个意义上来讲，判例是在防卫认识与防卫目的之间，设定了"应对攻击的意思"这一意思要素，如果行为人存在积极的加害意图（目的），则"应对攻击的意思"被否定。而"应对攻击的意思"，就是在认识到侵害事实基础上，有排除侵害并防卫权利的面向。

而在学术上，防卫意思必要说的观点中，防卫意思除对正当防卫的事实之认识外，还包括其他内容，也成为有力观点。①

（二）规范性防卫意思说的展开

显然，我国通说的防卫目的说，的确存在认定过严的问题，进而可能会影响正当防卫的认定。通说"这种对防卫意识的过多要求违背了刑法设立正当防卫制度的本意"②。日本的司法实践发展过程，也证明了过多要求防卫意识不利于正当防卫制度的落实。但是，我们不能因防卫目的说存在这样或者那样的问题，就矫枉过正，直接一步就跨越到防卫意思不要说上来，妥当合理的做法还是要坚持防卫意思必要说。本书认为，陈兴良教授和周光权教授"防卫意思包括防卫认识与防卫意志"的观点，有相当的合理性。防卫认识，是对正在进行的不法侵害的认识，自不待言。对于防卫意志，解读为对于制止正在进行的不法侵害的决意，是有一定的道理，但是，还是需要进行柔软化处理，这就是本书所提倡的规范性防卫意

---

① ［日］山口厚：《正当防卫论》，王昭武译，《法学》2015 年第 11 期。
② 黎宏：《刑法学总论》，法律出版社 2016 年版，第 133 页。

思说。规范性防卫意思说包括两个方面的内容,对不法侵害的认识和遵守法规范的意识。

1. 防卫人对防卫前提即存在正在进行的不法侵害有认识

正当防卫制度的基本思想就是正义不必屈从于非正义。将对不法的防卫权作为个人权利来理解,在德国刑法学术史上,有两个根据,一个是作为个人权利来理解,一个是作为社会权利来理解。从个人权利方面,在古罗马时期,就允许对他人危及自己个人法益(身体和生命)的暴力以暴力进行正当防卫。从社会权利来讲,正当防卫是法秩序,因此,它不需要躲避不法。① 而在日本,正当防卫正当化的根据是社会相当性说或者法益衡量说。② 我国通说认为,正当防卫之所以不构成犯罪,是因为它是法律赋予公民的一项权利。③ 再结合《德国刑法典》第 32 条第 2 款④、《日本刑法典》第 36 条⑤和我国《刑法》第 20 条第 1 款⑥的规定,不难看出,要成立正当防卫,一定要有对于"现在不法之侵害""急迫不正之侵害"或者"正在进行的不法侵害"的认识,也就是对于"存在不法侵害"的防卫认识。如果没有防卫认识,就不成立正当防卫。诸如偶然防卫的场合,"尽管行为人客观上引起了防卫效果,具备正当防卫的客观条件,但由于行为人主观上完全没有正面临紧急不法侵害的防卫认识,不符合我国刑法有关正当防卫的主观条件"⑦。

---

① [德] 汉斯·海因里希·耶塞克、托马斯·魏根特:《德国刑法教科书》(上),徐久生译,中国法制出版社 2017 年版,第 449—450 页。

② [日] 大塚仁:《刑法概説(総論)》,有斐閣 2008 年版,第 376—377 页。

③ 高铭暄、马克昌主编:《刑法学》,北京大学出版社、高等教育出版社 2017 年版,第 129 页。

④ 《德国刑法典》第 32 条第 2 款规定,"为避免自己或第三人遭受现在不法之侵害,而实施必要之防卫行为者,为正当防卫"。

⑤ 《日本刑法典》第 36 条规定,"对于急迫不正之侵害,为防卫自己或他人之权利,而出于不得已之行为,不罚"。

⑥ 我国《刑法》第 20 条第 1 款规定,"为了使国家、公共利益、本人或者他人的人身、财产和其他权利免受正在进行的不法侵害,而采取的制止不法侵害的行为,对不法侵害人造成损害的,属于正当防卫,不负刑事责任"。

⑦ 黎宏:《刑法学总论》,法律出版社 2016 年版,第 138 页。当然,对于偶然防卫不是正当防卫的理论论证,也可以从未遂犯的角度切入,但是,这种不同角度的切入,并不能意味着就可以反向思维,否定防卫意思必要说。

但是，防卫认识究竟该如何理解，对此，可能有两个面向，其一为对于正在进行的不正侵害事实之"本身"的理解，其二为对于正在进行的不正之侵害事实之"性质"的理解。进一步而言，就是成立正当防卫，需要防卫人对于侵害事实有认识即可，还是需要对于该侵害事实的评价（即该事实属于"不法的"）予以认识。

本书主张，行为人仅仅认识到该事实本身属于对自己或者他人、社会、国家有正在进行的侵害还不够，但是，也没有必要苛求行为人认识到侵害事实属于"不法的"，也就是只需要行为人认识到该侵害行为是"可能违法的"就足够了。理由是：（1）尽管在绝大多数情况下，行为人对于侵害的性质是有着正确的认识的，但是，不能仅此就反推成立正当防卫，需要行为人对于不法侵害的"不法性"有准确的判断，因此，只需要行为人对于紧迫的侵害"有可能是违法的"有认识就足够了；（2）在面临紧急侵害的情况下，尤其是面对针对自己的攻击，行为人有可能因为吃惊、恐惧、紧张而陷入来不及思考攻击行为是否合法的问题，但是，出于自我保护的本能，自然会本能地认识到该攻击行为"有可能是违法的"；（3）对于不具违法性的行为进行反击的，如果行为人误以为"有可能是违法的"，属于假想防卫讨论的范畴。

2. 防卫人遵守行为规范（有规范意识）

基于以上对不法攻击行为"有可能是违法的"这种认识，在意志上就会有"应对攻击的意识"。但是，正因为存在对不法攻击行为"有可能是违法的"这种认识，所以，行为人在实施防卫行为时，需要有规范意识，遵守规范要求。否则，即便有所谓的"有可能是不法攻击"的认识，但是，不遵守行为规范，而实施反击的，也不具有防卫意思。比如相互斗殴，斗殴的任何一方都是正在进行的不法攻击，因此，如果只强调对于不法攻击有认识，就有了防卫意思的话，那么，对斗殴对手予以反击的行为，似乎就是正当防卫了，显然，这种结论是不妥当的。因为，这里的反击行为，不是遵守规范，有着规范意识而实施的。再比如挑拨防卫，在挑逗者并没有攻击行为，只不过是挑逗对方（被挑逗者），由被挑逗者实施攻击行为的场合，形式化地来看，行为人对于被挑逗者的攻击行为是"不法的"有认识，但是，如果仅此就认为挑逗者的反击行为具有了防卫意思，则结论还是过于仓促了，因为，该反击行为，并不是遵守行为规范，有着规范意识而为的。

此外，对于不法的紧迫攻击，虽然有"应对攻击行为的意思"，但是，另外存在更强的积极的加害意思的情况下，就可以认为行为人没有遵守规范，没有规范意识，从而否定防卫意思。

三　可能的质疑与回应

本书的观点，可能会受到以下质疑：

第一，误认他人合法行为为不法行为而进行防卫的，会被认定为属于正当防卫。因为，"可能违法的"不等于"就是违法的"，尽管事实上他人实施的是合法行为，但是，行为人囿于认知却认为该行为是"可能违法的"，从而实施了具有防卫意思的反击行为，因此，行为人的行为就是正当防卫行为了。

对此，本书的反驳是，这种场合，属于对于防卫行为前提"是否存在不正的紧急侵害"这种具体事实的认识错误问题，根据错误论理论，阻却行为人的故意，如果有认识可能性，就能够认定为过失，否则，就是意外事件。这样，这种行为就不是正当防卫行为了。

第二，这种主张，可能过于精巧，可操作性不强。本书的主张，与日本判例较为接近。而对于日本判例，前田雅英教授批判道，司法判例在防卫认识与防卫意图（目的）之间，设定了"应对攻击的意思"。但是，"认识"与"意图"的区别本身就是相当困难的，却还要在两者之间画出一条线，"这太过于精巧了，尤其对于裁判员来说这是不合适的理论"[①]。

对此，本书的反驳是，本书主张要有"可能违法的"认识，并且遵从规范的要求，有规范意识，从正面进行定义可能存在一定的困难（这就是所谓的过于精巧），但是，这并不意味着防卫意思不可以被理解。本书认为，如果能够从正面直接得出防卫意思是否存在的判断，当然没有问题，但是，如果从正面判断时，尚不能得出结论之时，可以考虑从反面将那些不遵从规范要求，没有规范意识的行为排除在有防卫意思的范围之外。因此，对于那些出于激愤或者恼怒而予以反击的行为，显然存在着"那些攻击行为可能违法的"这种认识，而反击行为尽管可能一并伴随着

---

① ［日］前田雅英：《刑法总论讲义》，曾文科译，北京大学出版社2017年版，第239页。

攻击意思，但是，只要在规范所要求的范围之内，就应当认定行为人存在规范意识，这就如同医生在遵守操作规程正常体检的过程中，即便有猥亵的想法，也不能认定为猥亵行为一样。但是，如果行为人在反击时，显著突破了规范的要求，比如假借防卫之名，而实施有意的"过当行为"，比如开枪打死一个盗窃苹果的人，就是显著突破了行为规范的要求，在主观上就要否定防卫意思，在客观上当然属于"权利滥用"① 型的不法侵害行为了。

此外，在对防卫意思的判断方法上，不能只着眼于行为人的主观，而是应当结合具体案件的客观情况，然后立足于行为人所属领域的一般人，进行综合判断。具体判断方法，后文将详细展开。

---

① 对于"权利滥用"不是正当防卫的问题，后文将在正当防卫正当化的根据部分详细展开。

第四章 防卫意思的判断

正当防卫中的防卫意思是一种主观的意思，相对于客观的外在表现，对这种主观意思的实务判断，的确存在一定的困难。尤其在互殴案件中，法院通常会否定存在防卫意思。本书认为，在防卫意思的判断上，需要注意以下几个方面的问题。

第一节 正当防卫的本质：权利本位

一 正当防卫的权利本质

在讨论防卫意思之时，学界大多围绕偶然防卫、挑拨防卫和互相斗殴展开，但是，防卫意思是否必要，实际上是关乎整个正当防卫制度的一个问题，而不专属于这三个领域。是否要有防卫意思，表面看来，似乎是对立法语言中"为了"这个词的解读问题，是一个对法律条文的解释问题，但是，正当防卫之成立条件，除了要遵循立法语言上的明文规定外，还是要从正当防卫的性质上寻找理论支撑。对于正当防卫的性质，应当从权利本位出发理解还是利益本位出发理解，将会导致对正当防卫正当性根据的不同认识，进而对与正当防卫有关的一些问题会得出不同的结论来。从权利本位出发，就会推导出正当防卫正当性的根据是个人保全原理和法确证原理，而从利益本位出发，就会推导出法益衡量原理。

权利本位是立足于人的自然权利来解释正当防卫的合法性基础的。[①] 尽管"正当防卫没有历史"，但是，人在面对攻击时，有一种自我

[①] 邹兵建：《偶然防卫论》，载陈兴良主编《刑事法评论》（第32卷），北京大学出版社2013年版，第146页。

保护的本能，从这个意义上，正当防卫与人类社会相伴而生。"正当防卫权可说是人类社会出于自然理性所容许。"① 洛克认为："基于根本的自然法，人应该尽量地保卫自己……一个人可以毁灭向他宣战或对他的生命怀有敌意的人"②，"一个人可以合法地杀死一个窃贼，尽管窃贼并未伤害他，也没有对他的生命表示任何企图，而只是使用强力把他置于他的掌握之下，以便夺去他的金钱或他所中意的东西"③。诸如此类的表述，显示洛克是将正当防卫作为一种不受限制的权利来理解。此后，孟德斯鸠对防卫权进行了限制，认为："在公民之间，正当自卫的权利绝不延伸为必须进行攻击……只需诉诸法庭即可。在紧急情况下，唯有在等待法律援助可能丧失生命时，才可以行使正当防卫权。"④ 在这个意义上，"正义无须向不正义屈服"。此后伴随着"法的社会化"运动，法律对正当防卫施加了社会功利性限制，正当防卫的适用范围逐渐变窄，出现了"正当防卫权的社会化"，对正当防卫的本质从以个人权利为基础发展到同时以个人权利和社会秩序为出发点来进行阐述，从而在对正当防卫正当化的根据上，同时提倡个人保护和法保护两个原则。⑤ 邹兵建博士正确地指出，"自然法理论对刑法中的正当防卫制度产生了深远的影响，自然法意义上的个人权利的自我保护在相当长的历史时期内是正当防卫制度唯一的合法性根基所在"⑥。

而利益本位则从刑法的任务在于法益保护这一前提性判断出发，以利益（法益）为理论内核通过利益权衡的方法找寻正当防卫的合法性基础。⑦ 利益本位是一种典型的功利主义思考，在以"法益"为考量中心的基础上，对于正当防卫正当化的根据，从一元论发展到多元论。利益本位理论的志向将功利主义考量贯彻于正当防卫之中，从而实现违法阻却事由

---

① 王皇玉：《正当防卫的始点》，《月旦法学教室（第105期）》，2011年第7期。
② ［英］洛克：《政府论（下篇）》，叶启芳、瞿菊农译，商务印书馆1964年版，第11页。
③ 同上书，第12页。
④ ［法］孟德斯鸠：《论法的精神（上）》，许明龙译，商务印书馆2012年版，第164页。
⑤ 邹兵建：《偶然防卫论》，载陈兴良主编《刑事法评论》（第32卷），北京大学出版社2013年版，第147—148页。
⑥ 同上书，第147页。
⑦ 同上书，第148页。

合法根据的体系化。① 基于具体解释方法的不同，利益本位理论可划分为法确证的利益说、在现场的利益说以及法益的欠缺说三种观点。在正当防卫的场合，法确证的利益说认为防卫者除了保全自己的利益之外，还有显示法规范正当的利益，因而，从整体上来看保全利益要大于攻击者的侵害利益。但是，法确证的利益说不能合理说明正当防卫为何不要求补充性要件。② 而在现场的利益说认为，保全利益上总是附加保护"留在现场的利益""能去想去的地方的自由"，因而存在针对侵害者利益的优越性。这种观点能够解释正当防卫无须严格遵循比例性原则和补充性要件。但是，在面临不法侵害时被害人留在现在的这种极为短暂的自由能否成为值得刑法保护的重大法益实有疑问。③ 而法益的欠缺说认为，不法攻击者的法益已经丧失了要保护性，相反地，防卫者的利益更为优越。但是，该说无法说明：第一，为何防卫者没有回避和避让的义务；第二，不法侵害者的利益在法律上减弱了需保护性的根据何在。④

权利本位理论与正当防卫历史嬗变的轨迹完全吻合，事实上，对刑法中的正当防卫制度也有充足的解释力，被刑法学长期奉为圭臬也理所当然。⑤ 既然"捍卫自己的人身、自由或财产，以对抗暴力，自是个人所应具有的权利"⑥，那么，这里就存在作为一种权利如何行使和权利的边界问题。就权利本身来讲，它在现实法律生活中总是表现为外在的行为，因此总归要有一个适度的范围和限度。超出了这个限度，就不为法律所保

---

① 因为紧急避险的场合，功利主义考量的色彩极为浓厚。如果能够将紧急避险中的法益衡量应用于正当防卫的话，那么，法益衡量将作为违法阻却事由合法化根据一统江湖，指日可待。

② ［日］山口厚：《刑法总论》，付立庆译，中国人民大学出版社 2018 年版，第 115 页。

③ 邹兵建：《偶然防卫论》，载陈兴良主编《刑事法评论》（第 32 卷），北京大学出版社 2013 年版，第 150 页。

④ 同上。

⑤ 比如，我国通说认为，正当防卫"是公民的一项法定权利"。参见高铭暄主编《刑法专论》，高等教育出版社 2006 年版，第 408 页。有力学说也认为，"正当防卫作为公民依法享有的权利，渊源于我国宪法"。参见陈兴良《正当防卫论》，中国人民大学出版社 2017 年版，第 25 页。德国通说认为，"允许对不法进行防卫权作为公民个人的权利，有两个根据……"参见［德］汉斯·海因里希·耶塞克、托马斯·魏根特《德国刑法教科书》（上），徐久生译，中国法制出版社 2017 年版，第 449 页。西田典之教授也认为，"正当防卫可谓权利行为"。参见［日］西田典之《刑法総論》，弘文堂 2010 年版，第 155 页。

⑥ ［英］戴雪：《英宪精义》，雷宾南译，中国法制出版社 2017 年版，第 535 页。

护，甚至可能构成"越权"或"滥用权利"，而属于违法行为。

正当防卫是一种权利，但是，正当防卫并不是可以向任何人主张而只能针对不法侵害人，在这个意义上，它是一种对人权。作为一种相对的权利，与那种可以向任何人主张的绝对权在法的保护上当然有别。绝对权的行使，不需要有主观上的明知，但是，相对权的行使，则需要主观上"知道或者应当知道"存在这种权利。① 如此看来，作为权利行使要件的防卫意思，就必然要存在。

二 不得滥用防卫权

（一）权力滥用之防止

正当防卫是公民的一项权利，面对不法侵害时，公民当然有权实施反击行为以制止不法侵害行为，以保护自己和他人的合法权益。但是，权利不得被滥用。有些情形下，所谓的"防卫"行为与不法侵害行为相比，侵害行为显著轻微，而反击行为却表现激烈，与侵害行为严重不相称，如果仅从形式上来考虑，容易将反击行为认定为具有防卫的性质，但是，使用如此激烈的反击手段，防卫意思已经荡然无存，不应成立正当防卫或者防卫过当。为此，《关于依法适用正当防卫制度的指导意见》（以下简称《指导意见》）第 10 条规定："防止将滥用防卫权的行为认定为防卫行为。对于显著轻微的不法侵害，行为人在可以辨识的情况下，直接使用足以致人重伤或者死亡的方式进行制止的，不应认定为防卫行为。"《指导意见》所附典型案例五"刘金胜故意伤害案"② 中，广东省佛山市禅城区

---

① 邹兵建：《偶然防卫论》，载陈兴良主编《刑事法评论》（第 32 卷），北京大学出版社 2013 年版，第 155—156 页。

② 本案案情：被告人刘金胜与黄某甲非婚生育四名子女。2016 年 10 月 1 日晚 9 时许，被告人刘金胜与黄某甲因家庭、情感问题发生争吵，刘金胜打了黄某甲两耳光。黄某甲来到其兄长黄某乙的水果店，告知黄某乙其被刘金胜打了两耳光，让黄某乙出面调处其与刘金胜分手、孩子抚养等问题。黄某乙于是叫上在水果店聊天的被害人李某某、毛某某、陈某某，由黄某甲带领，于当晚 10 时许来到刘金胜的租住处。黄某乙质问刘金胜，双方发生争吵。黄某乙、李某某各打了坐在床上的刘金胜一耳光，刘金胜随即从被子下拿出一把菜刀砍伤黄某乙头部，黄某乙逃离现场。李某某见状欲跑，刘金胜拽住李某某，持菜刀向李某某头部连砍三刀。毛某某、陈某某、黄某甲随即上前劝阻刘金胜，毛某某、陈某某抱住刘金胜并夺下菜刀后紧随李某某跑下楼报警。经鉴定，黄某乙的伤情属于轻伤一级，李某某的伤情属于轻伤二级。

人民法院判决认为：黄某乙、李某某各打被告人刘金胜一耳光，显属轻微暴力。而刘金胜径直手持菜刀连砍他人头部，不应认定为防卫行为。《指导意见》认为，在认定正当防卫时，需要注意把握界限，防止权利滥用。本案中，黄某乙、李某某的行为，显属发生在一般争吵中的轻微暴力，这与以给他人身体造成伤害为目的的攻击性不法侵害行为明显有别。因此，刘金胜因家庭矛盾激化被施加轻微暴力，便用刀连砍他人头部，致人轻伤，该行为"没有防卫意图，属于泄愤行为，不应当认定为防卫行为"。

（二）一定情形下，防卫人有退避义务

从"法无须向不法退让"这一基本原则出发，通常情况下，对于不法侵害，防卫人没有退避义务。因为，不法侵害不仅侵害了个人法益，也侵害了基本的法秩序，防卫行为不仅为了个人法益，也保护了法秩序。这也是德国的通说。① 即便如此，在无罪责或有重大减轻罪责的攻击、由被攻击者违法挑起的攻击、轻微攻击、在保证关系范围内的攻击和通过威胁的勒索型攻击的情形下，正当防卫权要受到社会道德性限制。② 而在美国，对于遭受不法侵害的人在有若干现实选择——使用暴力（或者致命暴力）反击或者有机会躲避到安全地点——的情况下，是否可以"躲避"，司法机关有很大的争议。有微弱多数的司法实践使用"不躲避"原则，少数一些州反对"不躲避"规则。但是，"躲避义务"也有例外，其中一个被广泛认同的是"城堡规则"（Castle Doctrine），即如果是在自己的住宅或者庭院遭到袭击时，即便可以通过躲避成功地保护自己，也无须如此行为。③

对于防卫人是否有"退避义务"，我国立法并没有规定。从法理上来讲，如果不法侵害是由行为人所引起，也就是在诸如挑拨防卫的场合，通常会否定行为人的反击行为的正当性。这是因为，这种场合，行为人有忍受义务或者躲避义务。《指导意见》第10条规定："对于行为人在起因方

---

① 王钢：《正当防卫的正当化依据与防卫限度——兼论营救酷刑的合法性》，元照出版公司2019年版，第51—58页。
② ［德］克劳斯·罗克辛：《德国刑法学总论》（第1卷），王世洲译，法律出版社2005年版，第444—456页。
③ ［美］约书亚·德雷斯勒：《美国刑法精解》，王秀梅等译，北京大学出版社2009年版，第207—209页。

面有重大过错的情形，应当认为其有退避义务，只有在无法避让的情况下才能进行防卫。"据此，在此类案件，要综合考量前因后果，准确判断。首先，原则上，行为人要退避，而不得以"法无须向不法退让"为由，行使"在场权"；其次，在无法避让的情况下，才可以进行必要的防卫。

第二节　正当防卫正当性的根据：二元论

判断是否具有防卫意思，不能脱离正当防卫为什么会被正当化这一根基问题。而这一问题，只有在讨论清楚正当防卫的性质之后，才能够得到合理的回答。关于违法阻却事由的根基性理论，"迄今为止，对正当化根据进行富有成果的体系化尚未成功地完成"①。但是，无论如何，对阻却违法事由的探讨，最大的公约数是存在于这样的一个思想之中，即"所有的正当化基础都是以把相互冲突的利益在社会上加以正确地规范为目的的"②。前文已经指出，正当防卫的性质是一种权利。那么，在正当防卫正当性的根据上，当然就是二元论，即个体权利保全和法确证原理。但是，张明楷教授认为，个人保全原理与法确证原理相结合的二元论，并不能成为正当防卫正当性的根据。其中，个人保全原理与我国《刑法》第20条的规定不相符。法确证原理在不同层面都存在难以克服的缺陷。③本书认为，结果无价值论主张优越利益保护原理，不能成为正当防卫正当性的根据，应当坚持个人保全和法确证原理。

一　优越利益保护原理，不能成为正当防卫正当性的根据

结果无价值论的主张，违法的实质就是法益侵害，故只能将否定法益侵害的情形作为违法阻却事由的根据。之所以阻却违法，是经过法益衡量而得出的理论结果。违法性阻却的实质标准和原理就包括两个方面：利益阙如和优越利益。当对某种法益的损害是保护另一法益所必需的手段之

---

① ［德］克劳斯·罗克辛：《德国刑法学总论》（第1卷），王世洲译，法律出版社2005年版，第398页。
② 同上书，第399—400页。
③ 张明楷：《正当防卫的原理及其运用——对二元论的批判性考察》，《环球法律评论》2018年第2期。

时，对相关法益（所保护的法益与所损害的法益）进行衡量，在所保护法益等于或者优于所损害法益的场合，该行为的违法便被阻却从而不违法。典型的是正当防卫和紧急避险。

优越利益之所以不能成为正当防卫正当化的根据。理由是：

（一）如何判断优越利益，的确存在困难

结果无价值论者认为，"大体可以肯定，生命法益重于身体法益、身体法益重于财产法益"①。但是，这种把非常复杂的违法性层面的价值判断，做一个简单的数学上的对比，结论的妥当性堪忧。② 因为，利益如何"数字化"，从而体现出一个法益比另一个法益"优越"，的确存在困难。

（二）用法益衡量代替利益衡量，并不妥当

结果无价值论用"生命法益重于身体法益、身体法益重于财产法益"来表示利益的优越对比，实际上已经偷偷地将"利益衡量"中的利益置换为"法益"。其根源就在于利益衡量理论对行为效果的关注，恰好与结果无价值论的以结果为核心与思考起点的逻辑相契合，从而被日本的结果无价值论奉为圭臬。而由于法益概念在结果无价值的违法论中居于核心地位，日本学者下意识地以法益概念替代了利益概念。③ 这种对利益衡量与法益衡量不加区分的做法，也影响到了我国。④ 但是，法益究竟是指当下的、现实的法益，还是包括未来的法益，并不明确。在违法性判断中，对具体境遇的强调，使得结果无价值论往往主张将法益理解为当下的、现实的法益。比如向死人开枪杀人，结果无价值论会断然否定可罚性。但是，杀死被害人的场合，结果无价值论者也不得不承认，对死者的生命已无法保护，而是为了保护其他人的生命。此时，已与当下的、具体的法益无关了，而是未然的、抽象的法益。那么，这里就有一个问

---

① 张明楷：《刑法学》，法律出版社2016年版，第221页。
② 劳东燕：《法益衡量原理的教义学检讨》，《中外法学》2016年第2期。
③ 同上。
④ 按照张明楷教授的说法，在两种法益存在冲突的情况下，应当通过法益的衡量来判断行为正当与否；符合构成要件的行为，即使违反了某种规则，但只要保护了更为优越或者同等的法益，就成为正当化事由。参见张明楷《行为功利主义刑法观》，《中国法学》2011年第5期。

题，在进行法益衡量时，究竟是要衡量当下的、具体的法益，还是未然的、抽象的法益？

（三）优越利益原理无法自洽地充当证成正当防卫正当化的全部根据

为了进行法益衡量，结果无价值论者往往会对不法侵害人的法益进行缩小评价，从而使优越利益原理可适用于正当防卫。尤其是在出现死亡的情况下，鉴于生命法益应该是等同的这个理念，如何说明正当防卫的正当性，就成为问题。此时，将不法攻击人的生命法益缩小或者降低评价，被保护的法益依然维持在原有水平之上，如此再来比较，结论当然是被保护的法益是优越的。但问题在于，不法侵害人的法益尤其是生命法益为什么要受到缩小评价，根据何在？此时，优越利益原理只好求诸"法无须向不法让步"的原理。张明楷教授认为："在面临紧迫的不法侵害的情况下，防卫人没有退避的义务，因为'正当没有必要向不正当让步'。"① 但是，"正当没有必要向不正当让步"，或者说"法无须向不法让步"指涉的是社会权利面向的法确证，是法确证原理所讨论的内容。② 这充分说明"优越利益原理实际上是以法确证原理作为基本的前提，其本身无法自洽地充当证成正当防卫正当化的全部根据"③。

（四）法益衡量不能等于利益衡量

结果无价值论所讲的法益衡量，与源自德国学者菲利普·黑克（Philipp Heck，也有人翻译为海克）的利益衡量是不同的。法益衡量说忽视利益的层次结构，狭隘地将利益局限于具体法益。④ "'利益'是指法共同体内存在物质的或精神的欲求，或欲求倾向。"⑤ "利益法学是实用法学的一种方法论。它要确定的，是法官在判决时应该遵循的原则。"⑥ 黑克谦称："利益法学不是生活哲学……我们的理论有时候会受到这样的指责，即我们虽然大谈利益的衡量，却并未为立法者提供任何一般的标准，

---

① 张明楷：《刑法学》，法律出版社2016年版，第198页。
② 劳东燕：《法益衡量原理的教义学检讨》，《中外法学》2016年第2期。
③ 劳东燕：《防卫过当的认定与结果无价值论的不足》，《中外法学》2015年第5期。
④ 劳东燕：《法益衡量原理的教义学检讨》，《中外法学》2016年第2期。
⑤ 陈清秀：《法理学》，元照出版公司2017年版，第123—124页。
⑥ [德]菲利普·黑克：《利益法学》，傅广宇译，商务印书馆2016年版，第8页。

以及生活利益的等级（Rangordnung），而法律制度正是从这些生活利益中产生的。确实，我们没有给出过这样的等级。"[1] 尽管如此，利益法学的方法，在立法阶段和司法阶段都扮演着重要作用。利益衡量说认为，立法者所要保护的利益，就像生活本身一样的复杂多样，对利益法学的规范形成主要有三种：需要法律实质判断、应该采用法律保护的生活利益（Lebensinteressen），对系争生活利益能够以必要的确定性与连续性来进行衡量的诸如法律安定性（稳定性利益，Stabilitätsinteressen）等立法理想的实用性利益（Pratikalitätsinteressen），基于概观性和使用上容易性需要的描述利益（Darstellungsinteressen）。[2] 当事人的利益、制度利益与法治国的基础利益立体化地形成了刑法领域利益结构层次。这三者之间存在后者制约前者的关系。在立法阶段，是通过最终有权裁断利益冲突，划定各该利益的界限的实定法体现出来。在这一利益界限的划定上，为保护和平利益或秩序利益的共同体利益，扮演着重要角色。在立法层面，应尽量公平兼顾各方当事人的利益，为此，需要进行"法律影响与冲击的评估"，对于法律的立、改、废的必要性与合理性进行分析探讨。在这一过程当中，需要探究法律所涉及的各方利益是什么，有无保护该利益的必要，尤其是利益冲突的时候，需要进行权衡，从而最终实现公平正义的立法。在这个意义上讲，"法是平衡的艺术"。而在裁判阶段，需要秉持一种目的论的思考，综合考量立法者的价值判断和法自身的客观价值分层次进行利益衡量。但是，为黑克等人所提倡的这种立体性的利益衡量，在结果无价值那里转化成扁平的法益衡量。学者指出，结果无价值的法益衡量，经常不考虑制度利益与法治国的基础利益，从而在违法性的判断上，缺乏整体视野[3]，只是简单地做生命法益大于健康法益、人身法益大于财产法益的数学运算，就得出相应的判断。这种简单的法益衡量的判断，的确过于简单直接（或者"粗暴"？），似乎并不妥当。

---

[1] ［德］菲利普·黑克：《利益法学》，傅广宇译，商务印书馆2016年版，第8页。

[2] 吴从周：《概念法学、利益法学与价值法学：探索一部民法方法论的演变史》，元照出版公司2007年版，第259—261页。

[3] 劳东燕：《法益衡量原理的教义学检讨》，《中外法学》2016年第2期。

二 将个人保全和法确证原理作为正当防卫正当性的根据，具有合理性

（一）对批判个人保全和法确证原理的简单回应

张明楷教授对作为正当防卫正当化根据的个人保全原理与法确证原理进行了批判性考察，认为，个人保全原理与我国《刑法》第 20 条的规定不符。不能为了引入这一原理，而扭曲解释该条或者要求修改法条。而法确证原理存在着难以克服的缺陷，不能成为正当防卫的原理。在违法阻却事由的状态中，就是遵从较高评价的利益优于较低评价的利益的标准。与不法侵害相比，正当防卫具有本质的优越性。优越的利益保护就是正当防卫的原理。① 本书主张个人保全和法确证原理是正当化的根据，认为二元论具有相当的合理性。在此，先对张明楷教授的批判，择其要者予以简单回应。

1. 关于个人保全原理与我国《刑法》第 20 条规定是否符合的问题

张明楷教授认为，个人保全原理，只允许为了保护个人的利益进行正当防卫，而对于公共秩序或者法秩序自身不能进行正当防卫。但是，我国刑法明文规定可以为了保护国家利益、公共利益进行正当防卫。这显然不是个人保全原理可以说明的。② 的确，《德国刑法典》第 32 条第 2 款规定的是"为避免自己或第三人遭受现在不法之侵害，而实施必要之防卫行为者，为正当防卫"。从"自己或第三人"的表述上来看，与我国"国家、公共利益、本人或者他人的人身、财产和其他权利"的确不同。但是，这并不能够必然得出，对那些针对公共秩序或者法秩序的侵害行为，在德国也是绝对禁止防卫的。事实上，在这些法益涉及个人利益时，是允许进行正当防卫的，而对于与个人法益无关的那些针对国家、社会法益侵害的行为，则无须个人进行防卫。耶塞克教授指出，"国家的法益或者其他公法上的法人利益，如涉及个人利益的，可进行正当防卫。……虽然是公共利益，但当个人直接受到侵害的场合，允许对其进行防卫。……与此

---

① 张明楷：《正当防卫的原理及其运用——对二元论的批判性考察》，《环球法律评论》2018 年第 2 期。

② 同上。

相对,对公共秩序或者整个法律秩序的侵害防卫并非由各个公民承担,而只能由国家机关行使防卫权"①。显然,即便是社会法益、国家法益,如果其中涉及个人法益,允许公民个人进行防卫,完全符合"保护个人利益"的个人保全原理,对此,应该没有争议,否则,就会出现对于随意殴打他人、情节恶劣的寻衅滋事行为不许防卫的奇异结论。问题在于,对于那些纯粹侵害社会法益、国家法益的行为,是否允许正当防卫的问题。本书认为,对于那些纯粹侵害社会法益、国家法益的行为,原则上,个人不可以进行正当防卫。因为,这是在进行利益衡量时,符合法治国的基础利益的。如果允许对这些侵害行为进行正当防卫的话,就会出现任何公民都有权任意从书店书架取缔色情文书、任何公民都有权查处没有危及自己或者他人的醉酒驾驶等现象来。如果将这种观点——"即便没有个人法益遭受侵害,只要有社会法益、国家法益遭受侵害,根据我国《刑法》第 20 条的规定,都能够实施正当防卫"——发挥到极致的话,就会出现个人与国家争当"秩序捍卫者","人人都是警察"的现象。但是,国家投入特殊的"秩序捍卫者"的警察,就是为了避免"人人都是警察""人人都是秩序的捍卫者"的无序状态。如此,"当每个公民在没有个人需要保护之处也允许使用暴力进行防卫时,紧急防卫给社会和平秩序带来的损害要大于益处了"②。因此,对于纯粹的侵害社会法益、国家法益的行为,公民个人没有必要充当"秩序捍卫者",通常只需告知国家机关就足够了。

但是,即便如此,张明楷教授的质疑,仍未消解,因为,从文义上来看,我国《刑法》第 20 条的确没有明确作出如同本书那样的限制,依然可能存在教授所批判的"对第 20 条作出扭曲解释"的问题。比如,"依法被关押的罪犯翻墙越狱时,路过的行人使用工具将其推回监狱内,导致罪犯摔伤,不可能认定为故意伤害罪"③ 的问题,这里似乎存在一旦认定

---

① [德] 汉斯·海因里希·耶塞克、托马斯·魏根特:《德国刑法教科书》(上),徐久生译,中国法制出版社 2017 年版,第 454—455 页。

② [德] 克劳斯·罗克辛:《德国刑法学总论》(第 1 卷),王世洲译,法律出版社 2005 年版,第 436 页。

③ 张明楷:《正当防卫的原理及其运用——对二元论的批判性考察》,《环球法律评论》2018 年第 2 期。

行人构成故意伤害罪,就意味着否定了行人是正当防卫,就意味着对我国《刑法》第 20 条的误用,也就意味着个人保全理论的失败。的确,对于扰乱公共秩序的行为,只要在公民权利没有受到侵害的情况下,通常不能使用正当防卫来加以抵制。① 但是,本书认为,这个问题,完全可以在我国刑法规定的范围内予以解决,这个质疑,完全可以被消解掉。首先,可以肯定的是,按照个人保全原理,这种情形的确不符合正当防卫的要求,但是,这并不意味着一定就要认定行人构成故意伤害罪。对于这种通过暴力方式避免纯粹的社会法益、国家法益被侵害的行为,应当予以合法化,应该没有争议。但是,这并不意味着一定要适用正当防卫的规定,可以考虑适用我国《刑法》第 21 条紧急避险的规定。这样,对于那些无法通过国家机关及时制止的现实危险的侵害,又无其他方法予以避免损害的情况下,对于公民个人制止侵害的行为,通过紧急避险予以解决,也没有任何障碍。其次,必须要指出的是,本书的这种理解,并没有"歪曲"《刑法》第 20 条的规定,反而是因为考虑到国家之所以存在的原因和目的,做出的一种妥当处理。将制止与个人法益无关的纯粹的侵害社会法益、国家法益的行为,归于紧急避险的领域,是一种合理的解释,这种解释,符合张明楷教授一贯提倡的"使刑法条文之间保持协调"② 的解释理念。

2. 法确证原理的内容空泛,与个人保全原理的关系问题

张明楷教授指出,从内容上看,"正不得向不正让步"命题内容不确定,不能为正当防卫的凌厉性提供实质性根据。法确证原理与个人保全原理是作为同等的原理而互相补充,还是法确证原理补充个人保全原理?二者作为异质原理共同发挥作用,还是具有共同的基础?都不确定。③ 正当防卫的基本思想,是正义不必屈服于非正义这一命题。这个命题,最早是

---

① [德] 克劳斯·罗克辛:《德国刑法学总论》(第 1 卷),王世洲译,法律出版社 2005 年版,第 424 页。

② 张明楷:《刑法分则的解释原理(上)》,中国人民大学出版社 2011 年版,第 57 页。在该书的同页,张明楷教授指出,要实现刑法的正义性,就必须保持刑法的协调性,故"使法律之间相协调是最好的解释方法"(Concordare leges legibus est optimus interpretandi modus);而要保持刑法的协调,就必须避免矛盾。概言之,体系解释意味着对刑法的解释不仅要避免刑法规范的矛盾,而且也要避免价值判断的矛盾。

③ 张明楷:《正当防卫的原理及其运用——对二元论的批判性考察》,《环球法律评论》2018 年第 2 期。

由贝尔纳提出来的。① 对于这个命题，需要在以下几个方面进行理解：（1）正与不正，需要结合法与不法这一对命题。不正对应于不法，而这里所讲的不法，虽然不限于刑事不法，但是，在判断上可以与刑事不法做类比理解，即对应于三阶层犯罪论体系中的构成要件符合性与违法性这两个阶层。换言之，不正的行为，就如同符合了构成要件具有违法性的刑事不法那样做出判断就可以了。与之对应的，那种应对这种不法的行为，就是"正"。（2）正当防卫可以作为个人权利来理解。这是一个人与生俱来的一种自我主张权，尽管在现代社会受到了限制，但是，在紧急状态，依然会"满血复活"。在我国，防卫行为除非"明显超过必要限度"且"造成重大损害"，才负刑事责任，但是还要"应当减轻或者免除处罚"。甚至"对正在进行行凶、杀人、抢劫、强奸、绑架以及其他严重危及人身安全的暴力犯罪"，防卫行为"造成不法侵害人伤亡的，不属于防卫过当，不负刑事责任"。这充分说明，我国《刑法》第20条第2款、第3款的规定，是"立足于保护原则与法确证原理"②。这种立法表述，已经将法确证原理的内容表露无遗。（3）正当防卫可以作为社会权利来理解。正当防卫是法秩序，因此，就没有必要躲避不法。立足于社会契约论，在个人向国家交出了相关权利的时候，国家基于契约就承诺妥为履行保护个人之责。但是，在国家来不及履行承诺之时，个人对不法侵害予以反击的时候，就是在自卫的同时，也维护了公共和平秩序。这也就是确证了"法之存在"。因此，法确证原理的内容并非空洞。

关于个人保全和法确证的关系孰优孰劣、孰先孰后问题，本书认为，这种质疑，并没有意义。从前文可以得知，个人实施正当防卫，一定要有个人法益受到侵害，在实施防卫行为之时，就是在保全个人利益（个人保全原理），同时，也在践行"法没有必要向不法让步"，确证着"法"的存在，证明"法"规范依然是有效的。同样地，在确证着作为个人自由保障的法的同时，也就保障了个人自由，也就保全了个人的利益。这说明在正当防卫行为过程中，个人保全和法确证都在同时发挥着作用，不存在孰优孰劣、孰先孰后的问题，更不存在哪个补充哪个的问题。

---

① ［德］汉斯·海因里希·耶塞克、托马斯·魏根特：《德国刑法教科书》（上），徐久生译，中国法制出版社2017年版，第449页。

② 劳东燕：《防卫过当的认定与结果无价值论的不足》，《中外法学》2015年第5期。

（二）应当坚持个人保全和法确证原理

学者已经指出，作为法益衡量原理的优越利益保护，在实体层面和方法论层面，存在诸多体系上的矛盾，在具体判断上存在立法判断优先的设定，对解释者主观性也欠缺必要的制约，并且，易于忽视不同正当化事由内在结构性差异。[①] 本书认为，应当坚持个人保全和法确证原理。对于个人保全和法确证原理，所具有的能够解释正当防卫中的相关质疑（包括张明楷教授在《正当防卫的原理及其运用》一文中关于法确证原理具体问题的质疑），劳东燕教授已经做出了详尽解答与回应[②]，在此，本书强调以下两个问题。

1. 如何理解作为个人保全和法确证原理的利益衡量

个人保全和法确证原理要具体落实，还是需要通过利益衡量。需要注意的是，利益衡量是一个庞大的系统，绝对不可以简约化为一个扁平的法益衡量。尽管个人保全和法确证原理的二元论也赞同利益衡量的方法论，但是，该方法论本身并未就如何进行利益衡量提出明确的标准。对此，需要首先考量，哪些利益才能够被衡量。这些利益之间是否存在先后的次序与层次。劳东燕教授借鉴了民法学者梁上上教授提出的利益层次结构理论[③]，并结合刑法领域的特点，针对"当事人的具体利益""群体利益""制度利益"和"社会公共利益"做出了以下调整：（1）将制度利益与刑法中的规范保护目的理论整合在一起，把群体利益纳入制度利益；（2）用法治国的基础利益代替了社会公共利益；（3）当事人利益、制度利益与法治国的基础利益是立体性的、存在价值位序差异的三种利益类型，后者对前者具有一般意义上的制约作用，彼此在利益的结构中处于不同的价值层次。[④] 因此，刑法中正当防卫的利益衡量，就是当事人利益、

[①] 劳东燕：《法益衡量原理的教义学检讨》，《中外法学》2016年第2期。

[②] 劳东燕：《防卫过当的认定与结果无价值论的不足》，《中外法学》2015年第5期。

[③] 按照梁上上教授提出的利益的层次结构理论，利益区分为"当事人的具体利益""群体利益""制度利益"和"社会公共利益"，同时，在利益衡量时遵循这样的思维过程，即以当事人的具体利益为起点，在社会公共利益的基础上，联系群体利益和制度利益，特别是对制度利益进行综合衡量，据此而对当事人的利益是否需要加以保护做出判断。参见梁上上《利益衡量论》，法律出版社2016年版，第120—123页。

[④] 劳东燕：《法益衡量原理的教义学检讨》，《中外法学》2016年第2期。

制度利益与法治国的基础利益的一种衡量。

2. 个人保全和法确证原理利益衡量的方法

应该说，在正当化事由提供一个万能的标准来决定法益的冲突，是不可能的。① 但是，在正当防卫中，还是可以构建一个解决利益冲突的模式。在进行利益衡量之时，统合、整体观察保护原则（Schutzprinzip）、自治原则（Autonormieprinzip）、法确证原理（Rechtsbewärungsprinzip）和比例原则（Verhältnismäβigkeitsprinzip）等诸多原则，在立体化的层面，统合考虑当事人的利益、制度利益与法治国的基础利益。总体而言，（1）违法性判断中的利益衡量，应当以制度利益为核心。② 在进行利益衡量时，要服从于立法判断，而不得置制度利益于不顾，却关注具体境域下更大利益保护。比如，对于偶然防卫，不能仅仅看眼下保护了一个值得保护的人，就将偶然防卫者出罪。因为，偶然防卫者明显具有违反规范意识，缺乏相应的权利意识，根本没有防卫意思，称不上是在行使正当防卫权。（2）对具体的制度利益的解读，既要超脱于对各方现实法益的考量，又要以法治国的基础利益所彰显的价值作为必要的指导。③ 在个案判断之时，应当以宪法的价值为基本引导，受合宪性控制。比如刑事法官 A 在一起危险驾驶案中，故意对被告人当庭宣告判处有期徒刑 6 个月。对于这种刑事法官在刑事审判活动中故意违背事实和法律枉法裁判，法院旁听人员就不得以 A 实施了不法行为为由，对 A 实施正当防卫，要求 A 停止侵害。因为，尽管有法益侵害的现实，但是，在这种场合，并不是任何人都有权来争当"矫正不法者"，如果每个人都俨然以"监察员"自居，实施"监察"行为，行使"监察"职权，那么，有序的法秩序将会遭到破坏，国家的管辖垄断权将会归于无效，这显然会动摇国家的治理根基。因此，在正当防卫的判断中，必须以宪法的价值为基本引导，受合宪性控制。（3）法治国的基础利益构成上位价值，禁止在利益衡量时，对其核心部分做相对化处理。④ 任何逾越该利益的其他利益都不具有正当性。这就意

---

① ［德］克劳斯·罗克辛：《德国刑法学总论》（第 1 卷），王世洲译，法律出版社 2005 年版，第 400 页。

② 劳东燕：《法益衡量原理的教义学检讨》，《中外法学》2016 年第 2 期。

③ 同上。

④ 同上。

味着那些以侵犯人的尊严为手段的正当防卫行为，不会被正当化。因为，"对'人的尊严'的保障，应该被看成是一种基础性的价值原理，即提到很重要很根本的地位上来认识。……人应该像人一样活着，应该得到人应有的待遇，而不应被作为非人格的对象来对待……哪怕某些人自觉愿意如此，那也不行"①。比如，为了制止一名女性违法人员的盗窃行为，防卫人扒光了该女的上衣，该女为护住自己的身体而放弃了盗窃。尽管防卫人实施了防卫行为，有防卫意思，而且从最终的效果上也制止了该女的盗窃行为，但是，却采取了严重侵犯人的尊严的方式，从利益衡量的基本原则来看，不能被正当化。

这里需要纠正对个人保全和法确证原理的一个误读。德国联邦最高法院指出，防卫人必须在许多可能的防卫方法中，挑选出使攻击者遭受最轻微损害的那一种，但是，他无须使自己忍受财产上的损失或者身体上的伤害，他有权使用那些在客观上有效的手段作为防卫手段，只要人们认为这种手段会消除这种危险。② 司法实践中也有如下判例：一位房屋所有人，可以用刀刺死一名夜晚侵入住宅的喝醉酒的男子，因为使用散步的手杖进行防卫是毫无结果的。③ 德国学者约翰内斯·卡斯帕曾言："从国际比较的视野来看，德国的正当防卫权显得十分宽泛和'凌厉'。"④ 克劳斯·罗克辛教授也称："防卫的必要性并不是与所要造成的和所要防卫的损害之间的比例关系相联系。因此……朝一名逃跑的小偷开枪也能够是'必要的'，只要这是保护财产的唯一方法。"⑤ 对于以上学者的论断，张明楷教授提出质疑："为什么正当防卫不受比例原则的限制？这是法确证难以回答的问题。"⑥ 的确，张明楷教授似乎有个人保全与法确证原理可能会导

---

① 林来梵：《宪法学讲义》，清华大学出版社2018年版，第410页。
② ［德］克劳斯·罗克辛：《德国刑法学总论》（第1卷），王世洲译，法律出版社2005年版，第438页。
③ 同上书，第439页。
④ ［德］约翰内斯·卡斯帕：《德国正当防卫权的"法维护"原则》，陈璇译，《人民检察》2016年第10期。
⑤ ［德］克劳斯·罗克辛：《德国刑法学总论》（第1卷），王世洲译，法律出版社2005年版，第440页。
⑥ 张明楷：《正当防卫的原理及其运用——对二元论的批判性考察》，《环球法律评论》2018年第2期。

致正当防卫滥用的担忧。但是，这种担忧或者误读，是不必要的。首先，对于约翰内斯·卡斯帕的表述，应当结合上下文整体理解，否则可能会出现不必要的误读。约翰内斯·卡斯帕在《德国正当防卫权的"法维护"原则》一文中明确指出，防卫者不负有躲避侵害或者无所作为地忍受侵害的义务。为了抵御侵害，可以实施就个案来说适合和必要的措施，尽管该措施有时会非常激烈，甚至包括杀死侵害人的行为。但是，如果防卫效果等同时，应当选取其中最为缓和的手段。如果该防卫手段在防卫效果上存在疑问，则无须选择该手段。尽管，从国际比较的视野来看，德国的正当防卫权似乎显得十分宽泛和"凌厉"，不过这种防卫权也会在一些缺少"适当性"的情形中受到限制。[①] 而对于法确证原理，人们可能为了解释正当防卫权所具有的特殊"凌厉性"，相关法益之间的权衡并不起决定作用，这样，法确证原理就具有了扩张正当防卫权的功能。相反地，那些欠缺防卫"适当性"的情形也是通过法确证原理得以解释的，在这个意义上，法确证原理发挥着限制正当防卫的机能。[②] 对于前者，与我国《刑法》第20条第2款"明显超过必要限度造成重大损害"相联系，可以理解为在"超过必要限度，但不是明显超过必要限度""造成了损害，但不是重大损害"的场合，依然是正当防卫。这充分说明，即便在我国，相关法益之间的权衡并不起决定作用，正当防卫也是具有特殊的"凌厉性"的，这实际上与1997年《刑法》修订之时的扩张正当防卫权的立法意图是一致的。而对于后者，即极度的不成比例、防卫挑拨、无责任者的侵害、侵害者与防卫者之间有特殊关系（比如家庭关系）等情形，则对正当防卫的实施，附加了一些要求和条件，限制了正当防卫的范围。对于小偷在盗窃财物后逃之夭夭，行为人向他开枪射击的案例，支持二元论的克劳斯·罗克辛教授明确指出：防卫的必要性并不是与防卫行为造成的损害和防卫行为保护的利益之间的比例关系相联系，诸如一名行动迟缓的老人对偷苹果的大男孩，只能用把他从树上打下来的办法，才能进行防卫，因此，这种射击，在事实上没有其他手段可供选择时，就是"必要的"。但是，这种使用紧急防卫是一种滥用权

---

① ［德］约翰内斯·卡斯帕：《德国正当防卫权的"法维护"原则》，陈璇译，《人民检察》2016年第10期。

② 同上。

利的行为，因此不是"要求的"。① 显然，这是通过法确证原理所做出的一种限制正当防卫的主张。

另外，不可否认的是，比例原则作为法治国捍卫公民基本权利的一项宪法性原则，对于确定正当防卫权的限度具有指导作用。这是没有问题的。如同诚实信用原则是民法的"帝王条款"，发端于行政法的比例原则，素来被誉为公法领域的"帝王条款"。该原则主要包括：（1）当法律或权力的行使给公民权利造成侵害时，它必须能够达到某种法定目的适当性原则；（2）在适于达到法定目的的所有措施中，应当选择对公民权利损害最小的一种的必要性原则；（3）国家权力的行使措施与其所欲达到的目的之间必须相称和均衡的狭义比例性原则。在比例原则对正当防卫等确定违法阻却事由限度的指导意义上，业已落实在正当防卫的适当性和必要性原则的要求上了。但是，学者指出，狭义的比例原则的约束却较弱，理由在于：正当防卫不是公民代行国家权力，不存在全盘适用行政法上狭义比例原则的必然性；正当防卫具有保障公民消极自由的性质，但狭义比例原则却与此不符；法益均衡的必要性来自社会团结原则，但正当防卫在总体上与该原则无法兼容；至于警察防卫权的限度要严于普通公民的防卫权，不是因为狭义比例原则的限制，而是因为必要性条件。② 因此，"法律的合宪性解释不等于在法律解释中全盘照搬和直接套用行政法的原理，不等于以公法领域的通行表述抹杀其他部门法的特性"③。从而，原则上，防卫限度的判断应放弃法益均衡的考量，那种试图用比例原则为法益衡量原理全盘指导正当防卫背书，可能过于一厢情愿。

本来，正当防卫既然是以个人保全和法确证原理为正当性根基，这就意味着，原则上是不以保全法益的优越性或者手段目的的正当性为适用前提，防卫意思并不涵括这些内容。但是，既然正当防卫是一种权利，必须受禁止权利滥用的限制。"正当防卫虽系以正对不正之权利行为，惟所有权利皆不可滥用，而本质上会造成法益侵害的防卫权，当然也不例外。当

---

① ［德］克劳斯·罗克辛：《德国刑法学总论》（第 1 卷），王世洲译，法律出版社 2005 年版，第 440—441 页。

② 陈璇：《正当防卫与比例原则——刑法条文合宪性解释的尝试》，《环球法律评论》2016 年第 6 期。

③ 同上。

防卫行为的结果与原来的侵害行为或结果超乎寻常地不成比例时,防卫行为乃属权利滥用行为,不得再主张阻却违法之正当防卫。"①

第三节 司法功能的理念转化:从定纷止争到实现正义

有学者检索了2009—2018年中国裁判文书网上涉及正当防卫的案件和最高人民法院工作报告中的无罪判决人数,通过研究发现,在这十年中,涉及正当防卫的案件数量大幅增长,但是,无罪判决人数总体却始终维持着较低水平,甚至个别年份出现了相反的变化趋势。"这不禁让人怀疑防卫过当的范围被不当地扩大,从而导致大量涉及正当防卫的案件被认定为防卫过当,因而对无罪判决的总量并没有产生应有的影响。"② 事实上,司法实践对正当防卫的认定的确采取了较为限缩的态度,扩张了防卫过当的范围。其中,将正当防卫认定为防卫过当的过程中,"损害后果"有着举足轻重的作用,学者指出,这体现出司法机关在正当防卫认定过程中防卫限度判断的"唯结果论"。③ 储陈城博士研究发现,源于对防卫过当的标准和防卫行为明显超过必要限度标准存在错误的理解,"唯结果论"在司法实践中有两种表现形式——形式的"唯结果论"和实质的"唯结果论"。④ 有实

---

① 林钰雄:《新刑法总则》,元照出版公司2019年版,第254页。
② 储陈城:《防卫过当判断中"行为限度单独标准"的证成——基于刑法与刑事诉讼法的交叉论证》,《法律科学》2020年第4期。
③ 劳东燕:《防卫过当的认定与结果无价值论的不足》,《中外法学》2015年第5期;陈璇:《正当防卫、维稳优先与结果导向——以"于欢故意伤害案"为契机展开的法理思考》,《法律科学》2018年第3期。
④ 储陈城博士发现,形式的"唯结果论"是指将"重大损害"的结果作为认定防卫过当的唯一标准,在条文解释上,将"明显超过必要限度"认定为"造成重大损害"的修饰成分,其共同指向的是防卫行为所造成的结果。实质的"唯结果论"是指,虽然对防卫过当的认定在表面上采取行为过限与结果过限的双重标准,在条文解释上将"明显超过必要限度"与"造成重大损害"理解为互相独立的成分,前者指向行为而后者指向结果;但在对"行为明显超过必要限度"的认定上,将重大损害结果作为认定防卫行为明显超过必要限度的唯一标准和根据。在逻辑上表现为,因为"结果造成重大损害"所以"防卫行为明显超过必要限度"进而"成立防卫过当"。在裁判文书上往往表述为:"造成了被害人重伤(死亡)的结果,防卫行为明显超过必要限度,构成防卫过当。"参见储陈城《防卫过当判断中"行为限度单独标准"的证成——基于刑法与刑事诉讼法的交叉论证》,《法律科学》2020年第4期。

证研究发现，在正当防卫案件中，"损害后果"对裁判结果的实际影响力远超其他法定情节，但是，是否取得被害方谅解则是司法实务考量的首要因素。① 无论如何，司法实践的保守做法，远离了现代社会的司法公正观念，远离了刑法规范评价的技术要求，产生了很大的负面效应。② 这绝不是危言耸听。

从立法的层面来讲，正当防卫条款应该是完备的，而司法实务在悬置正当防卫法律条款的同时，又增加了一些规范外的考量因素。在正当防卫的问题上，尽管有人对理论研究的深度持怀疑态度，但是，应当承认，相对于其他刑法问题的讨论，理论上对正当防卫的研究也是相对深入的。③ 当然，教义学层面的理论建构可能并没有产生如同学者所设想的那样具有强大的影响力，相反地，在司法实践中较多地表现为：对相关理论各取所需，为我所用，合则用之，不合则毫不迟疑地弃之不用。因此，正当防卫的问题的症结表现为立法与司法的不一致：为什么出现司法实务悬置立法，为什么立法与司法之间存在重大的价值分歧？

一　定纷止争：历史与现状

陈璇教授认为，紧迫性要件的增设与防卫限度的唯结果论是束缚公民

---

① 赵军：《正当防卫法律规则司法重构的经验研究》，《法学研究》2019 年第 4 期。
② 杨兴培：《刺杀辱母者案的刑法理论分析与技术操作》，《东方法学》2017 年第 3 期。
③ 专著有陈兴良教授系统研究正当防卫的奠基之作《正当防卫论》，21 世纪初，又有王政勋教授的《正当行为论》（法律出版社 2000 年版）、田宏杰《刑法中的正当化行为》（中国检察出版社 2004 年版）。此后又相继有多本专著面世，如郭泽强《正当防卫制度研究的新视界》（中国社会科学出版社 2010 年版）、王剑波《正当防卫正当化的根据及其展开》（对外贸易大学出版社 2010 年版）、王钢《正当防卫的正当化依据与防卫限度——兼论营救酷刑的合法性》（元照出版公司 2019 年版）、储陈城《出罪机制保障论》（法律出版社 2018 年版）等。相关论文则不胜枚举。因此，基本可以得出这样一个结论，关于正当防卫问题的研究，应该是比较深入的。而于欢案的发生，点燃了刑法学界对正当防卫的研究和反思，学者认为，如果缺少了合理、发达的教义学理论作为法律适用的向导与保障，那么无论初衷如何良好、设计如何精良的立法都难逃被歪曲和架空的危险。正当防卫也是如此（参见陈璇《正当防卫、维稳优先与结果导向——以"于欢故意伤害案"为契机展开的法理思考》，《法律科学》2018 年第 3 期）。同时，要想根除正当防卫领域内司法实践和理论研究的痼疾，必须进行方法论上的转向，从侵害人法益值得保护性的视角出发，重新审视和建构正当防卫论（参见陈璇《侵害人视角下的正当防卫》，《法学研究》2015 年第 5 期）。换言之，当下正当防卫认定中的困境，"刑法教义学建构不足"是重要成因。但是，这个判断似乎有点仓促。

正当防卫两大绳索。司法实务中关注紧迫性要件，与中国传统的"维稳优先"的观念有着紧密的关系。在"稳定压倒一切"的口号下，为了维护国家秩序，司法实务中往往倾向于模糊冲突双方的是非对错，而不惜在一定范围内，牺牲无辜公民的权益和自由，以换取社会的安定。而在防卫限度的判断上，唯结果论的盛行，与中国人讳言和逃避死亡的生死观以及实用理性思维有关。一旦发生了非正常死亡，容易产生异常激烈的反应。从而在纠纷的解决方面，只关注最终后果，只考虑怎样的案件处理方式能最大限度地使各方满意，而无视纠纷发生过程中的是非、不惜牺牲当事人的正当权利。①

陈璇教授跳出教义学的藩篱，从历史传统、社会心理等角度进行论证，大大拓展了研究的视野与空间，但是，陈璇教授的观点，也存在劳东燕教授提出的以下疑问：为什么立法没有受到这种理念的影响、为什么只在司法中出现强力挤压个体权利的问题、立法为何未被质疑有违维稳优先的理念、传统的惯性是否意味着唯结果论的做法不太可能得到纠正？因此，从传统中寻找答案，缺乏足够的说服力。在我国，正当防卫的司法异化，根本原因是司法裁判功能的定位偏差。②"由于司法的功能被定位于纠纷解决，这使得对行为进行法与不法的评价，以及为未来设立规则的面向，都被置于次要的地位而受到忽视。对司法裁判功能定位的偏差，不仅严重影响正当防卫领域相关案件的合理处理，也大大降低了法教义学的精细化所具有的重要意义与辐射效果"③。

本书认为，司法裁判功能定位的偏差，的确是有些刑事案件不能得到准确处理的原因，尤其在正当防卫案件中，表现得尤为突出。之所以出现司法裁判功能定位偏差，有历史观念的惯性使然，也有当下现实因素的作用。仅关注历史，有隔靴搔痒之感，仅关注当下，会影响对问题的深入挖掘。

考察中国历史，"隐隐约约地存在某种类似'超实定法'的观念"④。

---

① 陈璇：《正当防卫、维稳优先与结果导向——以"于欢故意伤害案"为契机展开的法理思考》，《法律科学》2018 年第 3 期。
② 劳东燕：《正当防卫的异化与刑法系统的功能》，《法学家》2018 年第 5 期。
③ 同上。
④ 林来梵：《文人法学》（增订版），清华大学出版社 2017 年版，第 164 页。

"礼乐入刑""引礼入法",使得整个规范秩序被开拓出了正当化的空间,"天理国法人情"通过"天人合一"的原理,复归于凡间。"中国传统法律体系并不具有严格的等级结构,而更接近阴阳两仪、周流四虚的太极图。在中国,是国家权力呈现出'金字塔'形结构,而法律规范则是非等级性的,甚至是多元化的,如情、理、法,如法律规范、政策规范以及关系规范。"① 从而司法活动表现出礼乐刑政、综合治理的特征。在此场域中,司法理念不是对抗基础上的明辨是非,而是把对抗性的因素不断拆分组合,变对立的逻辑为连续的逻辑。"在这样的无限分歧的复杂性动态中,当事人和法官可以扩大选择空间和回旋余地,从中找到此时此地各方都接受和满意的均衡点。"②

与源自古罗马传统的西方不同,中国历史上没有形成职业法律人阶层,司法工作操持在行政官员手中,即便历史上曾有所谓的书吏、刑名幕友、讼师等职业,但是,他们仅仅属于兼任司法的行政官员个人工作的辅助者,在政治上并无地位。司法兼行政的制度传统一直到清末改制,致使我国历史上没有推动法律前进的"具主体性"的法律家。③ 中国历史上行政官员兼任法官的传统,使得他们"把诉讼案件当做行政事务,把判决当做管理手段,把解决结果当做合乎民意的政绩"④。体现在司法活动⑤和判词的制作上⑥,大众化思维与平民化做法,盛行其道。这种影响,甚至延续到了现代。⑦

黄宗智教授指出:"中国法律实践历史中一贯展示出了一种'实用道

---

① 季卫东:《法治构图》,法律出版社2012年版,第82—83页。
② 同上书,第83页。
③ 邱联恭:《司法之现代化与程序法》,三民书局1999年版,第5页。
④ 孙笑侠:《司法的特性》,法律出版社2016年版,第83页。
⑤ 比如清代康熙年间陆陇任某地知县,有兄弟二人因财产纠纷讼至县衙。陆陇开庭时不问案件,不查证据,更不言产之如何分配,谁曲谁直,只是令二人兄弟相呼,结果二人彼此呼唤,未及五十声,已是泪水涟涟,自愿息讼 [参见《陆稼书(陇其)判牍兄弟争产之妙判》]。
⑥ 比如清代樊增祥任渭南县令时,对李虎娃因佃工彭某与其母亲杨氏通奸,杀死彭某的案件,判词记载:"李虎娃弱龄杀奸,挺身认罪,其始激于义愤,不愧丈夫;其后曲全母名。可称孝子"[参见《清稗类钞·狱讼类》]。
⑦ 20世纪80年代前后,不少判决书中有"情节恶劣、手段残忍,不杀不足以平民愤"的表述,就是一个例证。

德主义'的思维方式,即在崇高的道德理念之上,附加实用性的考虑。……实用理性与道德理念双维结合,乃是中国长期以来的法律体系的重要特征。"① 这种思维方式强调紧密连接法规与具体事实情况,将抽象的法理寓于具体实例,这与西方传统从实例中抽象出法理,形成抽象的、普适法律思维截然不同。这是一种从经验概括再返回到经验的思维方式,具体到司法实践,体现出侧重于个案解决,重视实用理性的倾向。

学者正确地指出,近现代之前的中国法制传统中,司法官员具有实质性思维倾向,重视法律外的事实,轻视法律的内在逻辑。具体表现在:(1) 在法律与情理的关系上倾向于情理。"衡情度理""法本原情""原情论罪",事实与法律不分。(2) 以一般的抽象原则为依据,依靠直觉的模糊性思维,运用简朴的平民化语言,往往反形式思维,根据目的需要进行"超自由裁量"。(3) 民意重于法理,平民重于权贵,把民意作为衡量判决公正与否的重要标准。"法不阿贵",一方面体现出高尚的品格,另一方面却因法官的疾恶如仇而削弱了法理的分量。(4) 重视实体目标,轻视程序过程。司法审判的最高境界是"片言折狱"。②

中国传统诉讼文化中的实质性思维,有着巨大的历史惯性,对现代中国司法者有着潜移默化的影响力。学者指出,这种思维,对于当代中国法治具有一定的危害:(1) 实质性思维是非理性的;(2) 实质性思维会导致司法平民化,为行外人士任意干涉司法活动提供了温床;(3) 司法活动更多凭直觉与经验,欠缺严格的解释与推理技术,判断者任意解释、自由裁量,易导致擅断舞弊之风;(4) 只要目的正当、结果合理,就不必拘泥于程序;(5) 法律与事实杂糅,导致法律的确定性与可预测性低。③

法律思维(包括法律的适用),应该是从抽象的法律条文(法理)到经验(解决具体的案件)再回归(反思)到抽象的法律条文(法理),这种从普适到特殊再到普适的思维过程,在解决个案的同时,关注为法所确认的抽象意义上的正义,法律因而始终被遵守、被信仰。但是,中国传统法律思维下的司法实务,则时时表现出"不关心抽象意义上的正义,

---

① 黄宗智:《中国的新型正义体系:实践与理论》,广西师范大学出版社2020年版,第2页。

② 孙笑侠:《司法的特性》,法律出版社2016年版,第74—79页。

③ 同上书,第86—87页。

而专注于个案化的处理技巧，哪怕必要时突破实定法也是可以的"这种特点。这种随时准备突破实定法规定，谋求个案得到"无讼式"的解决技巧，实际上就是"权谋术"。这会使得人们对于法规范本身的地位、价值与作用产生深深的怀疑。这种怀疑又会产生积极的反作用，即在解决涉及秩序的问题之时，会使用非常规手段，超越为制定法所划定的框架，从而极易导致人们放弃对规范的信任，法律虚无主义找到了自己的土壤。我国当前有的正当防卫案件处理中的轻慢立法的做法，与这种经过岁月积淀的功利主义司法哲学有着历史渊源，如此，才能更为深刻地认识当前。

再来考察当下，我国主流理论认为，在法治社会里，诉讼是人类社会纠纷和冲突的合法方式之一，而诉讼体现出国家主导的特征，是以国家强制力为后盾来解决争端。① 国家以强力为后盾来解决纠纷，表现在权力的划分上，就是司法权。按照这个逻辑，司法的存在价值是要合理公正地解决各种纠纷和矛盾，如此，司法的功能被定位为纠纷解决，也就是所谓的"定纷止争"。主流理论与传统司法几无二致。处理涉及正当防卫案件，当然也是在这种理念支配下进行的。"从将司法的首要功能定位为纠纷解决的做法中，我们可以找到正当防卫司法异化的制度根源。由此，我国司法在正当防卫领域的种种极端的举措，能够在相当程度上得到合理的解释。"②

清末修律标志着中华法系的终结，我国现今法律系统不是从传统中发展出来的，而是法律移植的结果。从立法上来看，正当防卫条款中作为前提条件的"正在进行的不法侵害"的规定与表述，意味着正当防卫制度的建立，是立足于对相关行为做出法与不法这种区分评价的基础之上的。但是，法律传统观念不可能随着立法的现代化而一蹴而就，宏大叙事式的形式理性在实用的功利主义的实质性思维面前，败下阵来。从理想的法治来看，立法与司法不应出现分化，而应有效对接，如此，法律才可能具有实效性。但是，在正当防卫领域，司法时时会与立法开个不小的玩笑，为立法所确立的正当防卫的实体性规则，在司法中有时得不到应有的适用甚至刻意地回避。之所以如此，就是因为将司法的功能定位为纠纷解决，而

---

① 刑事诉讼法学编写组：《刑事诉讼法学》，高等教育出版社2019年版，第1页。
② 劳东燕：《正当防卫的异化与刑法系统的功能》，《法学家》2018年第5期。

不是在明辨特定行为是"法"还是"不法"基础上的正义实现。如此，就使得法官在做司法裁判时，采用类似于行政官员执法时的做法，通过高度个案化的技巧，综合考虑被裁判行为发生当时及其后所涉及的种种人情世故，"高效率"地解决特定案件，达到"案结事了"，从而"定纷止争"，恢复表面平静的社会秩序。至于为法所彰显的象征性的普遍化预期，则并非该个案处理时所主要关注的对象。如此带来的后果就是司法裁判的独立性受到影响，导致法律系统维护人们对法律的规范性预期的核心机制作用受到制约。这种处理方式，被学者称为"常规状态的例外化和例外状态的常规化"①。这种处理方式最直接的体现就是法律规避现象的大量发生。极端点讲，如果公众对规范表示出了失望，而执行法律者也刻意回避法律，那么，在现代法治体系的构建与运转上，将是灾难性的。

正是看到了有关正当防卫问题的中国传统影响与现实的做法的极大弊端，《关于依法适用正当防卫指导意见》（以下简称《指导意见》）第1条明确规定："把握立法精神，严格公正办案。正当防卫是法律赋予公民的权利。要准确理解和把握正当防卫的法律规定和立法精神，对于符合正当防卫成立条件的，坚决依法认定。要切实防止'谁能闹谁有理''谁死伤谁有理'"的错误做法，坚决捍卫'法不能向不法让步'的法治精神。"对《指导意见》所附案例七"陈月浮正当防卫案"②，《指导意见》指出，要准确理解、把握正当防卫的刑法规定以及立法精神，符合正当防卫认定条件的，要坚决依法认定。实践中，受"人死为大"观念的影响，办案机关在处理涉及正当防卫致人死亡的案件时，往往面临诸多外部压

---

① 泮伟江：《当代中国法治的分析与建构》，中国法制出版社2017年版，第139页。

② 本案案情：2009年1月25日凌晨2时许，被害人陈某某酒后来到被告人陈月浮家，用随身携带的一把菜刀敲击陈月浮家铁门，叫陈月浮出来打架。陈月浮的妻子下楼，佯称陈月浮不在家。陈某某继续敲击铁门，陈月浮便下楼打开铁门，陈某某遂用菜刀砍中陈月浮脸部，致陈月浮轻伤。陈某某再次砍向陈月浮时，被陈月浮挡开，菜刀掉在地上，陈月浮上前拳击陈某某的胸部等部位，二人在地上扭打。后陈某某因钝性物体作用胸部致心包、心脏破裂致失血性休克死亡。广东省普宁市人民法院一审判决、揭阳市中级人民法院二审裁定认为：陈某某无故持刀上门砍伤陈月浮，陈月浮为了使本人的人身免受正在进行的不法侵害，对正在进行的危害人身安全的暴力犯罪采取防卫行为，造成不法侵害人陈某某死亡的，不属于防卫过当，不负刑事责任。

力，办案人员也存有心理顾虑，以至于一些情况下，原本属于正当防卫的，被认定为防卫过当，有时甚至连防卫因素也不予认定。"这是极端错误的。"决不能为了所谓的"息事宁人"而牺牲法律原则。要维护法律的尊严，要为全社会树立正确的导向。

二 司法功能：辨析法与不法，实现正义

"每种技艺与研究，同样地，人的每种实践与选择，都以某种善为目的。"① 众所周知，诉讼制度是人类社会为了解决纠纷、争斗的一种文明和理性的方式。可以说，只要有人，诉讼就必然存在。从当下来看，诉讼是所谓的定纷止争的一种手段，因此，其最终的结果必然要有可接受性。但是，诉讼的眼光绝不应当如此"短浅"，诉讼还应当"胸怀天下"。从长远来看，除了解决纠纷之外，伴随着纠纷的解决，诉讼还有"展示文化的意味，树立行为的模式，禁止邪恶的事件，成就善良的风俗"的功能。② 因为，任何一个社会都有关于正义、善良的观念及相应的行为规则，司法审判的目的就是要实现裁判的正当性，这个正当性的根基就是正义。因此，从本质上来看，司法裁判的功能，一方面是解决纠纷，但更重要的是实现正义。或者说，相对于纠纷解决，正义的实现应当是司法裁判功能的主要定位，而不是相反。刑事诉讼，尤为如此。

"正义是社会制度的首要德性，正像真理是思想体系的首要德性一样。一种理论，无论它多么精致和简洁，只要它不真实，就必须加以拒绝或修正；同样，某些法律和制度，不管它们如何有效率和安排有序，只要它们不正义，就必须加以改造或废除。每个人都拥有一种基于正义的不可侵犯性，这种不可侵犯性即使以整个社会的福利之名也不能逾越。"③ 但是，什么是正义，在历史上无数哲学家、伦理学家费尽心神，也不能提供一个令人满意的答案。"正义有着一张普洛透斯似的脸，变化无常、随时可以呈现不同形状并具有极不相同的面貌。当我们仔细查看这张脸并试图

---

① ［古希腊］亚里士多德：《尼各马可伦理学》，廖申白译注，商务印书馆2017年版，第1—2页。

② 易延友：《刑事诉讼法——规则、原理与应用》，法律出版社2013年版，第10页。

③ ［美］约翰·罗尔斯：《正义论》，何怀宏、何包钢、廖申白译，中国社会科学出版社2009年版，第1页。

解开隐藏其表面背后的秘密时,我们往往会深感迷惑。"① 事实上,什么是正义?这是一个绝不亚于"什么是法律"的难题,同时也是一个困惑人类数千年的永恒难题。从柏拉图的"做自己的事"② 到罗尔斯理性法的"公平的正义(justice as fairness)"③,从孟子的"人之正路"④ 到百度百科的"综合的正义观"⑤,时至今日,此问题依然没有一个放之四海皆准的标准答案。尽管如此,"正义是每个人得到其应该得到的东西"这种朴素的观念应该是成立的。这就意味着,在司法领域通过正确评价特定行为是"合法"还是"不法",每个行为都得到来自法律的价值判断,从而让行为人得到他应该得到的"正价值"或者"负价值"评断,追求正义的司法功能得以彰显。在正当防卫的司法认定上,也是如此。通过正确评价相关的行为是否为正当防卫行为,也就是正确地评价该行为的"法"抑或"不法",从而确证规范的效力。

正当防卫阻却违法的根据是个人保全和法确证原理,这就意味着"法没有必要向不法让步"。正当防卫是一项权利,"权利是法律制度(客观的法)赋予个人保护自身利益的法上之力"⑥。所以,当个体在受到不法侵害时,他所实施的自我保护自然不是向不法低头,而是符合"法"

---

① [美] E. 博登海默:《法理学法律哲学与法律方法》,邓正来译,中国政法大学出版社2004年版,第261页。

② [古希腊] 柏拉图:《理想国》,郭斌和、张竹明译,商务印书馆2018年版,第156页。

③ [美] 约翰·罗尔斯:《正义论》,何怀宏、何包钢、廖申白译,中国社会科学出版社2009年版,第1—41页。

④ 孟子的"人之正路"的正义观,可以从以下表述中得出。孟子曰:"自暴者,不可与有言也;自弃者,不可与有为也。言非礼义,谓之自暴也;吾身不能居仁由义,谓之自弃也。……仁,人之安宅也;义,人之正路也。"见《孟子集注·离娄章上》。

⑤ 百度百科中关于正义的表述是这样的:正义是人类社会普遍认为的崇高的价值,是指具有公正性、合理性的观点、行为、活动、思想和制度等。正义是一个相对的概念,不同的社会、不同的阶级有不同的正义观。衡量正义的客观标准是这种正义的观点、行为、思想是否促进社会进步,是否符合社会发展的规律,是否满足社会中绝大多数人最大利益的需要。正义最低的内容是,正义要求分配社会利益和承担社会义务不是任意的,要遵循一定的规范和标准;正义的普遍性是要求按照一定的标准进行平等或是量的均等,或是按人的贡献平等或按身份平等,分配社会利益和义务;分配社会利益和义务者要保持一定的中立。总而言之正义是彰显符合事实、规律、道理或某种公认标准的行为。https://baike.baidu.com/item/%E6%AD%A3%E4%B9%89/361936?fr=aladdin,最后访问日期:2020年8月26日。

⑥ [德] 伯恩·魏德士:《法理学》,丁晓春、吴越译,法律出版社2013年版,第33页。

的要求和精神的。而"法律是一个有意识服务于法律价值与法律理念的现实。……除了正义,法律的理念不可能是其他理念"①。司法作为将"法"落到实处的一项活动,就是在实现正义,因此,司法的功能,就是通过正确评价特定行为的"法"或者"不法",来彰显正义,是一个自然的逻辑衍生。

　　正义的实现,需要社会的安定。法是要维护社会的长治久安,社会的变动不居不是法所愿意看到的,这就是法的秩序价值。这里需要正确区分"维稳优先"与"维护秩序"两个概念。"维稳优先"更多是一种行政管理意义上的,为了行政管理方便而依靠国家权力的强力压制来实现的,而"维护秩序"则建立在公民的自由得到法律的充分保障、个人权利得到法律的充分尊重的基础上。这样,在理念上,"维稳优先"更多倾向的是不计手段以实现社会表面的安定。表现在正当防卫案件中,一旦出现严重后果(如致人重伤或死亡),有些判断者可能会模糊其中的是非曲直,断"葫芦案","两头讨好"。在让作为被告人的防卫人对结果负责,承担相应的刑事责任,以安抚相对方(被害人)及其家属的同时,又从相对方"找回来一些",认定存在被害人过错,以量刑上的适当从轻或减轻来安抚被告人。显然,这种"维稳优先"的理念,是立足于解决纠纷,而不是区分"法"与"不法"。我们必须看到,关于正当防卫的一些实务做法,实际上是在"法"与"不法"之间和稀泥,但是,"人们必须将法律符码的二值——正值与负值断然分开,即便它们一直都是牵扯在一起"②。正当防卫的认定中,将法与不法融合的做法,在表面上解决了纠纷,实则大大有损于规范的遵守。与"维稳优先"不同,"维护秩序"则是在法得以充分有效运行的基础上,体现出来的理性的"法意义"上的秩序,在该秩序中,法与不法得到充分评价,个体得到尊重,规范得到普遍遵守和认可。雅科布斯教授正确地指出:"当规范被认可时,秩序就被稳定了。"③

---

　　① [德] G. 拉德布鲁赫:《法哲学》,王朴译,法律出版社 2005 年版,第 31—32 页。
　　② [德] 尼可拉斯·鲁曼:《社会中的法》,李君韬译,五南图书出版有限公司 2019 年版,第 159 页。
　　③ [德] 京特·雅科布斯:《规范·人格体·社会——法哲学前思》,冯军译,法律出版社 2001 年版,第 46 页。

"法律系统的核心功能在于使规范性的期待稳定化。"① 具备有效性特质的规范,保障着人格体在进行社会交往时互相期待各自按照规范去行动。② 在本质上来看,犯罪应当被理解为是一个可能导致侵害结果的行为举止或者义务违反,该行为举止或义务违反表明犯罪人认为在特定的情况下,特定的规范对自己是没有效果的。而刑法规范所确立的惩罚性后果,意在通过以惩罚这种方式彰显规范的正确性与有效性。"刑罚明确宣示:尽管有人破坏规范,但是,规范仍然是有效的,而且,继续对规范保持信任是正确的。"③ 如此,人们才有可能对规范保持期待,相信在规范的目光下自己的生活是有意义的。

按照系统论的方法,一个以沟通为基础的全社会系统,可能会出现某个系统的分出,而这以某种同时发展着的内部分化为必要条件。"内部分化的形式",就是那些使得次系统之间的关系,能够彰显出整体系统的形式。内部分化意味着,该分出的系统之外的不属于本系统的事物,都属于环境。④ 法律系统是一个分化的系统,仅仅从诸如"法院不得拒绝审判"的法谚或者"法院即便处在无法做出决定(或者,至少可以说,当它们无法在可主张的合理性标准范围内做成决定)的情境中,它们终究必须做成决定。而且,当它们无法做决定的时候,它们就必须强迫自己能去做出决定"⑤ 等表述,就不难看出,"法院是作为法律系统的中心而存在"的。⑥ 所以,"稳定规范性期待的功能主要通过司法裁判来实现"⑦。裁判的法才是真正的法、活着的法。而"法院所做的决定,仅关乎法与不法这组符码值,在此之外,它不须处理各种诸如道德、政治或者以效用为取

---

① 劳东燕:《正当防卫的异化与刑法系统的功能》,《法学家》2018 年第 5 期。
② [德]京特·雅科布斯:《规范·人格体·社会——法哲学前思》,冯军译,法律出版社 2001 年版,第 55—62 页。
③ [德]乌尔斯·金德霍伊泽尔:《刑法总论教科书》,蔡桂生译,北京大学出版社 2015 年版,第 42 页。
④ [德]尼可拉斯·鲁曼:《社会中的法》,李君韬译,五南图书出版有限公司 2019 年版,第 263 页。
⑤ 同上书,第 278 页。
⑥ 同上书,第 263—295 页。
⑦ 劳东燕:《正当防卫的异化与刑法系统的功能》,《法学家》2018 年第 5 期。

向的观点"①。因此，司法裁判不能以解决个案的纠纷作为全部或者主要的诉求，相反地，它首先应当是对行为的法与不法进行评价的机制。② 司法裁判，是"据法裁判"③（justice according to law）。它是现代司法裁判区别于调解等各种纠纷解决替代方案的首要的和本质的特征，它使现代法律体系成功地在陌生人之间建构起"对预期的预期"，现代陌生人社会的建构从而成为可能。在个案的裁判过程中，据法裁判要求法官在个案的审判过程中追求该案的正当裁判，而不是简单地化解纠纷。④ 裁判文书作为司法运作的成果，需要"给出一个判决的正当性理由"，这其实就是要证明判决并不违反规则。面对当事人、社会一般公众与法律共同体，法官必须论证司法裁判的一致性（"相同情况相同处理，不同情况不同对待"）并没有因本判决遭到破坏。这就是司法裁判的另一个特征——"法律论证"。现代社会，瞬息万变，在解决纠纷的过程中，法律系统必须就特定现象提供一个正义的评价，从而使生活其中的人们可以妥善地安排自己的生活，同时，在变动不居的时代，法律自身也不是静态的，必须能动地适应现代社会。在解决纠纷的过程中，适时提炼出适应社会变迁的新规则，从而影响潜在的人们的利益安排格局。

　　反观我国司法裁判，将自身的功能定位于纠纷解决，模糊了自己与调解等其他纠纷解决机制之间的区别。暂时来看，的确解决了诸多个案的纠纷（当然也包括正当防卫案件），但是，纠纷解决理念下的判决都只着眼于过去，聚焦于当前"手头上"案件的完结，而不放眼未来。纠纷解决不重视通过对行为的合法性评价，来宣布或者提炼针对未来的有效规则，这样带来的负面影响就是：人们无法从内在视角来理解规范，规范的贯彻有时可能受阻。在互动过程中，人们可能会注重"潜规则"，以"中国式智慧"投机取巧，这样，人与人之间的良性互动与社会整体的信任机制会受到很大影响，这并不利于现代法治国家事业的推进。所以，"将司法

---

① ［德］尼可拉斯·鲁曼：《社会中的法》，李君韬译，五南图书出版有限公司2019年版，第279—280页。

② 劳东燕：《正当防卫的异化与刑法系统的功能》，《法学家》2018年第5期。

③ ［美］罗斯科·庞德：《法理学》（第2卷），邓正来译，中国政法大学出版社2007年版，第342—345页。

④ 泮伟江：《当代中国法治的分析与建构》，中国法制出版社2017年版，第28页。

裁判的功能定位于纠纷解决,恰恰造成了悖论性的后果:本意是要解决纠纷,实际上却刺激乃至纵容更多纠纷的发生。尤其是,在当前维稳优先的政策导向下,司法裁判的纠纷解决功能更是被发挥到极致,同时,它也为未来引发数量庞大的纠纷埋下了伏笔"①。尤其在严格限制正当防卫的情况下,刑法条文的司法异化问题更为突出,所可能带来的一系列不良影响,的确需要引起高度关注。

第四节 防卫意思的判断方法

不能否认,与那些可以通过外在表现可以准确判断客观的外在行为、损害后果不同,防卫意思是一种主观的东西。对于防卫意思的判断,的确存在一定的困难。显然,仅仅依赖于行为人的言词来判断,并不科学,而且,注重言词证据的做法,往往会陷入臆断。妥当的方法应该是立足于客观主义的立场,全面考虑本案客观情况,综合进行判定,这可谓"客观主义的综合判断方法"。

一 客观主义的立场

在刑法发展史上,曾有刑法主观主义与客观主义的理论争鸣。② 客观主义认为,刑事责任的基础在于表现在外的行为人的行为及其实害。主观主义认为,刑事责任的基础是行为人的危险性,行为只不过是行为人人格的外在表征而已。此后,随着理论的逐步深入,在欧陆各国(意大利稍有不同),刑法客观主义取得压倒性优势。刑法客观主义的特点在于:(1)着眼于外部的行为和结果,行为是客观化、类型化、抽象化的,并决定着理论的基本取向;(2)尽管犯罪行为是个体的作品,但是,个人之间的差异并不重要;(3)判断标准相对明确,有助于人权保障,实现司法正义。按照刑法客观主义的逻辑,在认定行为是否构成犯罪时,就必须肯定客观要素绝对重要;在司法判断上,就是先要确定是否存在客观行

---

① 劳东燕:《正当防卫的异化与刑法系统的功能》,《法学家》2018年第5期。
② 对于刑法主观主义与客观主义的理论争鸣,可参见张明楷《刑法的基本立场》,中国法制出版社2002年版,第1—94页。

为，再来判断主观上是否有犯罪意思。① 在刑法客观主义内部，存在着结果无价值论与行为无价值论的理论对立，两者理论主张的一个重要不同就在于是否承认主观的违法要素，也就是说，犯罪故意（过失）究竟只是责任要素，还是兼具违法要素。

本书认为，作为违法阻却事由的正当防卫的判断，也是可以按照客观主义的方法论来进行，只不过与犯罪成立这种"入罪"的判断稍有不同。按照阶层式的犯罪论体系，犯罪成立需要沿着"不法→责任"这种路径进行，但是，正当防卫作为违法阻却事由，不牵扯责任的问题，只局限在是否存在"不法"，因此，两者存在一定的不同。但是，这并不是说客观主义的方法论没有适用的空间。如果将防卫意思理解为是对正当防卫状况和其他相当于正当防卫事实的认识，并在此认识的基础上，实施了"应对的行为"，那么，这里的"防卫意思"，可以被理解为"防卫故意"。如果采取结果无价值论的理论立场，"防卫故意"是责任要素，其结论必然就是，防卫意思不是违法阻却的要素，防卫意思之有无，不会影响是否为正当防卫的判断。鉴于正当防卫是违法阻却事由，不涉及责任问题，从而在逻辑上自然会得出防卫意思不要说，进而会得出偶然防卫无罪的结论。但是，正当防卫也是在刑法上有意义的行为，为刑法所关注的行为一定是体素与心素的统一体。体素是客观外在表现，心素是内在于体素，与体素如影随形。如此看来，按照行为无价值论承认主观的违法要素的主张，在是否成立正当防卫上，完全可以按照客观主义的方法论，先判断是否存在制止不法侵害的行为，再看是否存在主观的防卫意思。鉴于此，本书认为，立足于客观主义，坚持行为无价值论的立场，在判断是否存在正当防卫上，不能沿着"结果→行为"这种方法，而应当按照"行为（体素+心素）→结果"这种方法来判断。也就是首先看行为人实施了何种行为，再考虑该行为引起了何种结果，这就是"顺看纪录片"。② 而在是否存在防卫意思上，也应当先立足于行为本身，再来判断有无防卫意思。

---

① 周光权：《刑法客观主义与方法论》，法律出版社2013年版，"序言"第1—2页。
② 黎宏：《结果本位刑法观的展开》，法律出版社2015年版，第6页。

二 综合判断的方法

(一) 防卫意思的判断方法：综合判断

2015年3月2日最高人民法院、最高人民检察院、公安部、司法部联合发布的《关于依法办理家庭暴力犯罪案件的意见》第19条第2款对于防卫限度的判断，做了如此规定："认定防卫行为是否'明显超过必要限度'，应当以足以制止并使防卫人免受家庭暴力不法侵害的需要为标准，根据施暴人正在实施家庭暴力的严重程度、手段的残忍程度，防卫人所处的环境、面临的危险程度、采取的制止暴力的手段、造成施暴人重大损害的程度，以及既往家庭暴力的严重程度等进行综合判断。"尽管这是关于防卫限度的综合判断的方法，但是，关于防卫意思，也可以按照该司法解释的方法进行综合判断。下面，以正当防卫与斗殴的主观判断为例，进行说明。

《指导意见》第9条对准确界分正当防卫与相互斗殴进行了较为详细的阐明。其中，《指导意见》第9条第1款规定："准确界分防卫行为与相互斗殴。防卫行为与相互斗殴具有外观上的相似性，准确区分两者要坚持主客观相统一原则，通过综合考量案发起因、对冲突升级是否有过错、是否使用或者准备使用凶器、是否采用明显不相当的暴力、是否纠集他人参与打斗等客观情节，准确判断行为人的主观意图和行为性质。"关于防卫意思的判断方法，从该款的规定来看，可以称为"主客观相统一原则"和"综合判断"。根据上述规定，司法实践中，对一个行为是正当防卫还是相互斗殴，要坚持主客观相统一原则，进行综合判断。判断的要点主要是：(1) 案发起因。(2) 对冲突升级是否有过错。比如是否先动手，导致冲突升级。(3) 是否使用或者准备使用凶器。比如是否使用管制刀具或者其他足以致人死伤的凶器。(4) 是否采用明显不相当的暴力。(5) 是否纠集他人参与打斗。通过综合判断上述要点及相关情况，如果能够认定行为人具有泄愤、立威或者其他非法目的的，就应当认为是互殴；反之，则是防卫行为。例如，在与《指导意见》配套的典型案例三"陈天杰正当防卫案"中①，陈天杰是在妻子被羞辱、自己被殴打的情况

---

① 本案案情：2014年3月12日晚，被告人陈天杰和其妻子孙某某等水泥工在海南省三亚市某工地加班搅拌、运送混凝土。22时许，被害人周某某、容某甲、容某乙（殁年（转下页）

下，为了维护自身尊严、保护自己与妻子的人身安全，制止不法侵害而被迫进行还击，因此，不具有伤害他人的犯罪故意，没有斗殴意思，故而，其行为属于正当防卫而非斗殴。

（二）防卫意思判断中需要注意的两个问题

需要指出的是，上述所谓的综合判断，不能简单地只依据其中一项就断定是否有防卫意思，是否属于正当防卫。同时，在判断防卫意思之时，需要注意以下两个问题。

1. 先动手的问题

典型的正当防卫是不法侵害人先动手，防卫人随后实施正当防卫行为。因此，一般情况下，先动手的就是不法侵害，后动手的就有防卫意思，是正当防卫。但是，这个判断，不能通吃一切。在有些情形下，后动手的一方不必然地具备正当防卫性质。比如，甲乙二人骑自行车发生碰撞。甲感觉过错在自己，于是向乙道歉。乙拒不接受，还辱骂甲的母亲。甲愤怒至极，用手推搡乙，并在乙的身上打了两拳。此时，乙反击，将甲打伤。这种情形下，乙实施的行为，并不当然地具备防卫的性质。

2. 打上门的问题

有谚云："家是一个人的最后城堡，风能进，雨能进，国王不能进。"

（接上页）19 岁）和纪某某饮酒后，看到孙某某一人卸混凝土，便言语调戏孙某某。陈天杰推着手推车过来装混凝土时，孙某某将被调戏的情况告诉陈天杰，陈天杰便生气地叫容某乙等人离开，但容某乙等人不予理会。此后，周某某摸了一下孙某某的大腿，陈天杰遂与周某某等人发生争吵。周某某冲上去要打陈天杰，陈天杰也准备反击，孙某某和从不远处跑过来的刘某甲站在中间，将双方架开。周某某从工地上拿起一把铁铲（长约 2 米，木柄），冲向陈天杰，但被孙某某拦住，周某某就把铁铲扔了，空手冲向陈天杰。孙某某在劝架时被周某某推倒在地，哭了起来，陈天杰准备上前去扶孙某某时，周某某、容某乙和纪某某先后冲过来对陈天杰拳打脚踢，陈天杰边退边用拳脚还击。接着，容某乙、纪某某从地上捡起钢管（长约 1 米，空心，直径约 4 厘米）冲上去打陈天杰，在场的孙某某、刘某甲、容某甲都曾阻拦，容某甲阻拦周某某时被挣脱，纪某某被刘某甲抱着，但是一直挣扎往前冲。当纪某某和刘某甲挪动到陈天杰身旁时，纪某某将刘某甲甩倒在地并持钢管朝陈天杰的头部打去。因陈天杰头戴黄色安全帽，钢管顺势滑下打到陈天杰的左上臂。在此过程中，陈天杰半蹲着用左手护住孙某某，右手拿出随身携带的一把折叠式单刃小刀（打开长约 15 厘米，刀刃长约 6 厘米）乱挥、乱捅，致容某乙、周某某、纪某某、刘某甲受伤。水泥工刘某乙闻讯拿着一把铲子和其他同事赶到现场，周某某、容某乙和纪某某见状便逃离现场，逃跑时还拿石头、酒瓶等物品对着陈天杰砸过来。容某乙被陈天杰持小刀捅伤后跑到工地的地下室里倒地，后因失血过多死亡。经鉴定，周某某的伤情属于轻伤二级；纪某某、刘某甲、陈天杰的伤情均属于轻微伤。

因此，一方打上门来，对方反击的，通常情况下，反击者有正当防卫的意思，反击行为是正当防卫行为。比如《指导意见》所附典型案例一"汪某佑正当防卫案"。① 但是，这种判断，依然不能绝对化。比如"钟某某、钟某文、钟某坤、钟某辉、钟某光故意伤害案"。② 在各自叫人，相约互殴，即便对方持械"打上门来"，此方即便以类似于"城堡法则"的理由来主张自己有防卫意思，实施的是防卫行为，也不能获得审判机关的支持。

第五节 具体判断：需要注意的两个问题

一 克服认定防卫意思的道德判断

正当防卫是"正"对"不正"。这里就存在一个对"正"的正确理解问题。前文在利益衡量部分，已经指出，对于那些以侵害人的尊严的方

---

① 本案案情：被告人汪某佑与汪某某系邻居，双方曾因汪某某家建房产生矛盾，后经调解解决。2017 年 8 月 6 日晚 8 时许，汪某某的女婿燕某某驾车与赵某、杨某某来到汪某佑家北门口，准备质问汪某佑。下车后，燕某某与赵某敲汪某佑家北门，汪某佑因不认识燕某某和赵某，遂询问二人有什么事，但燕某某等始终未表明身份，汪某佑拒绝开门。燕某某、赵某踹开纱门，闯入汪某佑家过道屋。汪某佑被突然开启的纱门打伤右脸，从过道屋西侧橱柜上拿起一铁质摩托车减震器，与燕某某、赵某厮打。汪某佑用摩托车减震器先后将燕某某和赵某头部打伤，致赵某轻伤一级、燕某某轻微伤。其间，汪某佑的妻子电话报警。

② 本案案情：钟某某、钟某文、原审被告人钟某光一方因建房纠纷，与钟某坤、钟某辉和被害人钟某 1（殁年 36 岁）一方素有矛盾。2017 年 12 月 29 日 9 时许，在梧州市龙圩区龙圩镇古凤村宕三组 97 号附近村道，钟某光与钟某坤因钟某坤一方在建房屋顶楼飘水问题发生争执，钟某文用碎砖头砸向钟某坤，引发钟某坤持竹棍与钟某文手持铁棍形成对峙，并继续发生口角。此后，钟某坤打电话给钟某辉、钟某 1 告知此事并要求二人回来帮忙，钟某文打电话给钟某某告知此事并要求其回来帮忙，钟某光先后打电话给村委干部钟某 7 和城西派出所协警罗某要求处理。当日 9 时 30 分许，钟某 1、钟某辉相继回到家中，伙同钟某坤分别持铁铲、竹棍、木棍进入钟某文家中，与钟某文、钟某光发生口角及拉扯，当钟某某回到钟某文家对面村道处，六人再次争执并引发相互打斗，钟某某先后持钩刀、木棍与钟某 1 对打，钟某文持钩刀与钟某坤对打，钟某光持铁锤与钟某辉对打，致钟某 1 在打斗中因头部外伤经 120 抢救无效后当场死亡，致钟某某、钟某文、钟某光、钟某坤分别遭受不同程度的人体损伤。参见中国裁判文书网：https://wenshu.court.gov.cn/website/wenshu/181107ANFZ0BXSK4/index.html?docId=536c100300af4357ab-8eab9700358cc9，最后访问日期：2020 年 9 月 4 日。

式，达到防卫效果的行为，不应当被正当化，但是，此处又要克服正当防卫的道德判断，似乎存在矛盾之处。既然要克服道德判断，那么，以脱光作案妇女衣服的方式，达到正当防卫的效果，似乎应该被正当化。需要再次强调的是，任何以侵犯人的尊严的方式实施的防卫，都不是正当防卫。但是，这并不意味着正当防卫认定中要绝对坚持道德"洁癖"。否定侵犯人的尊严的方式的正当防卫，这是一个不容动摇的底线。克服道德洁癖则是另一个层次的问题。正当防卫认定中的道德洁癖，是指将防卫权的享有者，仅限于对冲突发生在道德上没有瑕疵的无辜者身上。司法实践中，的确存在一旦只要认定在起因上存在瑕疵，就否定防卫意思，往往会认定构成聚众斗殴、故意伤害等行为的现象。

比如"朱某故意伤害案"①，在实务部门内部讨论本案的时候，有两种观点，一种是正当防卫的观点，另一种是故意伤害的观点。持故意伤害罪的观点认为，朱某在得知韦某将要对其实施伤害时，应当首先向当地公安机关或有关部门报告寻求救济，或者回避可能发生的不法侵害。但是，朱某不但不报告，反而积极准备反击工具，这说明其主观上有斗殴故意，而无防卫目的，因此，其反击行为应当认定为相互斗殴，而非正当防卫。② 这很明显贴上来道德判断的标签。在正当防卫的认定上，如果防卫人预见了不法侵害的情形下，要求防卫人负担回避义务并不恰当，因为这并不符合正当防卫是一种权利的本质，也违背了"正没有必要向不正让步"的法确证原理。而以防卫人事先准备刀子为由，否定正当防卫的理

---

① 本案案情：2010年5月，犯罪嫌疑人朱某与被害人韦某因打麻将发生口角，被围观群众劝开后，韦某扬言要杀死朱某，并在社区内张贴广告，寻找朱某下落，声称"凡提供朱某下落者，奖励现金两千元"。朱某得知后，曾数日不敢出门，因惧于韦某，后来朱某外出时总是随身携带一把匕首。2010年6月2日上午10时左右，朱某在明知韦某在麻将馆打牌的情况下，鉴于爱打麻将的嗜好，还是坚持到了麻将馆，看到朱某，韦某称"总算找到你了"，遂上前殴打朱某，二人发生冲突，但随即被人拉开。其间，韦某突然手持一柄长剑砍向朱某头部，由于朱某躲闪，实际只砍伤某左肩，随后韦某又向朱某连砍三剑，朱某边躲避边用左前臂抵挡。见无法砍到朱某，韦某又从左侧腰间拔出一把改制的发令手枪，并叫到"小兔崽子，我崩了你"，看见韦某手中的手枪，朱某感到危机，于是从自己右侧腰间拔出随身携带的匕首，向韦某左侧胸部猛刺一刀后逃跑，韦某经抢救无效死亡。参见张宝、毛康林《预见不法侵害并积极准备防卫工具能否阻却成立正当防卫》，《中国检察官》2014年第11期。

② 张宝、毛康林：《预见不法侵害并积极准备防卫工具能否阻却成立正当防卫》，《中国检察官》2014年第11期。

由，更是道德判断。在人身安全受到威胁后，行为人完全有理由准备防卫工具，不能因为刀子是性质上的凶器，就将准备刀子行为本身赋予更多的消极意义，从而冲淡了正当防卫本身成立要件的考察。

二　判断防卫意思的时间点：行为时

关于防卫意思判断的时间点，日本学者川端博教授指出，按照结果无价值论者关于违法性判断的方法，应该是事后判断。① 这样，判断一个行为是否违法，判断一个行为是否为法律所允许，一概与行为人的主观无关，而只需做出客观上的判断就可以了，而这种违法性判断的时间点就是事后，判断资料是裁判时发现的一切客观事实。因此，如果要判断防卫意思的话，当然也就是事后判断了。

相反地，另有以行为时为判断防卫意思时间点的观点。周光权教授认为，对于正当防卫的判断，涉及防卫行为是否适度，不法侵害行为的方式、轻重、缓急与危险性，防卫人的反击方式，可运用的防卫手段，保全法益与侵害法益等因素的判断，应当以事前的客观情形加以判断。因此，一个行为是否构成正当防卫，就要以一个具有正常判断能力和行动能力的社会一般人，看在当时的情境之下，是否会真的认为存在不法侵害，进而判断是否具备正当防卫的条件。② 因此，按照这种观点，对于防卫意思，应当立足于行为时，结合案件的客观情况，进行判断。川端博教授也明确主张行为时标准，他指出，刑法是决定某种行为可为不可为的标准，具有行为规范的表征，因此，对于行为人在行为时所认识的具体情况而实施行为，行为规范要做是否妥当性的判断。既然如此，就应该强调行为的规范性。但是，结果无价值在违法性上过于执着于事后判断，实际上并没有贯彻行为规范性的概念。③

本书认为，以行为时来判断防卫意思的方法是妥当的。如果采取事后的标准，就会出现一些疑问。比如公务员 A 以执行公务的名义扣押 B 的财产。B 拒绝，并针对 A 实施了暴力威胁。如果事后查明，A 是违法执行公务，那么，B 就有了防卫意思。相反地，如果 A 是合法执行公务，则 B

---

①　[日] 川端博：《刑法总论》，余振华译，元照出版公司 2008 年版，第 137 页。
②　周光权：《正当防卫成立条件的"情境"判断》，《法学》2006 年第 12 期。
③　[日] 川端博：《刑法总论》，余振华译，元照出版公司 2008 年版，第 139 页。

就没有了防卫意思。这样的话，就会出现公民无法应对公务员的公务行为。除此之外，类比犯罪故意的认定，也应当赞同行为当时的观点。因为，故意是指行为人对自己行为所可能产生后果的一种心理态度，对于犯罪故意的判断，不可能放在结果发生后，而应当在行为当时。同样地，对于防卫意思，应当理解为防卫人对于自己实施防卫行为的一种心理态度（可以不包括对于防卫结果的态度），因此，绝不能放在防卫结果发生后才来慢悠悠地判断是否有防卫意思。

第五章　犯罪故意与防卫意思

第一节　防卫过当与防卫意思

一　实务考察：防卫过当大多被认定为故意犯罪

考察司法实务层面关于正当防卫相关的判例，尤其在最终认定属于防卫过当的案件中，法院往往会采取以结果作为核心与思考起点来展开判断。这被称为"唯结果论"，即是否为防卫过当，只通过对不法侵害所针对的法益与防卫行为所损害的法益进行简单比较之后即可得出，除属于《刑法》第20条第3款规定的特殊防卫的情形外，只要出现不法侵害人重伤或死亡的结果就认定为防卫过当。① 而在防卫过当的定性上，往往会被认定为故意犯罪。有学者研究发现，在722件防卫过当的案件中，有700件被法院认定构成故意犯罪，占96.95%。而法院的认定是通过两种方式表现出来。一种是直接认为防卫人对伤亡结果存在故意，构成故意犯罪，防卫过当被作为量刑情节来考虑，此类认定模式的案件有470件，占65.10%；另一种是直接认定构成防卫过当，因而构成故意犯罪，此类认定模式的案件有230件，占31.86%。②

二　实务将防卫过当认定为故意犯罪的原因分析

关于防卫过当的主观罪过，学界主流观点认为，限于过失与间

---

① 劳东燕：《结果无价值逻辑的实务透视：以防卫过当为视角的展开》，《政治与法律》2015年第1期。
② 尹子文：《防卫过当的实务认定与反思——基于722份刑事判决的分析》，《现代法学》2018年第1期。

接故意,① 而有力观点认为也包括直接故意,② 另有少数学者分别主张故意说③或者过失说。④ 主流观点和有力观点尽管认为防卫过当的主观包括故意,但是,这只是在特殊情况下才构成,而在原则上,防卫过当是过失的。劳东燕教授明确指出,防卫过当的场合,"防卫意识作为主观的正当化因素,在多数情形下将阻却犯罪故意的成立。由于缺乏故意犯罪的行为无价值,故防卫过当一般应优先考虑成立过失犯罪"⑤,但防卫过当也有成立故意犯罪的可能,"只有在蓄意滥用权利的场合,才能考虑定以故意犯罪"⑥。匪夷所思的是,与主流观点不同,司法实务中关于防卫过当的认定,却绝大部分是故意犯罪。究其原因,可能是以下几个方面:

（一）形式化地理解犯罪故意

在防卫过当中,由于实践中对"必要限度"的判断,往往采取行为后标准,是否"明显超过必要限度"是由最终的损害结果来决定。而一旦判定存在"明显超过必要限度"的结果,那么,这种结果的造成,是防卫人"有意"造成的,从而便会被容易地认定防卫人具有故意。这是对故意的一种形式化的理解。我们不能把明知自己的行为会造成不法侵害人的伤亡而通过防卫行为造成其伤亡的心理状态,直接等同于"明知自己的行为会发生危害社会的结果,并且希望或者放任这种结果发生"的心理态度。因为,这两种行为的刑法意义、两种结果的刑法评价都不相同。但是,司法实践中,形式化地理解犯罪故意还是时有发生。比如"于欢故意伤害案"⑦,二审法院认为,"于欢连续捅刺四人,

---

① 高铭暄主编：《刑法专论》，高等教育出版社 2006 年版，第 433 页。
② 张明楷：《刑法学》，法律出版社 2016 年版，第 213—214 页；陈璇：《论防卫过当与犯罪故意的兼容》，《法学》2011 年第 1 期。
③ 黎宏：《刑法学总论》，法律出版社 2016 年版，第 142 页。
④ 周光权：《刑法总论》，中国人民大学出版社 2016 年版，第 210 页；胡东飞：《论防卫过当的罪过形式》，《法学评论》2008 年第 4 期。
⑤ 劳东燕：《防卫过当的认定与结果无价值论的不足》，《中外法学》2015 年第 5 期。
⑥ 同上。
⑦ 本案案情：于欢的母亲苏某经营源大公司，于欢系该公司员工。2014 年 7 月 28 日，苏某及丈夫于某 1 向吴某、赵某 1 借款 100 万元，口头约定月息 10%。至 2015 年 10 月 20 日，还款 154 万元。其间，吴某、赵某 1 因苏某还款不及时，曾指使郭某 1 等人采取在（转下页）

但捅刺对象都是当时围逼在其身边的人，未对离其较远的其他不法侵害人进行捅刺，对不法侵害人每人捅刺一刀，未对同一不法侵害人连续捅刺。可见，于欢的目的在于制止不法侵害并离开接待室，在案证据不能

（接上页）源大公司车棚内驻扎、在办公楼前支锅做饭等方式催债。2015年11月1日，苏某、于某1再向吴某、赵某1借款35万元。其中10万元，口头约定月息10%；另外25万元，通过签订房屋买卖合同，用于某1名下的一套住房作为抵押，双方约定如逾期还款，则将该住房过户给赵某1。2015年11月2日至2016年1月6日，苏某共计向赵某1还款29.8万元。吴某、赵某1认为该29.8万元属于偿还第一笔100万元借款的利息，而苏某夫妇认为是用于偿还第二笔借款。吴某、赵某1多次催促苏某夫妇继续还款或办理住房过户手续，但苏某夫妇未再还款，也未办理住房过户。2016年4月1日，赵某1与被害人杜某2、郭某1等人将于某1上述住房的门锁更换并强行入住，苏某报警。赵某1出示房屋买卖合同，民警调解后离去。同月13日上午，吴某、赵某1与杜某2、郭某1、杜某7等人将上述住房内的物品搬出，苏某报警。民警处警时，吴某称系房屋买卖纠纷，民警告知双方协商或通过诉讼解决。民警离开后，吴某责骂苏某，并将苏某头部按入座便器接近水面位置。当日下午，赵某1等人将上述住房内物品搬至源大公司门口。其间，苏某、于某1多次拨打市长热线求助。当晚，于某1通过他人调解，与吴某达成口头协议，约定次日将住房过户给赵某1，此后再付30万元，借款本金及利息即全部结清。4月14日，于某1、苏某未去办理住房过户手续。当日16时许，赵某1纠集郭某2、郭某1、苗某、张某3到源大公司讨债。为找到于某1、苏某，郭某1报警称源大公司私刻财务章。民警到达源大公司后，苏某与赵某1等人因还款纠纷发生争吵。民警告知双方协商解决或到法院起诉后离开。李某3接赵某1电话后，伙同车某、张某2和被害人严某、程某到达源大公司。赵某1等人先后在办公楼前呼喊，在财务室内、餐厅外盯守，在办公楼门厅外烧烤、饮酒，催促苏某还款。其间，赵某1、苗某离开。20时许，杜某2、杜某7赶到源大公司，与李某3等人一起饮酒。20时48分，苏某按郭某1要求到办公楼一楼接待室，于欢及公司员工张某1、马某陪同。21时53分，杜某2等人进入接待室讨债，将苏某、于欢的手机收走放在办公桌上。杜某2用污秽言语辱骂苏某、于欢及其家人，将烟头弹到苏某胸前衣服上，将裤子褪至大腿处裸露下体，朝坐在沙发上的苏某等人左右转动身体。在马某、李某3劝阻下，杜某2穿好裤子，又脱下于欢的鞋让苏某闻，被苏某打掉。杜某2还用手拍打于欢面颊，其他讨债人员实施了揪抓于欢头发或按压于欢肩部不准其起身等行为。22时07分，公司员工刘某打电话报警。22时17分，民警朱某带领辅警宋某、郭某3到达源大公司接待室了解情况，苏某和于欢指认杜某2殴打于欢，杜某2等人否认并称系讨债。22时22分，朱某警告双方不能打架，然后带领辅警到院内寻找报警人，并给值班民警徐某打电话通报警情。于欢、苏某想随民警离开接待室，杜某2等人阻拦，并强迫于欢坐下，于欢拒绝。杜某2等人卡于欢颈部，将于欢推拉至接待室东南角。于欢持刃长15.3厘米的单刃尖刀，警告杜某2等人不要靠近。杜某2出言挑衅并逼近于欢，于欢遂捅刺杜某2腹部一刀，又捅刺围逼在其身边的程某胸部、严某腹部、郭某1背部各一刀。22时26分，辅警闻声返回接待室。经辅警连续责令，于欢交出尖刀。杜某2等四人受伤后，被杜某7等人驾车送至冠县人民医院救治。次日2时18分，杜某2经抢救无效，因创伤导致失血性休克死亡。严某、郭某1的损伤均构成重伤二级，程某的损伤构成轻伤二级。参见北大法宝网：http：//www.pkulaw.cn/case/pfnl_a25051f3312b07f3b11238389-6ba55ae70fbbc89b2e2dbd1bdfb.html？match＝Exact，最后访问日期：2018年9月12日。

证实其具有追求或放任致人死亡危害结果发生的故意,故于欢的行为不构成故意杀人罪,但他为了追求防卫效果的实现,对致多人伤亡的过当结果的发生持听之任之的态度,已构成防卫过当情形下的故意伤害罪"。

但是,在与正当防卫有关问题的所有场合下,一概认为司法实务中都形式化地理解了犯罪故意,似乎也不妥。① 考量司法实务与刑法理论,有意思的是,在行为人的主观罪过上,防卫过当的场合,实务体现出形式化的特点,而理论则有实质化倾向,两者截然不同,但是,在假想防卫的场合,实务与理论观点则保持了高度一致,都采取了实质性解读。比如"王某某过失致人死亡案"②,办案单位在裁判理由中明确指出,"假想防卫是过失犯罪还是故意犯罪,是司法实践中必须要搞清楚的一个问题。首先,我们应该对'故意犯罪'有个正确的理解,不能把刑法理论上讲的故意与心理学理论上所讲的故意等同、混淆起来。根据刑法第十四条的规定,故意犯罪是指行为人明知自己的行为会发生危害社会的结果,并且希望或放任这种结果发生,而假想防卫则是建立在行为人对其行为性质即其行为不具有社会危害性的错误认识的基础上发生的。假想防卫虽然是故意的行为,但这种故意是建立在对客观事实错误认识基础上的,自以为是在对不法侵害实行正当防卫。行为人不仅没有认识到其行为会发生危害社会的后果,而且认为自己的行为是合法正当的,而犯罪故意则是以行为人明知自己的行为会发生危害社会的后果

---

① 劳东燕:《结果无价值逻辑的实务透视:以防卫过当为视角的展开》,《政治与法律》2015年第1期。

② 1999年4月16日晚,被告人王某某一家三口入睡后,忽听见有人在其家屋外喊叫王某某与其妻佟某某的名字。王某某便到外屋查看,见一人已将外屋窗户的塑料布扯掉一角,正从玻璃缺口处伸进手开门闩。王即用拳头打那人的手一下,该人急抽回手并跑走。王某某出屋追赶未及,亦未认出是何人,即回屋带上一把自制的木柄尖刀,与其妻一道,锁上门后(此时其十岁的儿子仍在屋里睡觉),同去村书记吴某某家告知此事,随后又到村委会向大林镇派出所电话报警。当王某某与其妻报警后急忙返回自家院内时,发现自家窗前处有两人影,此二人系本村村民何某某、奇某某来王家串门,见房门上锁正欲离去。王某某未能认出何某某、齐某某二人,而误以为是刚才欲非法侵入其住宅之人,又见二人向其走来,疑为要袭击他,随即用手中的尖刀刺向走在前面的奇某某的胸部,致齐因气血胸,失血性休克当场死亡。何某某见状上前抱住王某某,并说:"我是何某某!"王某某闻声停住,方知出错。参见最高人民法院刑事审判第一、二、三、四、五庭《中国刑事审判指导案例·侵犯公民人身权利、民主权利罪》,法律出版社2009年版,第185—187页。

为前提的。因此,假想防卫的故意只有心理学上的意义,而不是刑法上的犯罪故意。这也就是说,假想防卫的行为人,在主观上是为了保护自己的合法权益免遭侵害,其行为在客观上造成的危害是由于认识错误所致,其主观上没有犯罪故意,因此,假想防卫中是不可能存在故意犯罪的"①。

但是,为什么在防卫过当中,实务界倾向于形式解读犯罪故意,反而在假想防卫中却采取了实质性解读?而对照防卫过当与假想防卫在司法实务中的命运,不难发现实务上的做法,存在以下明显的逻辑漏洞。(1)在客观上不存在不法侵害,而防卫人误以为存在的假想防卫的场合,为什么行为人主观上的防卫意识被认为能阻却故意;相反地,不法侵害客观上存在,而防卫人主观上有防卫意识的防卫过当的场合,却反而无法阻却故意?(2)如果基于防卫意思的防卫过当一般情况下构成故意犯罪,那么为什么基于杀人的意图,造成不法侵害人死亡,行为人却成立故意伤害(致死)罪而非故意杀人罪?(3)假想防卫与防卫过当的场合,行为人主观上都有防卫意识,客观上,前者造成了无辜之人的伤亡,后者则致不法侵害人的伤亡,按照通常的观点,不法侵害人在实施侵害行为时,其法益会受到降低评价,因此,假想防卫的不法程度应高于防卫过当才是,但是,匪夷所思的是,前者仅构成过失犯罪,而后者构成性质更为严重的故意伤害罪。对防卫过当与假想防卫,实务中在不法评价上的轻重倒置,显然不合理,存在明显的逻辑漏洞,但是,似乎防卫过当一般按故意伤害罪处理的实务做法却并未受到应有的质疑。② 如此看来,那种认为在防卫过当的场合,与司法实务形式化地理解犯罪故意密切相关的观点,实际上看到的是问题的表象,而没有触及问题的根本。

(二)"结果→行为"的思考方法可能为"唯结果论"提供了助力

"结果→行为"的思考方法可能是将防卫过当案件认定为故意的最

---

① 最高人民法院刑事审判第一、二、三、四、五庭:《中国刑事审判指导案例·侵犯公民人身权利、民主权利罪》,法律出版社 2009 年版,第 186—187 页。

② 劳东燕:《防卫过当的认定与结果无价值论的不足》,《中外法学》2015 年第 5 期。

为根本的原因,因为,"这样的思考进路容易将防卫过当引向故意犯罪的轨道"①。在传统刑法理论中,体系性思考并没有受到过多的关注。在实务层面,很难说理论上结果无价值论与行为无价值论的争论哪个占了上风。在此一领域可能看到更多倾向于行为无价值论,而在另一领域则似乎倾向了结果无价值。司法实务中"唯结果论"的做法,原本与结果无价值论和行为无价值论的理论争讼并没有多大关系,因为,在德、日阶层理论被我国学者接受之前,通说主张的是四要件犯罪论体系,可能并没有为正当防卫实践认定中的"唯结果论"的做法提供理论支撑。但是,在我国,随着晚近以来结果无价值论的强势兴起,②"则为这种'唯结果论'提供了必要的理论依据"③。因为,这两者在思考逻辑上表现出惊人的一致。④

唯结果论的思考逻辑特别关注客观的、外在的物理侵害结果,只要物理侵害结果对比出现不均衡,往往会得出防卫过当的结论。比如"付某某、陈某故意伤害案"⑤,一审法院认为被害人陈某在本案中有过错,二审法院认定本案属于防卫过当,理由是:在母亲受到陈某持金属棍殴打的暴力不法侵害情况下,付某某为制止正在进行的不法侵害,保护母

---

① 劳东燕:《结果无价值逻辑的实务透视:以防卫过当为视角的展开》,《政治与法律》2015年第1期。

② 在中国大陆学者中,陈兴良教授、张明楷教授、黎宏教授、刘明祥教授等知名教授主张结果无价值论,另有刘艳红教授、钱叶六教授、陈洪兵教授等一批新兴中坚力量也主张结果无价值论。相对而言,旗帜鲜明地主张行为无价值论的知名学者人数相对较少,如周光权教授、冯军教授、郑泽善教授等。因此,可以说,在德、日阶层体系逐渐为人们接受之际,结果无价值论在理论界属于强势地位。

③ 劳东燕:《防卫过当的认定与结果无价值论的不足》,《中外法学》2015年第5期。

④ 劳东燕:《结果无价值逻辑的实务透视:以防卫过当为视角的展开》,《政治与法律》2015年第1期。

⑤ 本案案情:付某某的母亲何某1与陈某的父亲系再婚,付某某与陈某均在双方父母开办的企业工作。2016年12月13日12时许,陈某在宁波市鄞州区姜山镇翻石某工业园区凯柏科教仪器设备有限公司内,因不见拴在厂区内的一条狗而持铝棍寻找继母何某1。后陈某在办公室外遇见何某1,即上前质问何某1并将何某1按倒在地,持铝棍殴打何某1。付某某听见何某1的呼救声,即持工作中使用的剪刀冲出办公室,见陈某背对着其正在殴打何某1,上前捅刺陈某背部一刀,致陈某胸腔气胸、椎骨骨折,分别构成轻伤二级。参见中国裁判文书网:http://wenshu.court.gov.cn/content/content?DocID=855ee367-2bbf-4109-b3fc-a8ef00a3e570-&KeyWord=,最后访问日期:2018年9月12日。

亲的人身权利，捅刺陈某一刀，可以认定为正当防卫。然而从结果上来看，虽然陈某持棍殴打倒在地上的何某1，但根据证人证言证实殴打的力度不是很大，经事后检查，何某1身体要害部位未见明显损伤，只是多处挫伤，损伤结果轻微，而陈某则有两处轻伤二级的损伤结果，因此，付某某的防卫行为明显超过必要的限度，属于防卫过当，应以故意伤害罪定罪处罚。

而结果无价值论的思考逻辑是：既然犯罪的本质是法益侵害，对行为违法与否的判断，只能以行为所引起的侵害法益结果为基础，以"结果"为中心。"这种立场在判断违法性的时候，首先考虑对被害人造成了什么样的危害结果，然后由此出发，追溯该结果是由谁、什么样的行为所引起的。这就好像是倒着看一部纪录片。"① 这就是"结果→行为"的判断方法。在界定"必要限度"时，往往要求同时考虑防卫所造成的损害结果，并与所保护的法益进行衡量。这种站在裁判时的角度，以事后查明的客观事实为基础，来判断防卫行为是否"明显超过必要限度"的思考进路，使得在"必要限度"的判断上采取行为后标准，这与司法实务中"唯结果论"的习惯做法存在暗合之处。

由于是从结果反推行为，而防卫过当的场合，防卫行为是"有意"进行的，这样，在防卫过当的认定中，存在将防卫意思之"有意"与犯罪故意之"有意"混同的危险。防卫过当被认定为故意犯罪的比例之高，也印证了这一判断。而司法实务中，只要认定构成防卫过当，便会径直认定构成故意犯罪，而对缘何如此通常不会给予任何说明。这种想当然的实务处理习惯，甚至为最高人民法院所确认。② 而结果无价值论"结果→行为"的判断方法，存在由结果反推故意的逻辑。即犯罪故意之成立，非由行为时的情境来决定，而是由结果反推得出。③ 但是，按照我国《刑法》第14条"明知自己的行为会发生危害社会的结

---

① 黎宏：《结果本位刑法观的展开》，法律出版社2015年版，第5页。
② 比如李某某等故意伤害案、李某故意伤害案、范某某故意伤害案、胡某某故意伤害案等涉及防卫过当的示范性案例。参见陈兴良、张军、胡云腾主编《人民法院刑事指导案例裁判要旨通纂》（上卷）（第2版），北京大学出版社2018年版，第699—700、706—708、726—727、736—738页。
③ 劳东燕：《防卫过当的认定与结果无价值论的不足》，《中外法学》2015年第5期。

果,并且希望或者放任这种结果发生,因而构成犯罪的,是故意犯罪"的规定,在故意是否成立的判断,应该是立足于行为时,即根据行为人对行为时构成要件风险的认知与意欲来确定。至于实际结果是否出现,则是犯罪未完成形态领域所考虑的问题,如未遂、中止等犯罪未完成形态所要考察的问题,如此,故意不是由结果的严重与否来反推的。

三 防卫意思不能等于犯罪故意

在防卫过当的场合,我国通说赞同排除直接故意说,因为行为人对于过当行为及结果,主观上不可能出于直接故意。通说认为,在防卫过当的场合,具有防卫和过当二重性,无论防卫行为是否过当,防卫人在主观上都有防卫意图,而防卫意图包括防卫认识与防卫目的。防卫目的是以制止不法侵害、保护合法权益为内容的,这决定了防卫行为的正当性。而犯罪目的则是行为人积极追求危害结果发生的心理状态。因此,正当防卫的目的和犯罪目的,不可能同时存在于一个人的头脑之中。只有直接故意才有犯罪目的,而间接故意、疏忽大意的过失和过于自信的过失都是没有犯罪目的的罪过形式。间接故意、过失与防卫过当中防卫目的的正当性并不矛盾,因此,这些都可以成为防卫过当的罪过形式。[①] 通说直接来源于苏联的刑法理论,时至今日,俄罗斯有学者依然认为防卫过当的罪过可以是间接故意。[②]

在立法上,少数国家和地区明确规定了防卫过当的罪过形式。对此,有两种方式。一种是直接在总则中予以规定,一种是在分则中进行规定。前者如 1941 年《巴西刑法典》第 21 条附款规定:"行为人过失地超越合法防卫的限度,如果实施的行为应受过失罪惩罚的,应当负刑事责任。"后者如 1926 年《苏俄刑法典》第 139 条规定:"过失杀人,以及超过必要自卫范围之结果而杀人者,处剥夺自由刑三年以下或一年以下改造劳动工作。"后来,1978 年《苏俄刑法典》第 105 条对该条修正为:"杀人超过正当防卫限度的,处二年以下的剥夺自由,或一年以

---

① 高铭暄主编:《刑法专论》,高等教育出版社 2006 年版,第 432 页。
② [俄] 库兹涅佐娃、佳日科娃:《俄罗斯刑法教程》(总论·上卷),黄道秀译,中国法制出版社 2001 年版,第 311 页。

下的劳动改造。"以上立法条文,"都明文规定防卫过当是过失犯罪"①。

防卫过当的场合,就否定直接故意而言,我国通说应当得到赞同。因为,"如果防卫过当可以由直接故意引起,那就意味着防卫人在实行正当防卫之初,就已经预见到自己的防卫行为会明显超过正当防卫的必要限度造成重大损害,并且希望发生这种危害社会的结果。果然如此,那就否定了防卫过当具有正当防卫的前提"②。

主张防卫过当包括了间接故意说法的理由,主要是指"防卫人为实现正当防卫的意图,而对已经认识到的防卫行为会明显超过正当防卫的必要限度造成重大损害抱着放任的心理态度"③。本书认为,这里有两种情况,一种是在防卫当时就已经认识到防卫行为会造成与自己被攻击的法益严重不匹配的重大损害结果,另一种是没有认识到重大损害结果,但最终发生了重大损害结果。前者的场合,除《刑法》第20条第3款规定的无过当防卫外,对于行为之初已经认识到严重损害结果但却放任该结果的发生,实际上已经脱逸出了正当防卫的前提,本质上是借口正当防卫,而实质上行犯罪之实,在实施所谓的"正当防卫行为"之时,无视乃至于敌视规范表露无遗,该本身所谓的"正当防卫行为"已经是故意的不法行为了,如果再在评价之时,又认为存在所谓的"防卫前提",是过于形式化的考虑,有放纵犯罪的嫌疑。后者的场合,可以按照事实认识错误进行处理,排除故意。

总而言之,那种认为防卫过当的罪过是故意(包括直接故意与间接故意)的观点,是将防卫意思等同于犯罪故意,并不妥当。理由是:

(一)防卫意思与犯罪故意在同一时空不可能并存

防卫行为发生在正当防卫过程中,防卫行为之初的正当性不容置疑,此时,行为的心素是基于防卫认识而有遵从规范要求,对不法行为予以应对的内容,防卫人的"意"和"欲"均针对正在进行的不法侵害而发,对于防卫行为可能会导致什么结果,防卫人可能有认识,也可能追求或者放任结果发生。但是,这并不能直接等同于犯罪故意的

---

① 陈兴良:《正当防卫论》,中国人民大学出版社2017年版,第178页。
② 同上书,第181页。
③ 同上书,第182页。

"意"和"欲"。"其实,防卫过当者起先只有正当防卫的意思,防卫的认识不等于故意犯罪的意思,即使后来防卫过当的行为也不能认为是在犯罪故意支配下实施的。行为人认识到不法侵害正在进行,并有保护法益的意思,而且认识到对不法侵害人造成伤亡是法律允许的,不具有故意犯罪的'明知',防卫意识与犯罪故意明显不符"①。"关于行为时合法的行为,如果规范是命令行为人打消实施此行为的念头,那么,这样的规范是不起作用的——也不能承认行为人有(责任意义上的)故意,不能因此非难实施了此行为的行为人"②。一个意思,不能一会儿说是正当的防卫意思,一会儿又被认定为犯罪意思。因此,理论上关于犯罪的故意与防卫的意思并存的观点,并不妥当。

(二)可以用错误论解释防卫过当的问题

在德国实务界,大多将防卫过当认定为无故意的过失行为。③应该说,德国实务界的认定,是妥当的。需要强调的是,防卫过当是否成立犯罪的评价,仅及于"过当"的部分,对于不过当的部分,没有必要考察,因此,防卫人对于不过当的故意心理,不能延展至"过当"的部分,而为"'过当'是故意的"背书。既然如此,防卫过当的不法内涵,就与一般的侵害内容有所不同。而产生防卫过当的情形,往往是防卫人对于不法侵害的情状的判断出现错误估计,进而发生错误,既然如此,根据错误论的处断规则,"如果该错误系具有可责难性(Vorwerfbarkeit)存在,则依过失行为罚之"④。

(三)需要注意区分质的防卫过当与量的防卫过当

在日本学界,根据侵害继续的有无,有质的防卫过当与量的防卫过当之分。⑤质的防卫过当是指在急迫不正的侵害继续进行中所实施的防

---

① 周光权:《刑法总论》,中国人民大学出版社2016年版,第210页。

② [日]佐伯仁志:《刑法总论的思之道·乐之道》,于佳佳译,中国政法大学出版社2017年版,第148页。

③ 柯耀程:《正当防卫界限之认定》,《月旦法学杂志》2000年第5期。

④ 同上。

⑤ 在德国被称之为集中的紧急防卫超过限度(den sog intensiven Notwehrexzeβ)和扩展的紧急防卫超过限度(der extensiven Notwehrexzeβ)。参见[德]克劳斯·罗克辛《德国刑法学总论》(第1卷),王世洲译,法律出版社2005年版,第661页。

卫行为本身超出了必要限度。比如本身用木棍足以制止不法侵害，却用铁棍制止，从而出现过当的情形。量的防卫过当指的是侵害结束后又实施了反击行为（追击行为）。比如已经将不法侵害人制服，不法侵害人丧失了继续攻击能力，防卫人继续攻击的情形。① 《德国刑法典》明确规定因慌乱、恐惧、惊愕而实施的过当行为不罚，而《日本刑法典》中并没有如此明确规定，因此就产生了防卫过当的心理状态与故意、过失的关系不明确的问题。② 对此，西田典之教授认为，诸如对方徒手攻击过来，行为人用刀刺对方，致对方伤亡的防卫过当的场合，可构成故意杀人罪或者故意伤害致死罪。③ 相反地，井田良教授则更多倾向于防卫过当属于过失犯罪的观点。④

1. 质的防卫过当的场合，争议不大

尽管根据侵害继续之有无来区分质的过当与量的过当，界限微妙、难以区分的情况依然会存在，⑤ 但是，总体看来，这种分类具有借鉴意义。在质的防卫过当的场合，德国学界几乎没有任何争议，均认为应当适用《德国刑法典》第 33 条的规定，不再处罚。⑥ 但是，在我国，对于防卫过当还是要定罪的，鉴于此，本书认为，还需要对质的防卫过当进行深入考察，才能得出妥当的结论。

通常情况下，质的防卫过当主要属于防卫手段是否具备相当性的问题。⑦ 对此，需要进行类型化分析。与质的防卫过当有关系的可能有四种情况：（1）防卫手段相当；（2）防卫手段明显超过必要限度，但未造成重大损害；（3）防卫手段明显超过必要限度，造成重大损害；（4）防卫手段过度暴烈，防卫工具杀伤力显著，防卫强度显著。

对于第一种情况，如果防卫手段相当，那么，无论结果如何，即便

---

① ［日］井田良：《講義刑法学・総論》，有斐閣 2008 年版，第 294 页。
② ［日］内田文昭：《刑法概要》（中），青林書院 1999 年版，第 106 页。
③ ［日］西田典之：《刑法総論》，弘文堂 2010 年版，第 176—177 页。
④ ［日］井田良：《講義刑法学・総論》，有斐閣 2008 年版，第 293 页。
⑤ ［日］佐伯仁志：《刑法总论的思之道・乐之道》，于佳佳译，中国政法大学出版社 2017 年版，第 137 页。
⑥ ［德］亨宁·罗泽瑙：《论德国刑法中的紧急防卫过当》，蔡桂生译，载陈兴良主编《刑事法评论》（第 34 卷），北京大学出版社 2014 年版，第 238 页。
⑦ ［日］大塚裕史：《刑法総論の思考方法》，早稲田経営出版 2008 年版，第 189 页。

造成严重后果，也不应当认定为属于防卫过当，因为，该防卫手段就是制止不法侵害之必需，防卫意思自然贯彻始终，当然也就无犯罪意思。

第二种情况涉及防卫过当中"明显超过必要限度"与"造成重大损害"的关系问题，对此，理论上存在争议。有论者明确主张防卫的必要限度的认定，仅指损害之大小。只有造成不应有的"重大损害"，才可认定为"明显超过必要限度"，也才能认定为防卫过当。[①] 也有论者虽然名义上承认"明显超过必要限度"与"造成重大损害"是并列关系，是成立防卫过当的两个条件，但是，在具体界定时，却又对重大损害的出现与否青睐有加。如"不存在所谓明显超过必要限度但没有造成重大损害的情况，换言之，只是在造成重大损害的情况下，才存在明显超过必要限度的问题；不存在所谓'手段过当'而'结果不过当'或者相反的现象；'明显超过必要限度造成重大损害的'才是防卫过当"[②]。也即，只有在造成重大损害的情况下，才存在明显超过必要限度的问题。这种理解，使"明显超过必要限度"变成一种形式化的东西，有被架空之虞。本书赞同劳东燕教授的观点，即这两者不是从属关系，而是两个独立条件，只有这两个都满足了，才能够成立防卫过当。因此，即便防卫手段明显超过必要限度，没有造成严重后果，当然不是防卫过当。自然的结论就是，这种场合，防卫意思贯彻始终，而无犯罪意思。[③] 这种情形，当然是正当防卫。

第三种情况属于典型的防卫过当，既然是防卫过当，说明存在防卫意思，而且这种防卫意思意在指向制止不法侵害。对此，不能认定为属于犯罪故意。因为，首先，防卫过当中防卫人实施防卫行为的"有意性"，即认识到不法侵害正在发生，基于保护法益的意思而实施相关行为，如前所述，这并不符合《刑法》第 14 条关于犯罪故意的规定。其次，在质的防卫过当中，防卫行为与过当行为实际上是一个整体的行为，不能割裂开来分别评价。而从防卫意识出发，势必会得出它的存在阻却故意的成立，因此会得出防卫过当缺乏故意犯罪的结论。最后，在否定成立故意犯罪的基础上，针对过当行为是否构成过失犯罪，只需从

[①] 杨忠民：《对正当防卫限度若干问题的新思考》，《法学研究》1999 年第 3 期。
[②] 张明楷：《刑法学》，法律出版社 2016 年版，第 212 页。
[③] 劳东燕：《防卫过当的认定与结果无价值论的不足》，《中外法学》2015 年第 5 期。

规范的视角出发，结合具体过失犯罪的构成要件来展开不法评价即可。既然如此，是否构成犯罪的防卫过当问题，明显地，只涉及对刑罚规范之"无意误犯"的过失犯罪是否成立的问题，而与犯罪故意的认定根本无关。在奥地利，如果完全是因为微弱的情绪冲动支配了行为，导致行为人逾越了正当防卫的界限，那么，就可以依照刑法典第3条第2款规定予以减轻，并追究过失的责任。① 这种规定，值得参考。

第四种情况，表面看似乎是一个质的防卫过当的问题，但是，其实不然。比如甲用拳头击打乙的后背，乙转身用左手持的钢管击打甲的头部，并迅速用右手所持手枪射击甲，造成甲重伤的后果。这种所谓的防卫意思与故意犯罪并存的场合，通常被认为属于典型的防卫过当。但是，在明明能够使用较为缓和的手段足以制止不法攻击，但是，却使用了比"明显超过必要限度"还强烈的手段，此时，防卫意思的空间被极度压缩了（尽管存在所谓的防卫意思，防卫意思似乎并没有为零），这种违反行为规范的行为已经不是"无意误犯"，而是"有意来犯"了。将"无意误犯"与"有意来犯"等同看待，都认为属于防卫过当，有防卫意思，显然并不妥当。本书认为，这种场合，应当直接认定为故意犯罪，而不是防卫过当。至于前行为人所实施的不法攻击行为，可以用被害人过错进行评价。换言之，第四种情况，所谓的反击行为，实际上已经是故意违反规范的不法攻击行为，而不是防卫过当。因为，这种场合，防卫意思已经被极度压缩，而违反规范的故意犯罪意思已经占据了非常强势的地位。在故意犯罪的意思居于支配性地位，而防卫意思仅具有形式化、形骸化的情况下，将之评价为具有防卫意思的防卫过当已经不能恰如其分。如此看来，所谓的防卫意思与不法攻击意思并存的观点，除了具有形式上的意义之外，并没有任何实际价值。可以这样说，防卫意思与攻击意思是势同水火，不可能同时并存的。

黎宏教授主张防卫过当是故意犯。在黎宏教授看来，《刑法》第20条第2款所规定的防卫过当的处罚，是指防卫人在慌乱的情况下所采取的防卫行为，比如烧饼摊主在小偷盗窃自己的烧饼时，用菜刀将小偷的手砍

---

① ［德］亨宁·罗泽瑙：《论德国刑法中的紧急防卫过当》，蔡桂生译，载陈兴良主编《刑事法评论》（第34卷），北京大学出版社2014年版，第241页。

断。这种场合，为了保护一个较小的利益而使用较为激烈的防卫手段，并且行为人也明知自己的这种防卫行为显然已经超过必要限度，有可能造成重大损害，但仍然实施该行为的时候，行为人的行为应当成立故意犯，而不可能是过失犯。只是由于在当时，因为遭受紧急的不法侵害，行为人由于恐惧愤怒或者惊愕而在精神上出现了一定的慌乱，难以期待其当时不如此行为，难以对其进行强烈谴责，所以，才要"减轻或者免除处罚"。并且，防卫过当本来就不是正当防卫，而是危害社会的犯罪行为，只是因为考虑到其中包含正当防卫的意义，所以才在责任上予以减轻。如果说防卫过当只是成立过失犯的话，无疑使防卫过当行为得到了两次优遇。①

考量黎宏教授的论述，所举案例与论证均有相当的理由。但是，为了一块烧饼而将对方的手砍断，所使用的手段，用"明显超过必要限度"来进行评价，已经不足。这已经属于前述第四种情形。对于这种极端强烈的反响，行为人违反规范，有意追求（更遑论放任）他人伤亡的特点已经表征无疑，此时，防卫的意思只不过是一个诱因而已，或者说仅是引发过度攻击行为的一个内心契机（动机）。因此，为了防止出现两次从宽的局面，黎宏教授以防卫过当是故意犯罪，然后再适用防卫过当的刑罚礼遇。但是，这里会出现另一个问题，就是诸如对于他人用细竹竿的攻击，防卫人认为用木棍反击已经足够，但慌乱中拿起砍刀反击，造成对方死亡的，按照黎宏教授的观点，会成立正当防卫。②但是，这里一方面在客观上存在反击手段的过度，另一方面也存在结果的重大损害，一概认定为正当防卫或者故意犯罪，似乎并不妥当。

综上，前述第三种情形属于这里所讨论的质的防卫过当。这种质的防卫过当属于我国《刑法》第 20 条第 2 款规定的防卫过当，不能否定防卫意思的存在，同时，不能把防卫意思简单地等同于不法攻击的意思，从而认为防卫过当构成故意犯罪。因此，质的防卫过当，就是过失，而非故意。

2. 关于量的防卫过当

在量的防卫过当上，的确存在不同意见。③量的防卫过当可以分为过

---

① 黎宏：《刑法学总论》，法律出版社 2016 年版，第 141—142 页。
② 同上书，第 141 页。
③ 陈家林：《外国刑法通论》，中国人民公安大学出版社 2009 年版，第 305—306 页。

早的量的防卫过当和过迟的量的防卫过当。前者是不法攻击人尚未着手实施所计划的不法行为，因此，攻击也就不是正在发生。比如在射箭训练靶场，C 得知 D 将要"修理"自己，便在 D 到处寻找自己之时，"先下手为强"，用箭射伤 D 的腿部，致其丧失攻击能力。后者是不法攻击人已不再有攻击的能力或者不法攻击已经结束，因此，攻击已不再具有现时性。比如黑社会性质组织成员 X 和 10 个同伙在酒吧喝酒。发现曾举报他们的 A 也在酒吧。X 紧盯 A，并向同伙说什么。A 见状陷入恐惧之中，便抽身离开。X 尾随其后，其他同伙继续喝酒。在酒吧外，A 看见 X 手持啤酒瓶，便掏出随身携带的一把折刀。在 X 快步靠近举起酒瓶攻击之际，A 迅速出手，刺中 X 的腹部。X 倒地意欲站起。A 骑在 X 的身上，又刺 X 一刀。X 无法做出任何动作了。A 又刺 X 一刀。后 X 被送医不治身亡。经调取监控，显示从 A 出手刺 X 开始，在 7 秒钟之内 A 共刺出 3 刀。

这里的问题是如何评价 C"先下手为强"和 A 刺出的第二刀和第三刀，因为在 C 先下手时，存在着一种自己被攻击的可能风险，而当时 A 在刺第二刀时，X 倒地，但尚有可能站起来，而在刺第三刀之前，X 已经无法做出任何动作了，这时是否还能够评价为防卫过当，不无争议。

（1）德、日学说与案例

在德国，有是否适用《德国刑法典》第 33 条的争论。[①] 主流观点认为，"在量的防卫过当的场合，排除适用刑法第 33 条的规定"[②]。主要理由是：如果攻击尚未开始，或者攻击已经结束，在客观上就不存在紧急防卫的情形，因此，无论是过早的量的防卫过当，还是过迟的量的防卫过当，也都不得出于"微弱"的情绪冲动而逾越紧急防卫的许可范围。[③] 按照这种说法来分析的话，量的防卫过当的场合，就不存在防卫意思，或者说，防卫意思已经被攻击意思所压制，而居于从属性或者无关紧要的地位。相反的观点认为，量的防卫过当，无论过早的量的防卫过当还是过迟

---

① ［德］亨宁·罗泽瑙：《论德国刑法中的紧急防卫过当》，蔡桂生译，载陈兴良主编《刑事法评论》（第 34 卷），北京大学出版社 2014 年版，第 238—239 页。

② ［德］汉斯·海因里希·耶塞克、托马斯·魏根特：《德国刑法教科书》（上），徐久生译，中国法制出版社 2017 年版，第 660—662 页。

③ ［德］乌尔斯·金德霍伊泽尔：《刑法总论教科书》，蔡桂生译，北京大学出版社 2015 年版，第 238 页。

的量的防卫过当,都能够适用《德国刑法典》第 33 条。因为如果用缺乏防卫性惩罚的必要性来说明对责任的排除的话,量的防卫过当与质的防卫过当并无实质不同。并且,量的防卫过当与质的防卫过当也仅仅使违法的攻击者受到损害。对于这种超过界限,人们能够谅解。从刑事政策的角度来看,暴怒之下的报复,也能够通过限制虚弱的冲动而得到预防。① 而该条中的"紧急防卫的界限"也可以被理解为时间上的界限。"在一个流畅的过渡过程中,必须几乎会或者几乎已经存在着一种当前面临的攻击"②,即便"当一个人在一种有节制的反应中轻微地超越了紧急防卫的时间界限时,与他在一种目前的攻击中严重超越了必要性的界限相比较他的不法就能够轻微得多。在集中的和扩展的超过限度中,这都是一样的,即在超越界限之后,被攻击人的行为就不再保护那种本来就不受保护的法益了。"③ 另外,由于在动机上,质的防卫过当与量的防卫过当没有什么区别,因此,就没有理由将量的防卫过当与质的防卫过当区别对待。④ 这样的话,在量的防卫过当中,就有防卫意思的存在。面对这两种学说的争论,有学者试图进行调停。如韦塞尔斯等人认为,第 33 条仅适用于过迟的量的防卫过当。理由是,在这种情况下,已经存在着一个针对不法攻击的紧急防卫的许可,相反地,过早的量的防卫过当的场合,尚没有紧急防卫的情形,也就不存在紧急防卫的许可。当然,在过迟的量的防卫过当的场合,必须存在时间上的直接联系,能够使人们可以将防卫行为及其后续部分自然地看成一个整体的事实发生过程。⑤ 按照这种观点,在过早的量的防卫过当的场合,即便"防卫人有所谓的防卫意思",但是不能被认为属于正当防卫中所关注的防卫意思。而过迟的量的防卫过当的场合,则防卫意思是贯穿始终的。

在日本,对于过迟的量的防卫过当,主要有四个代表性案例。

---

① [德]克劳斯·罗克辛:《德国刑法学总论》(第 1 卷),王世洲译,法律出版社 2005 年版,第 662 页。

② 同上。

③ 同上。

④ [德]乌尔斯·金德霍伊泽尔:《刑法总论教科书》,蔡桂生译,北京大学出版社 2015 年版,第 238 页。

⑤ 同上。

案例一［最判昭和 34 年（1959 年）2 月 5 日刑集 13 卷 1 号 1 页］：A 与 B 打架，X 调解。A 不满，在当晚 9 时许持修建屋顶用的大剪刀进入 X 家，用剪刀尖抵住 X，恐吓 X。X 后退中拿起柴刀，对 A 左头部砍了一下。A 倒地，手中剪刀掉落。X 出于恐惧、惊愕、激愤、狼狈而在 A 的头部、手腕等部位砍了三四下。A 终因头部创伤和大脑损伤而死亡。对此，日本最高法院认为原审法院的判断是正确的，认定："本案被告人的一系列行为，作为全体，按照当时的情况，并非刑法第 36 条第 1 款的'出于不得已之行为'，而是'第 2 款超出防卫程度'的行为"，整体上该当于防卫过当。① 这是在判决中首次承认了量的防卫过当。② 对于量的过当，该判决采用了一体评价，正面承认该案属于适用第 36 条第 2 款防卫过当的情形。

案例二［最判平成 9 年（1997 年）6 月 16 日刑集 51 卷 5 号 435 页］：在现代化住宅二楼廊道上，S（56 岁）突然用铁锹攻击被告人，两人撕打在一起。被告人夺下铁锹殴打 S（第一个暴行）。S 夺回铁锹欲反击，被告人逃脱。被告人转身看见 S 手持铁锹、上半身探到了扶手外，便返回掀起 S 的左脚，致 S 从 4 米高处跌落，受到重伤（第二个暴行）。原审判决肯定了一审判决的观点，认为 S 处于上半身探到外侧的状态，不易恢复到原来的姿势，在这一时点，急迫不正的侵害已经结束。同时，防卫意思也消失了。因此，被告人的行为既不构成正当防卫也不构成防卫过当。相反地，最高法院认为："能够承认，S 有可能很快恢复直立的姿势之后追上被告人，再度进行攻击"，因此，急迫不正的侵害仍在继续，从而肯定了防卫意思。在此基础上，最高法院指出，一方面，S 在上半身探到扶手外的时点，不得不说，攻击力会有相当程度地减弱。但另一方面，被告人对 S 实施的暴行中，只要掀起一只脚致使其从大约 4 米高处跌落到混凝土路面上的行为稍有差池，S 死亡的结果就可能发生。综合来看，必须说，包括用铁锹殴打被害人头部的暴力、使被害人从二楼摔下的行为这两个行为在内，这一连串暴行作为一个整体，是针对 S 实施的急迫不正侵害，是为了防卫自己的生命和身体所实施的，但是，超过了为防卫不得已的程度，

---

① ［日］西田典之、山口厚、佐伯仁志：《判例刑法总论》，有斐阁 2009 年版，第 197 页。
② ［日］佐伯仁志：《刑法总论的思之道·乐之道》，于佳佳译，中国政法大学出版社 2017 年版，第 140 页。

构成防卫过当。① 对于这个判例，存在究竟是质的防卫过当还是量的防卫过当的争议②，但是，从一审法院和原审法院的理由来看，应该是量的防卫过当，并且采取了分别判断的方法，认定既不构成正当防卫也不构成防卫过当，当然也就否定了防卫意思。而从最高法院的理由来看，并没有否认侵害行为的结束，因此，其看法是质的防卫过当。但是，有意思的是最高法院同时也承认在 S 上半身已经探到扶手外边，攻击力有相当程度的减弱，这的确有点"打着左转向，但同时有向右看的意思"——既认为本案属于质的防卫过当，又向量的防卫过当"抛媚眼"。

案例三 ［最决平成 20 年 6 月 25 日刑集 62 卷 6 号 1859 页］：被告人遭 B 殴打后，打了 B 的脸（第一暴行）。B 后脑着地，失去意识，不能动弹。被告人完全认识到了上述情况，却过于激愤，用脚踢 B 的腹部，施加暴行（第二暴行）。第二暴行导致 B 肋骨骨折。B 此后因头盖骨骨折引发的视网膜下出血死亡，该伤害是由第一暴行造成的。最高法院认为，受到第一个暴行，B 倒地后已不可能进一步对被告人实施侵害行为了，被告人在对这种情况有了认识，却完全基于攻击意思而实施了第二暴行。因此，第二暴行明显不满足正当防卫的要件。并且，两个暴行虽然在时空上连续，但在 B 侵害之继续和被告人防卫意思之有无这两点上，性质明显不同：被告人对处于无抵抗状态的 B，实施了相当激烈的第二暴行。鉴于此，应该说两个暴行中间断开了，而不再是量的过当的反击。将两个行为作为全体来考察，认为是一个防卫过当则是不相当的。因此，第一暴行构成正当防卫，第二暴行该当故意伤害罪。③ 本案尽管坚持一体评价，但是对于一体评价的标准进行了界分。无论如何，对于那些明显违反规范的故意行为，不能与正当防卫行为混为一谈，是该案例的贡献。而本案特征在于，被告人的第一暴行已使得 B 的攻击归于结束，被告人虽明确地认识到了这一点，仍继续实施了第二暴行。在此类情形下，可以说，缺少了作

---

① ［日］西田典之、山口厚、佐伯仁志：《判例刑法総論》，有斐閣 2009 年版，第 162—163 页。

② ［日］佐伯仁志：《刑法总论的思之道・乐之道》，于佳佳译，中国政法大学出版社 2017 年版，第 137 页。

③ ［日］西田典之、山口厚、佐伯仁志：《判例刑法総論》，有斐閣 2009 年版，第 198—200 页。

为过当防卫之主观要件的防卫意思。

案例四［最决平成21年（2009年）2月24日刑集63卷2号1页］：在拘留所的房间内，被告人与A发生口角。A将折叠桌推向被告人。被告人反击，将折叠椅推向A，致A受伤（第一暴行）。A被折叠椅撞倒，很难再实施反击与抵抗。被告人又用拳头多次殴打A的脸部（第二暴行）。A受伤，需三周治愈。原审将第一暴行和第二暴行作为全体，评价为一个防卫过当行为，认定被告人构成故意伤害罪。辩护律师认为，本案的伤害是由第一暴行造成，而第一暴行没有违法性。因此，即使第二个暴力超过了相当性范围，防卫过当也不成立故意伤害罪，而是暴行罪。最高法院认为，本案被告人对A施加的是针对急迫不正侵害的一连串、一体性的暴力，这是基于同一个防卫意思的一个行为，作为全体考察，就是一个防卫过当，成立故意伤害罪。辩方指出的情况作为对被告人有利的情况来考虑就足够了。① 事实上，本案是否被作为量的防卫过当来考虑，并不明确。原审法院在认定本案时认为第二暴行当时，仍然存在紧迫的不法侵害。② 律师对此作了切割处理，从有利于被告人的角度提出了本案构成暴行罪的主张。而最高法院则采取了一体性评价。

由以上几个判例可见，在过迟的量的防卫过当的场合，对防卫行为进行整体把握，这已经成为日本实务部门的一般倾向。判例在"防卫行为"一体性时采用的标准，是基于以下几个方面考虑的：第一，一连串的行为是否基于同一个防卫意思；第二，该一连串、一体性的行为，"在规范上是一个行为"；第三，即便在时间上、空间上是连续的，但是，也有可能不是过迟的量的防卫过当。由此可见，在日本司法实务中，对于防卫意思之有无，还是给予了高度的关注。

而在理论界，与判例相辅相成，学者对于量的防卫过当的讨论，多见于对过迟的量的防卫过当，对于过早的量的防卫过当，则更多地作为防御性紧急避险问题③或者有无紧迫性的问题④来进行讨论的，基本上不会涉及防卫意思的问题。对于过迟的量的防卫过当，则主要有一体评价说与分

---

① ［日］西田典之：《刑法总论》，弘文堂2010年版，第180—181页。
② 同上书，第181页。
③ ［日］山口厚：《刑法总论》，有斐阁2007年版，第146页。
④ ［日］西田典之：《刑法总论》，弘文堂2010年版，第161页。

别评价说的争论。一体评价说认为，如果将前后行为分别考虑，则前半部分行为属于正当防卫，后半部分行为属于暴行罪，对此综合全盘考虑，就是防卫过当。① 同时，原本对于量的过当，之所以采取整体性评价，出发点就在于有利于行为人。也就是，对于趁势继续追击的，认定成立完全的犯罪，对行为人也过于残酷，这样，通过承认就整体行为成立防卫过当，给予被告人以减免刑罚的可能性。② 这样的话，量的防卫过当的场合，就能够认定存在防卫的意思。相反地，分别评价说认为，在量的防卫过当中，不属于防卫过当。③ 在不法攻击人被有效制止或者不法攻击已经停止下来，就不存在紧迫的不法侵害的前提，因此，此后的行为不再是针对不法侵害的防卫行为，应该将前面制止不法侵害的行为与此后实施的行为分别评价，这样，后面的行为可能不会被评价为具有防卫的意思。面对这种争论，有学者也试图进行调和。如果侵害当时第一暴行与侵害结束之后的第二暴行存在主观连续性和客观行为样态连续性的话，就可以进行一体评价，认定成立防卫过当。但是，如果全体性评价会在处断刑上造成不利，就可以分别评价，认定第二暴行成立犯罪（实际限于那些由第一暴行引起了重大结果的案件）。反之，在两个暴力存在很大分离的场合，鉴于原本就没有进行一体评价的基础，因此，从一开始就应分别评价二者。④ 这样的话，在量的防卫过当的场合，根据情况，有认定存在防卫意思的余地。

（2）我国的案例

在我国司法实务中，对于过早的量的防卫过当，会否定防卫意思。而对诸如过迟的量的防卫过当，有肯定防卫意思但认定防卫过当的判例（多为故意犯罪），也有否定防卫意思的判例。

过早的量的防卫过当，不是防卫过当，否定防卫意思的案例，如"张某故意伤害案"。本案案情是：2016年6月26日1时34分许，被告

---

① ［日］淺田和茂：《刑法総論》，成文堂2007年版，第236页。

② ［日］桥爪隆：《刑法总论之困惑（二）》，王昭武译，《苏州大学学报》（法学版）2015年第2期。

③ ［日］橘田久：《量の過剰防衛》，《刑事法ジャーナル》2009年第16号，第26页。

④ ［日］桥爪隆：《刑法总论之困惑（二）》，王昭武译，《苏州大学学报》（法学版）2015年第2期。

人张某与朋友张某1二人酒后在浣溪沙宾馆一楼大厅东侧沙发区聊天时，被害人张某4酒后与朋友李某1从浣溪沙宾馆211房间下楼，途经一楼大厅时，张某4误认为张某叫其，二人发生口角，后被朋友拉开。当张某4走到浣溪沙大门口后感觉吃亏，遂又叫两个朋友返回大厅欲讨要说法，张某4刚行至大厅东侧沙发区时，张某即上前朝张某4面部猛击一拳，致其倒地，张某随即逃离现场，后张某4经抢救无效死亡。经法医鉴定：张某4系枕部与较大面积物体（如地面等）作用致严重颅脑损伤而死亡。法院认为，本案被害人张某4虽折回欲再次找张某事，当其走向被告人，还没有对张某采取任何不法侵害的情况下，张某即主动上前挥拳殴打被害人，且根据视频可知，张某所在的沙发区域，并不是完全封闭状态，张某有其他路线可以出来，因此张某的行为属于事前防卫，不符合防卫过当的构成要件。①

过迟的量的防卫过当按照防卫过当定性，有防卫意思的案例，如"谭某某故意伤害致死案"。本案案情是：被害人陆某龙与被告人谭某某的姐姐谭某群（身怀有孕，已临产）系夫妻关系。2013年1月29日21时许，谭某群、陆某龙夫妻二人在谭某昌（另案处理）家因琐事发生争执。此时，被告人谭某某听到争吵赶来后看到被害人陆某龙手中拿着一根四角木板凳正在打击谭某群，谭某群躺倒在地头部出血。见状后，被告人谭某某立即呼喊其父亲即同案人谭某昌。其间，被害人陆某龙用木板凳将被告人谭某某头部砸伤。同案人谭某昌听到呼救声后立即赶到事发地，看到被害人陆某龙正持木板凳对谭某群头部实施打击，便将被害人陆某龙推倒，随手拿起另一根木板凳朝被害人陆某龙的腰部、头部进行打击。被害人陆某龙倒地后，被告人谭某某及同案人谭某昌又分别用木板凳对被害人头部实施打击，被害人陆某龙被打击后起身自行离开。2013年1月31日被害人陆某龙的尸体在山坡上被村民发现。经平塘县公安局法医学尸体检验鉴定，推断被害人陆某龙的死亡时间为2013年1月29日23时至2013年1月30日1时左右，被害人陆某龙系被钝器打击头部致颅脑损伤死亡。一审法院认为，被告人谭某某在本人及其姐姐被被害人陆某龙实施不法侵

---

① 参见中国裁判文书网：http://wenshu.court.gov.cn/content/content?DocID=4285ee9c-2a8b-4c08-9a1d-a747009c6ce6&KeyWord=%E4%BA%8B%E5%89%8D%E9%98%B2%E5%8D%AB，最后访问日期：2018年9月28日。

害时,义愤之下对被害人实施打击,系防卫行为,但在同案人谭某昌将被害人陆某龙推倒在地后,被害人已停止了对谭某群及自己的不法侵害的行为,但被告人谭某某仍与同案人谭某昌持木板凳对被害人实施打击,导致被害人死亡的结果。被告人谭某某的防卫行为明显已超过必要限度,系防卫过当,应当以故意伤害(致人死亡)罪追究其刑事责任。① 对于被告人的上诉,二审法院认为"案发当日,上诉人谭某昌看见自己的二女儿正在被被害人陆某龙实施不法侵害,出于义愤对被害人实施打击,属正当防卫。但上诉人谭某昌的行为造成被害人陆某龙死亡的严重后果,明显超过必要限度,应认定为防卫过当"②。

过迟的量的防卫过当没有认定防卫过当,而认为属于被害人过错,否定防卫意思的案例,如"汤某某故意杀人案"。本案案情是:被告人汤某某与被害人杨某某(殁年39岁)系夫妻。杨某某经常酗酒且酒后无故打骂汤某某。2002年4月15日17时许,杨某某醉酒后吵骂着进家,把几块木板放到同院居住的杨某洪、杨某春父子家的墙脚处。为此,杨某春和杨某某发生争执、拉扯。汤某某见状上前劝阻,杨某某即用手中的木棍追打汤某某。汤某某随手从柴堆上拿起一块柴,击打杨某某头部左侧,致杨某某倒地。杨某洪劝阻汤某某不要再打杨某某。汤某某因惧怕杨某某站起来后殴打自己,仍继续用柴块击打杨某某头部数下,致杨某某因钝器打击头部颅脑损伤死亡。案发后,村民由于同情汤某某,劝其不要投案,并帮助掩埋了杨某某的尸体。法院认为,被告人汤某某故意非法剥夺他人生命的行为已构成故意杀人罪。被害人杨某某因琐事与邻居发生争执和拉扯,因汤某某上前劝阻,杨某某即持木棍追打汤某某。汤某某持柴块将杨某某打倒在地后,不顾邻居劝阻,继续击打杨某某头部致其死亡,后果严重,应依法惩处。鉴于杨某某经常酒后实施家庭暴力,无故殴打汤某某,具有重大过错;汤某某在案发后能如实供述犯罪事实,认罪态度好;当地群众请

---

① 参见中国裁判文书网:http://wenshu.court.gov.cn/content/content? DocID = 601c6017-0112-4a25-b1cd-fac11457a766&KeyWord = %E6%AD%A3%E5%BD%93%E9%98%B2%E5%8D%AB%7C%E8%B0%AD%E6%9F%90%E6%9F%90,最后访问日期:2018年9月28日。

② 参见中国裁判文书网:http://wenshu.court.gov.cn/content/content? DocID = 04801a7a-611c-4c5c-a783-345d06179441&KeyWord = %E6%AD%A3%E5%BD%93%E9%98%B2%E5%8D%AB%7C%E8%B0%AD%E6%9F%90%E6%9F%90,最后访问日期:2018年9月28日。

求对汤某某从轻处罚。综上，对汤某某可酌情从轻处罚。据此，云南省施甸县人民法院依法以故意杀人罪判处被告人汤某某有期徒刑十年。①

（3）过迟的量的防卫过当：一体评价说的理由

学界对于过早的量的防卫过当，通说是以防卫不适时（提前防卫）为由，否定成立正当防卫，而是一种"先下手为强"的故意犯罪。② 这样的话，当然也就不存在防卫意思。而对于过迟的量的防卫过当，通说认为这可能是事后防卫或者延长防卫。事后防卫已经不具备正当防卫的实际条件，也不能避免合法权益的损害，所以不是正当防卫，这种场合，当然没有防卫意思。而延长防卫是客观的不法侵害已经不复存在（被制止或者停止），防卫人主观上认为依然存在不法侵害，这属于假想防卫，按照假想防卫的原理处理。③ 如此看来，过迟的量的防卫过当，有认定防卫意思的余地。有力观点认为，通说将过早的量的防卫过当一概认定为故意犯罪有欠妥当，对此可能有三种情况：故意犯罪、过失犯罪和意外事件。④ 故意犯罪可能没有防卫意思，但是，在过失犯罪与意外事件的场合，有可能存在防卫意思。而过迟的量的防卫过当不属于防卫不适时。因为不法侵害期间的防卫行为与不法侵害结束后的行为属于一体化，"对于在不法侵害结束后的短暂时间内持续实施防卫行为，可谓人之常情，法律不能对防卫人提出苛刻的要求……所以……不应认定为独立的犯罪，充其量只能认定为防卫过当（量的过当）"⑤。从对于过迟的量的防卫过当的表述来看，不难得出，这种观点是一种一体评价的立场，因此，能够认定存在防卫意思。另有学者也持这种看法。⑥

---

① 《最高人民法院公布十起涉家庭暴力典型案例之八：汤翠连故意杀人案——经常遭受家暴致死丈夫获刑》，北大法宝网：http：//www.pkulaw.cn/case/pfnl_a25051f3312b07f38d9d6fedd-aaa5bbb5baf37c0404f9d5dbdfb.html?keywords=%E6%B1%A4%E7%BF%A0%E8%BF%9E&match=Exact&tiao=1，最后访问日期：2018年9月28日。

② 高铭暄、马克昌主编：《刑法学》，北京大学出版社、高等教育出版社2017年版，第134页。马克昌主编：《犯罪通论》，武汉大学出版社1999年版，第735页。

③ 马克昌主编：《犯罪通论》，武汉大学出版社1999年版。

④ 张明楷：《刑法学》，法律出版社2016年版，第203—204页。

⑤ 同上书，第204页。

⑥ 尹子文：《论量的防卫过当与〈刑法〉第20条第2款的扩展适用》，载陈兴良主编《刑事法评论》（第40卷），北京大学出版社2017年版，第495—513页。

这里的问题是，过迟的量的防卫过当的场合，为什么复数行为能够作为一个行为来进行评价？尤其是第一暴行是正当防卫的情况下，问题会更为突出。比如前述日本案例四，最高法院认为，第一暴行与第二暴行作为一个行为来处理，第一暴行构成正当防卫这个情节在量刑中考虑即可。但是，此结论受到了强烈的批评。山口厚教授认为，第一暴行本来属于正当防卫，应该是不可罚的，当然应当在整体实事之中予以排除，而仅就第二暴行肯定暴行罪的防卫过当。如果无法证明究竟是哪一个暴力造成了严重结果，就应当不再追究刑事责任。① 对此，在日本，还有一种有力观点反对像判例那样进行全体评价，而直接否定了量的防卫过当。②

因此，问题的症结似乎就在于，如果要承认量的防卫过当，"防卫情形"的继续是必要的，就应该承认一体评价。但是，问题在于，应该在什么样的情况下承认一体评价？

第一，首先可以想到的是犯罪论体系上的理由。阶层犯罪论体系下，在进行犯罪判断时，首先需要存在犯罪行为，因为"无行为则无犯罪"。日本永井敏雄法官认为，"关于人实施的行为，判断构成要件该当性和违法性阻却事由有无时，首先应该确定成为判断对象的'一个行为'的内容，确定之后，应该就这'一个行为'全体，判断构成要件该当性和违法阻却事由有无等"③。"如果考虑方法是，判断构成要件该当性和违法性阻却事由有无时，首先确定成为判断对象的'一个行为'的内容，那么，让已决定的'一个行为'这种视角发生动摇、之后将其分割则与理不符，因此，当然应该贯彻全体评价。"④ 因此，"对于短时间内连续性地推进、在社会生活上作为一个片段存在的事态，采用全体评价的方法是相当的"⑤。而为了防止出现量刑上的不均衡，就有必要防止分别评价。⑥ 如前述日本案例三，如果完全以攻击意思实施第二暴行，并将第一暴行与第二

---

① ［日］山口厚：《刑法总论》，付立庆译，中国人民大学出版社2018年版，第142页。
② ［日］橘田久：《量の過剰防衛》，《刑事法ジャーナル》2009年第16号，第26页。
③ ［日］佐伯仁志：《刑法总论的思之道·乐之道》，于佳佳译，中国政法大学出版社2017年版，第144页。
④ 同上。
⑤ 同上。
⑥ 同上。

暴行分开来评价，只成立故意伤害罪；相反地，如果以防卫意思实施第二暴行，作为一体来评价，就是防卫过当，成立故意伤害致死罪。这样一来，犯罪情节轻的反而成立重罪，这的确令人难以接受。永井法官的观点对之后的讨论产生了巨大影响。

但是，正如所言，这种体系上的理由，存在无视体系顺序的问题。在防卫过当的判断中，首先需要考虑是否存在急迫不正侵害、防卫意思等违法性阻却事由的要件之后，再来看是否存在过当的问题，而不是一上来就作为"一个行为"做出一体评价。"如果在之后把作为'一个行为'的行为分割与理不符，那么考虑到重大结果是由'正当防卫性的行为'造成的，只要一开始分割评价就可以了。"① 事实上，一体评价这样的考虑是把违法性判断的结论作为前提的。

并且，在共同犯罪中，一体评价会出现难以自圆其说的局面。比如日本最高法院有这样一个判例：被告人与朋友 A、B、C、D 等人闲聊时，醉酒的路人 I 突然冲过来拉拽 D 女的头发，为了让 I 放手，A 与 B 等四人对 I 实施暴力（反击行为），踢打 I 的脸部和身体。被告人也用脚在 I 的肋部、肩部踢了两脚。在 I 放手之后，被告人等四人继续追打，致 I 摔倒（追击行为），I 因头部撞在水泥地上，造成头盖骨骨折的重伤。当时在场的被告人并未制止 A 等人的追打行为。对此，日本最高法院认为，多人共同以暴行针对对方的侵害进行正当防卫。当对方的侵害结束后，仍有一部分人继续实施暴行。在这种情况下，探讨没有继续实施暴行者是否构成正当防卫时，就应当区分侵害进行中和侵害结束后。侵害进行中的暴行是正当防卫的情况下，对于侵害结束后的暴行，应该探讨的不是侵害进行中作为防卫行为来评价的暴行，是否从实施此暴行的共同犯意中脱离出来了，而是是否存在新的共谋。如果有新的共谋，则应该对于侵害进行中和侵害结束后的所有暴行进行一体考察。由于被告人没有存在共谋，判决认定被告人无罪，而非防卫过当。② 对此，永井敏雄法官认为，最高法院的判决，只适用于处理共同犯罪案件，不能因此就否定了此前判决中关于单

---

① ［日］佐伯仁志：《刑法总论的思之道·乐之道》，于佳佳译，中国政法大学出版社 2017 年版，第 145 页。

② ［日］西田典之、山口厚、佐伯仁志：《判例刑法総論》，有斐閣 2009 年版，第 453—457 页。

独犯罪所提出的一体评价的方法。① 但是，尽管如同永井法官那样做出了辩护，事实上，还是没有回答为什么在共同犯罪中要分别评价，而在单独犯罪中要一体评价。

　　第二，可能是因为证明上的理由。如果采取分别评价，在无法证明重大结果是哪一个行为造成的场合，就会出现无法归责的情况。而一体评价就能够体现出证明上的便利。

　　但是，以证明上的便利为由，来论证一体评价的合理性，是犯了本末倒置的毛病。事实上，"只有在作为'一个行为'处理道理上说得通的情况下，才能够承认此功能；而不是因为此功能，所以作为'一个行为'道理上说得通"②。此外，为什么在出现重大结果的时候，一定要归责呢？事实上，即便一体评价的观点，也是没有贯彻到底。为了避免出现量刑上的不均衡，松田俊哉法官对前述日本案例四做出了以下解释，本案即使罪名是伤害致死罪，在量刑时，应该只就第二暴行追究刑事责任。这样，"正当防卫性的行为"在量刑上与正当防卫行为同样处理。并且，在无法确定结果是由第一暴行还是第二暴行造成之时，应该根据"存疑有利被告"的原则，按照第一暴行来处理。这种做法，已经也与分别评价相同了。③ 当然，该结论是妥当的，但是，为什么一定要承认故意伤害致死罪的成立呢？如果在量刑意见上指示法官，虽然故意伤害致死罪成立，但量刑时请无视致死这一点，这岂不怪哉？"如果认为只要在量刑判断中能够应对，罪名是什么都没有关系，那么，刑法解释论就几乎变得没有任何意义（果真如此的话，吾等学人也就没有立身之所了）。"④ 正如所言，"在量刑中，这样的行为是合法的，必须被置于考虑之外。'虽然合法却违法，虽然违法却合法'这种说法是过于难懂了"⑤。

　　面对针对一体评价理论的攻击，日本学者桥爪隆将一体评价说进行了

---

　　① ［日］佐伯仁志：《刑法总论的思之道·乐之道》，于佳佳译，中国政法大学出版社 2017 年版，第 146 页。

　　② 同上。

　　③ 同上。

　　④ ［日］桥爪隆：《刑法总论之困惑（二）》，王昭武译，《苏州大学学报》（法学版）2015 年第 2 期。

　　⑤ ［日］佐伯仁志：《刑法总论的思之道·乐之道》，于佳佳译，中国政法大学出版社 2017 年版，第 148 页。

修正，如果能够认定第一暴行与第二暴行之间存在主观上的连续性、客观上的行为样态的连续性的话，就可以作一体评价，认定成立防卫过当。但如果一体评价会在处断刑上对行为人不利，就可以分别评价，就第二暴行认定成立完全的犯罪（实际限于那些由第一暴行引起了重大结果的案件）。反之，如果两个暴力之间存在很大分离，原本就不存在一体评价的基础，因而起始就应分别评价。①

但是，已经被正当化了的行为却根据事后的情况又被评价为违法，这是不恰当的。被正当化的行为既然与发生的重大结果没有关系，就应当从犯罪认定中排除出去。桥爪隆的观点，过于取巧了。②

（4）过迟的量的防卫过当：综合评价

综上所述，对于过迟的量的防卫过当，一体评价说的确存在问题。原则上来说，从禁止权利滥用、正当防卫的适当性和必要性出发，分别评价说具有相当的合理性。但是，必须要指出的是，现今理论上所谓的一体评价与分别评价的对立，更多具备形式意义，而没有触及问题的核心。这里依然要回到问题的原点，对一个行为是否为犯罪的评价，必须结合犯罪的本质进行，注重故意犯罪与过失犯罪存在本质性不同。

犯罪是违反行为规范，有法益侵害导向性的行为。③ 规范违反说认为，不法就是在一种可避免的行为中表现出的对法规范的不尊重、轻视或者忽视，不法是对法规范的否认，是宣称法规范对自己的无效力。④ 人是社会性动物，个人不能离开社会、群体而独立生活。按照雅科布斯教授的观点，当一群互不相关的个体变成一个群体、一个社会，并且为了支撑群体、社会的存续成为个体的义务之时，就产生了规范。因此，社会与行为规范紧密相连，有社会就有规范，规范的存在，使得社会变得更有意义。⑤ 刑法规范是行为规范与裁判规范的统一体。就一般公众而言，刑法

---

① ［日］桥爪隆：《刑法总论之困惑（二）》，王昭武译，《苏州大学学报》（法学版）2015年第2期。

② ［日］佐伯仁志：《刑法总论的思之道·乐之道》，于佳佳译，中国政法大学出版社2017年版，第147页。

③ 周光权：《行为无价值论的中国展开》，法律出版社2015年版，第26页。

④ 冯军：《刑法教义学的立场和方法》，《中外法学》2014年第1期。

⑤ ［德］京特·雅科布斯：《规范·人格体·社会——法哲学前思》，冯军译，法律出版社2001年版，第16—62页。

规范首先是行为规范,这是因为哪些行为是被禁止的,哪些行为是法规范命令人们必须做的,都由刑法规范来予以引导,从而,规范界定行为性质,形塑个人,约束个人举止。显然,刑事违法,自然就意味着对行为规范的违反。主观要素能够揭示客观行为究竟如何偏离行为规范以及偏离了哪一个行为规范。但是对于规范的违反,故意与过失有所不同。"行为人违反法规范中包含的侵害禁止的意思越强烈,一般而言对法益的危险性也就越大。"① 故意作为心理上的事实,是在对属于构成要件的所有客观方面行为情形都有认识的情况下,所具有的实现某个构成要件的意志。② 故意反映了行为人从作为行为基准的规范中脱离的强度,体现出对规范的蔑视或者轻视。"故意犯是明显违背行为准则的行为。"③ 而过失是行为人违反义务,松懈了在生活交往中所要求的谨慎义务,而非意愿地实现了法定构成要件。④ 过失更多地体现出对规范的忽视。如果说故意是对规范的刻意或者有意违反的话,那么,过失就是对规范的无意误犯而已。

  如此看来,质的防卫过当的场合,由于防卫意思不能评价为犯罪意识,不能说防卫者的防卫行为本身是对规范的刻意或者有意地违反,也不能承认行为人有(责任意义上的)故意,不能因此非难实施了此行为的行为人,而是从规范评价上来看,防卫人应当认识到或者有可能认识到自己的行为有可能会违反行为规范,因此,对于超过法律要求的所谓"明显超过必要限度造成重大损害的"结果,防卫人处于过失心态。换言之,在防卫过当中,行为人的心态无非是出于两种:一是防卫者应当预见自己的行为可能会超过必要限度,而发生相应的结果,但是因为疏忽大意而没有预见,以致发生这种结果;一是防卫者已经预见自己的行为可能会超过必要限度,而发生相应的结果,但是轻信能够避免,以致发生了这种结果。⑤

---

① [德]汉斯·海因里希·耶塞克、托马斯·魏根特:《德国刑法教科书》(上),徐久生译,中国法制出版社2017年版,第326页。
② [德]约翰内斯·韦塞尔斯:《德国刑法总论》,李昌珂译,法律出版社2008年版,第120页。
③ 周光权:《行为无价值论的中国展开》,法律出版社2015年版,第27页。
④ [德]约翰内斯·韦塞尔斯:《德国刑法总论》,李昌珂译,法律出版社2008年版,第388页。
⑤ 周光权:《刑法总论》,中国人民大学出版社2016年版,第210页。

在过早的量的防卫过当的场合，尽管存在所谓的防卫意思，但是，鉴于并不存在正在进行的不法侵害，原则上，该防卫意思与针对客观存在的正在进行的不法侵害而具有的反击意思并不相同，不能做等同评价，因此，应当将之理解为针对并不具有紧迫性侵害的攻击意思，这种违反规范的形式当然不能评价为无意误犯，因此，结论就是，在过早的量的防卫过当的场合，行为人是故意犯罪，没有正当防卫意思。因为，"如果侵害尚未开始，则无个人利益受侵害，因此防卫将成为对未来侵害的预防措施，惟对未来犯罪的预防应属国家的任务，个人以攻击或侵害他人法益的方式预防犯罪，并非法律秩序所允许"①。除非下列场合，过早的量的防卫过当中，可被认为存在防卫意思，从而认定存在防卫过当，防卫人属于过失犯罪。也就是，在当下看，的确没有紧迫的不法侵害，但是，从有效防卫理论（Theorie der wirksamsten Abwehr）的角度来看，不法侵害行为即便没有实施，客观上还是存在着与侵害即将发生的一种密切关系，而且在当时具体场合下，除了提前实施防卫行为，根本再无其他应对措施。一旦将来出现不法攻击，将使正当防卫变得不可能，或形成重大的困难，使无辜者陷入一个更大的风险之中，可能出现在根本上无法防止无辜者利益受损的情形。

在过迟的量的防卫过当的场合，在制服不法攻击人的同时，当然一并具有与之对应的防卫意思。但是，在不法侵害被有效制止后，"过去的事实在过去确定了，不再变了"，此后再无不法侵害，所谓的"正对不正"的防卫意思就失去了存在的前提，此时依然认为存在防卫意思，无非就是将"正的道德评价"贯彻自"不法侵害行为开始"到"不法侵害行为被有效制止"，再到"防卫人继续实施第二、第三……暴力"，最终直至防卫人所有行为实施完毕而已。尤其是某种符合《刑法》第20条第3款的规定，可被认定为无限防卫的场合，似乎更应该是一体评价了。但是，即便存在无限防卫的前提，如果作为该前提的"行凶、杀人、抢劫、强奸、绑架以及其他严重危及人身安全的暴力犯罪"已被有效制止或者不法侵害人已经丧失了继续攻击的能力，换句话说，此时客观上并不存在本款规定的"正在进行"的要件之时，是否依然还需要认为存在防卫意思，并

---

① 王皇玉：《正当防卫的始点》，《月旦法学教室》2011年第7期。

一以贯之呢？

　　车浩教授认为，在防卫的场合，侵害人一旦实施不法侵害时，就意味着他已经基于自我决定，违反了法秩序要求的"不得侵害他人"的义务，由此进入一个可识别和能预料的规范设定的遭遇防卫反击的风险之中。由此而产生的后果，由侵害人自我答责。如果属于"行凶、杀人、抢劫、强奸、绑架以及其他严重危及人身安全的暴力犯罪"的话，就意味着侵害人自愿签订了一份被反击致死的同意书。而遭受侵害者的防卫不是基于自由意志的主动选择，而是被动的，为了保护自己的利益不得不应战。这与拳击比赛规则明显不同，不能按照比赛规则去认定防卫，而应当适用战争规则。正当防卫的本质，不是公平竞技，而是正对不正；不是拳击比赛，而是抗击侵略。防卫人只有让对方丧失侵害能力或者明确表达放弃侵害的意图，才能做到自保，才能避免自己陷入难以预料的加重侵害和反复侵害之中。在此之前，他都应当被允许因为"不法侵害正在进行"而持续防卫。尽管没有明确表示过迟的量的防卫过当是否应当一体评价，但是车浩教授认为："如果按照比赛规则去认定防卫，就会导向一个完全不可欲的结果。因为侵害本来就是由侵害人发起，由他的意志支配，如果过早裁定侵害停止，要求防卫人放弃防卫，但侵害人再度发动侵害的话，此时，法律能赶到现场吹哨喊停吗？如果防卫人因为放弃防卫而失去了局面优势，结果在侵害人背信弃义地转身再度侵害时遇难，此时，法律能为死者颁发一个'Fair Play'的体育精神勋章吗？"① 从这种表述来看，车浩教授似乎倾向于赞同一体评价。

　　司法实践中对于正当防卫成立的认定，"法院往往倾向于将防卫权的享有者限定在对侵害的发生毫无道德瑕疵的绝对无辜者之上"②，对于这种道德洁癖需要予以足够的警惕。更为重要的是，不能因为起先存在无道德瑕疵的防卫行为，就进而将这种道德上的"善"一以贯之，无限应用于过迟的量的防卫过当。所以，即便"适用战争规则"，也应当遵守"战争法则"，在对方放弃抵抗或者被制服，也不能穷追猛打，而是"缴枪不杀"，否则，将是退回到"丛林法则"了，并不符合理性的人类世界的正

---

① 车浩：《昆山启示录：正当防卫是抗击侵略不是拳击赛》，载陈兴良主编《刑事法判解》（第19卷），人民法院出版社2019年版，第217页。
② 陈璇：《克服正当防卫判断中的"道德洁癖"》，《清华法学》2016年第2期。

义与秩序。因此，权利的过度行使，道德式的过度评断，也可能会牺牲个案的法上的正义。"无论如何，不能为了一个好的社会目的而牺牲个案正义。牺牲个案正义的社会，终究不是公正的社会"① 的告诫需要引起高度关注。尤其是对于那些极度藐视社会公德、挑战伦理道德底线的不法攻击者，在符合了《刑法》第 20 条第 3 款规定的无限防卫的前提条件下，如果其已经无力再行发动不法攻击，但是防卫者基于愤懑、厌恶等强烈的情绪和感情冲动"反杀"对方，一概进行一体性评价，并不妥当，"因为这种对强烈的感情冲动也无罪释放的做法，将导致一种自我司法（Selbstjustiz），而这在社会心理方面是极其危险的"②。

这样的话，对于过迟的量的防卫过当，第一暴行所伴随的防卫意思，并不能够当然及于不法攻击被制止或者终结之后的防卫人的继续攻击行为，"认识到侵害已终了的行为人，即欠缺防卫意思"③。当然，支持一体评价的观点可能会担心，如果分割第一暴力与第二暴力，就有可能变成无限度的个别评价。但是，这种从一个极端到另一个极端的想法并不妥当。诸如用右手和左手连续殴打对方的情况下，当然不应也不会分割成第一暴行和第二暴行来处理，左手或者右手的哪一个行为造成结果发生也并不重要。但是，第一暴行和第二暴行在具体情形和样态上变化很大的情况下，此时应该分割评价。④ 因为，在不法侵害者已被制服或者不法侵害已经终结了的情况下（第一暴行），防卫人本能够采取其他行为（有机会和充足的时间停止侵害或者要求公权力介入），但却继续攻击，防卫人违反行为规范、不尊重规范，对规范的蔑视或者轻视已经表露无遗，这种场合，应当分别评价，即承认第一暴行是正当防卫，第二暴行属于故意犯罪。

事实上，这种分别评价与一体评价所对应的那种僵化的、机械的分别评价是不同的，毋宁说，是一种综合考量了各种因素的综合评价。对此，

---

① 冯军：《感谢网友们辛苦"拍砖"，冯军的回应都在这里了》，"法律与生活杂志"公众号，2018 年 9 月 14 日。
② ［德］克劳斯·罗克辛：《德国刑法学总论》（第 1 卷），王世洲译，法律出版社 2005 年版，第 441 页。
③ ［日］山口厚：《刑法总论》，付立庆译，中国人民大学出版社 2018 年版，第 142—143 页。
④ ［日］佐伯仁志：《刑法总论的思之道·乐之道》，于佳佳译，中国政法大学出版社 2017 年版，第 146—147 页。

我国司法实务中也有相应的案例。比如"李某某等被控故意伤害案"。① 本案案情：2000年8月13日晚21时许，河南省淮阳县春蕾杂技团在甘肃省武威市下双乡文化广场进行商业演出。该乡村民徐某某、王某军、王某富等人不仅自己不买票欲强行入场，还强拉他人入场看表演，被在门口检票的被告人李某民阻拦。徐某某不满，挥拳击打李某民头部，致李某民倒地，王某富亦持石块击打李某民。被告人李某伟闻讯赶来，扯开徐某某、王某富，双方发生厮打。其后，徐某某、王某军分别从其他地方找来木棒、钢筋，与手拿鼓架子的被告人靳某某、李某领对打。当王某富手持菜刀再次冲进现场时，赶来的被告人李某某见状，即持"T"形钢管座腿，朝王某富头部猛击一下，致其倒地。王某富因伤势过重被送往医院抢救无效死亡。经法医鉴定，王某富系外伤性颅脑损伤，硬脑膜外出血死亡。徐某某在厮打中被致轻伤。

武威地区中级人民法院审理后认为：被告人李某某、李某民、李某伟、靳某某、李某领在遭被害人方滋扰引起厮打后，其行为不克制，持械故意伤害他人，致人死亡，后果严重。其行为均已构成故意伤害罪。公诉机关指控罪名成立。被告人李某某在共同犯罪中，行为积极主动，持械殴打致人死亡，系本案主犯，应从严惩处。被告人李某民、李某伟、靳某某、李某领在共同犯罪中，起辅助作用，系本案从犯。考虑被害人方在本案中应负相当的过错责任，对各被告人可减轻处罚。于是判决被告人李某某等五被告人构成故意伤害罪。

一审宣判后，各被告人均以其行为属于正当防卫，不应负刑事责任及民事责任为由，提出上诉。

甘肃省高级人民法院审理后认为，在本案中，被告人一方是经政府部门批准的合法演出单位。被害人一方既不买票，又强拉他人入场看表演。被告人李某民见状要求被害人等人在原来票价一半的基础上购票观看演出，又遭拒绝，并首先遭到徐某某的击打，引发事端。双方在互殴中，被害人持木棒、钢筋等物殴打上诉人。当王某富持菜刀冲进现场行凶时，被李某某用钢管座腿击打到头部，致其倒地。此后，李某某等人对王某富再

---

① 参见北大法宝：https://www.pkulaw.com/pfnl/a25051f3312b07f3727e4120141d837f73f0-61ef379ea57ebdfb.html?keyword=%E6%AD%A3%E5%BD%93%E9%98%B2%E5%8D%AB%20%20%E4%BA%92%E6%AE%B4，最后访问日期：2020年7月2日。

未施加伤害行为。王某富的死亡，系李某某的正当防卫行为所致。徐某某的轻伤系双方互殴中所致。本案中，被害人一方首先挑起事端，在实施不法侵害行为时，使用了凶器木棒、钢筋、菜刀等物，其所实施的不法侵害行为无论强度还是情节都甚为严重；并且在整个发案过程中，被害人一方始终未停止过不法侵害行为，五上诉人也始终处于被动、防御的地位。根据《刑法》第20条的规定，为了使国家、公共利益、本人或者他人的人身、财产和其他权利免受正在进行的不法侵害，而采取的制止不法侵害的行为，对不法侵害人造成损害的，属于正当防卫，不负刑事责任。同时，该条第3款规定了无过当防卫条款，即对正在进行行凶、杀人、抢劫、强奸、绑架以及其他严重危及人身安全的暴力犯罪，采取防卫行为，造成不法侵害人伤亡的，不属于防卫过当，不负刑事责任。其目的就是鼓励公民同违法犯罪行为做斗争，保护国家、公共利益、本人或者他人的人身、财产和其他合法权利不受侵害，五上诉人的行为符合上述规定，其主张正当防卫的上诉理由成立，予以采纳。于是判决撤销甘肃省武威地区中级人民法院（2001）武中刑初字第20号刑事附带民事判决。上诉人无罪。

（5）认定量的防卫过当时，要注意两个思维的不当影响

对于过迟的量的防卫过当进行评价时，除结合犯罪的本质、注重故意犯罪与过失犯罪不同之时，还要注意以下两个问题：第一，要克服量刑反制定罪的思维模式的影响；第二，要克服罪责反制不法。

首先，需要克服量刑反制定罪的思维模式影响。对于过迟的量的防卫过当，可能存在这样一种担忧，如果分别评价，那么，就会被认定为故意犯罪（尤其是在出现了"反杀"的场合），对行为人的刑罚处罚将会很严重。从情理上讲，没有必要如此，因此，还不如索性认定为防卫过当，由行为人直接享受减轻或者免除处罚的待遇。但是，这是一种量刑反制定罪的思考方法，其根本性的问题在于"以刑定罪"。高艳东教授认为，刑法的目的并非定罪，而是量刑，判断罪名只不过是为公正量刑服务而已。① 相反地，按照大陆法系刑法理论，往往是"先定性，再量刑"，量刑是在定性基础上展开的。这彰显出了大陆法系刑法理论固有的缺陷，重

---

① 高艳东：《量刑与定罪互动论：为了量刑公正可变换罪名》，《现代法学》2009年第5期。

定性、轻量刑，不会为了量刑公正而改变罪名；重视罪名的形式判断，忽视刑事责任的实质判断。如果根据犯罪成立条件得出的罪名会使得量刑明显过重，那么，为了服务于实现刑法的终极目的——公正量刑，罪名就可以让路于刑事责任，就可以为了公正量刑而适度变换罪名。①

高艳东教授关注实质上的量刑公正，值得肯定。但是，量刑反制定罪可能会导致分则罪名丧失定型性，同时，也可能会影响对案件事实的正确归纳，更为重要的是，还隐藏着违反罪刑法定原则的危险。②"将罪名及相应的犯罪构成视为可任意突破的形式上的手段，无疑大可商榷"③。量刑反制定罪这种实用主义的做法，"总体上这不是一个好的，甚至有可能是一个很糟的进路"④。这种类似于"自由法学"的解决问题的方法，脱离为刑法分则罪名所确立的构成要件，仅考虑"处罚妥当性"，就会丧失"正当性"，从而不实际地违背法律。因为，法律关注具体的应然规范，而"在现代的人民代表大会或者议会制民主体制下，完全不可能存在大体上违反自由、人类尊严和人道主义的法律，这种体制下的法律不可能是纯粹暴力的体现；相反，在民主的法治国家里经过法定程序制定的法律总是更多地体现了普遍的社会要求，法律是自由、公正、理性等人类最高价值的文字表达，大体上符合人类尊严和人道主义的要求。只要刑法是有效的，就应当服从刑法的权威，这是现代民主法治国家的当然要求。任何以刑法条文的内容不符合自然法、不符合正义或者脱离社会实际为由而否定刑法效力的做法，在现代的民主法治国家里，都不会具有正当性"⑤。事实上，为了弥补定罪之后所可能出现的量刑畸重的"漏洞"，我国《刑法》第63条第2款明确规定"犯罪分子虽然不具有本法规定的减轻处罚情节，但是根据案件的特殊情况，经最高人民法院核准，也可以在法定刑以下判处刑罚"，这就是为了达到"处罚的妥当性"所作出的堵截性规定。

---

① 高艳东：《从盗窃到侵占：许霆案的法理与规范分析》，《中外法学》2008年第3期。
② 张明楷：《许霆案的刑法学分析》，《中外法学》2009年第1期。
③ 劳东燕：《刑事政策与刑法解释中的价值判断——兼论解释论上的"以刑制罪"现象》，《政法论坛》2012年第4期。
④ 苏力：《法条主义、民意与难办案件》，《中外法学》2009年第1期。
⑤ 冯军：《刑法教义学的立场和方法》，《中外法学》2014年第1期。

这里需要澄清一个问题，即"法定刑影响、制约对相应犯罪构成要件的解释"与"量刑反制定罪"的关系问题。可以肯定的是，当判断者面对一个待决案件时，不可避免地会抽象案件事实，不自觉地解释法律条文，把抽象的法律条文具体化，并将二者相互对应。这就是为恩吉施所提及的"在大前提与生活事实之间眼光往返流转"①，是一个法律解释或者法学方法论的问题。而在这往返流转中，对法定刑作用的重视，依然是一个方法论的问题，是检验解释者解释结论妥当性与否的一个参考系。如果对照法定刑，解释者对法律条文的解释结论存有疑问，那么会再反思自己的解释结论，重新进行解释。之所以如此，是因为国家对犯罪行为的否定评价和对犯罪人的谴责态度是通过法定刑反映出来的，因此，在解释犯罪的构成要件时，解释者必须联系法定刑的轻重，做到把严重行为纳入重法定刑的犯罪构成之内，而将轻微行为排除在重法定刑的犯罪构成之外。②

其次，需要克服罪责反制不法。本书认为，防卫过当与过迟的量的防卫过当之间存在原则上的不同。防卫过当之所以要减免处罚，其根据就在于违法责任减少。③ 这是因为，相对于单纯的法益侵害行为来说，防卫过当是针对正在进行的不法侵害，因此，违法性要减少。同时，鉴于面对正在进行的不法侵害，考虑到防卫人所遭受的心理压迫状态，不能苛求防卫人做出非常理性的选择，因此，该心理压迫状态致使其责任减少。④ 但

---

① ［德］卡尔·拉伦茨：《法学方法论》，陈爱娥译，商务印书馆2003年版，第162页。
② 张明楷：《许霆案的刑法学分析》，《中外法学》2009年第1期。
③ 对于防卫过当减免处罚的根据，我国学者讨论较少。在日本，有违法减少说、责任减少说和违法责任减少说。违法减少说认为，防卫过当，也是针对急迫不法的侵害而维持了正当利益，在这一点上就能够肯定违法性的减少（参见［日］町野朔《誤想防衛·過剰防衛》，《警研》50卷9号）。尽管从刑罚减轻的角度来看，违法减少说能够妥当说明。但是，如果单纯地看过当结果的话，成立完全的犯罪，却甚至可能免除刑罚，在解释这一点上是有困难的。责任减少说认为，防卫过当可以减免处罚的根据在于，在存在"紧迫不法的侵害"这一紧急状态之下，被侵害者的心理受到了冲击而无法冷静地判断，因此而导致责任减少（参见［日］西田典之《刑法総論》，弘文堂2010年版，第177—178页）。但是，根据责任减少说，"对紧迫不法的侵害的认识"具有决定性的意义，因为正是这种认识导致了心理的压迫状态，如此，防卫过当与误以为存在"紧迫不法侵害"的假想防卫过当之间就没有区别了。违法责任减少说认为，防卫过当在减少违法性的同时，也减少了责任（参见［日］高橋则夫《刑法総論》，成文堂2013年版，第288页）。
④ ［日］山口厚：《刑法総論》，有斐閣2007年版，第134页。

是，过迟的量的防卫过当的场合，在不法攻击人已经丧失攻击能力或者已经被制服的情况下，"防卫人"继续实施的攻击，就欠缺防卫过当所针对的正在进行的"紧迫的不法侵害"，因此，不能说违法性减少。但是，考虑到"防卫人"可能处于极度的情绪紧张之中，也可以考虑责任减少。但是，这种责任减少，不能反射到违法性大小的考量上。

总之，过迟的量的防卫过当的场合，需要将正当防卫过程中的过当行为与事后的侵害行为准确区分，唯此，才有可能做到正确评价。防卫意思不能等于不法的攻击意思，防卫过当属于过失犯罪，而过迟的量的防卫过当，则属于事后的侵害行为，防卫意思并不能够赋予事后侵害行为任何正当性，因此，过迟的量的防卫过当完全可能是直接故意或者间接故意。当然考虑到过迟的量的防卫过当的具体案件中，行为人有可能是出于慌乱、恐惧或者惊吓等状态，而实施了不法行为，从罪责层面考量，可以认为行为人的可谴责性降低，从而给予行为人较轻的刑罚甚至免除处罚。

第二节 互殴与防卫意思

一 互殴无防卫？

对于互殴，理论上一般都会否定防卫意思。"如果在互殴情况下侵害意思和防卫意思相互转换的，则欠缺防卫意思"[①]。在斗殴的情形中，斗殴双方相互都存在挑衅行为，都有利用该机会而积极地对对手以积极的加害意思而实施加害行为，因此，就不具备紧迫性要件，不成立正当防卫。[②] 斗殴的场合，仅对一方认定正当防卫，很多时候并不合理。[③] 互相斗殴双方都有侵害对方的故意，双方的行为都属于不法行为，因而都无权主张正当防卫。[④]

---

① [德] 汉斯·海因里希·耶塞克、托马斯·魏根特：《德国刑法教科书》（上），徐久生译，中国法制出版社2017年版，第459页。
② [日] 井田良：《刑法総論の理論構造》，成文堂2005年版，第170页。
③ [日] 前田雅英：《刑法総論講義》，東京大学出版会2011年版，第372页。
④ 高铭暄主编：《刑法专论》，高等教育出版社2006年版，第430页。

在我国司法实践中，一旦认定是互殴，法院通常不会认定存在防卫意思，比如"辜某某、辜某1故意伤害案"中①，法院认为，"经查，本案系因辜某2、郑某夫妇非法入住上诉人辜某某家而引发二家人互殴，上诉人辜某某与被害人辜某1主观上均有非法侵害的故意，不具备正当防卫条件"。这种表述，几乎成为所有互殴案件的标准化表述。针对在互殴案件中，仅仅因为行为人具有攻击、伤害对方的目的，就一概否定打架斗殴双方不具有主张正当防卫的权利的实践做法，黎宏教授批判曰"这是过于极端的判断"②。

在理论界，较为一致的看法是斗殴无防卫，因为行为人主观上欠缺防卫意图。③ 双方都有侵害对方的非法意图、非法损害对方利益的行为和相应的结果，谁先出手，谁后出手以及结果的轻重均不影响无防卫的认定，除非一方宣布退出斗殴或者认输、求饶、逃跑，而另一方穷追不舍继续加害，则对方的反击可以成立正当防卫。④ 而对于斗殴的认定，陈兴良教授提出了以下四个规则：（1）基于斗殴意图的反击行为，不能认定为防卫；（2）对不法侵害即时进行的反击行为，不能认定为互殴；（3）具有积极的加害意思的反击行为，应当认定为互殴；（4）预先准备工具的反击行为，不能否定行为的防卫性。⑤

---

① 本案案情：2016年11月3日上午，辜某7家违建房屋被仙游县郊尾镇政府强制拆除。辜某7怀疑系邻居辜某5举报。因恰逢当日辜某7与其兄辜某1交接供养父亲辜某2、母亲郑某，于是，辜某7、辜某1、辜某2、郑某以辜某2、郑某无处居住为由，让辜某2、郑某到辜某5家一楼（辜某5二儿子卧室）住下，辜某7并在辜某5家门口燃放鞭炮，辜某5当即报案。民警到场后将此事交由村委会处理。14时许，辜某5二媳妇张某打开音响，郑某嫌吵并与辜某5及其长子即上诉人辜某某发生争吵、推打。辜某7、辜某1闻声赶到。辜某1持木板殴打上诉人辜某某，上诉人辜某某将木板夺下殴打被害人辜某1致倒地。经仙游县公安局法医学鉴定，被害人辜某1损伤程度为轻伤二级，被告人辜某某损伤程度为轻微伤。
② 黎宏：《刑法学总论》，法律出版社2016年版，第134页。
③ 陈兴良：《正当防卫论》，中国人民大学出版社2017年版，第54页。
④ 高铭暄、马克昌主编：《刑法学》，北京大学出版社、高等教育出版社2017年版，第131页；马克昌主编：《犯罪通论》，武汉大学出版社1999年版，第748页；陈兴良：《正当防卫论》，中国人民大学出版社2017年版，第54页；周光权：《刑法总论》，中国人民大学出版社2016年版，第207页；张明楷：《刑法学》，法律出版社2016年版，第205—206页。
⑤ 陈兴良：《正当防卫论》，中国人民大学出版社2017年版，第264—280页。

我国台湾地区学者林山田教授认为，在打架互殴成伤的场合，① 一方能否主张正当防卫，关键就在于对方是否先出手，再看防卫行为的必要性，同时要结合禁止权利滥用的节制。互殴中防卫者可能主观上夹杂有报复动机，但这不影响其出于防卫情况认知的防卫意思。设若事后无法查明谁先动手，则可适用罪疑唯轻原则，认定双方均可主张正当防卫。②

二 日本实务的借鉴意义

相对于我国司法实践中一旦认定互殴，就当然否定防卫意思的较为粗放的做法，在日本，自室町时代就发端出"斗殴双方同受处罚"③ 的法理，在第二次世界大战前的判例中，全面排斥了正当防卫。④ 但是，第二次世界大战后，实务界逐渐接受了理论界的批判，认为有必要观察斗殴状况的整体，从而发生了立场上的变更，肯定在斗殴中有适用正当防卫的余地。⑤ 对于日本司法实践和理论学说的梳理与介绍，有助于加深我们对于互相斗殴中有无可能存在防卫意思，如何适用正当防卫的实践认知与理论提升。

起先，在大审院时代，判例坚持"斗殴双方同受处罚"的法理，认为斗殴行为没有容纳正当防卫的余地。如1932年1月25日的大审院判

---

① 不同于大陆地区，我国台湾地区"刑法"将聚众斗殴罪规定在针对个人法益的人身犯罪之中，因此，相对而言，从理论上来看，在打架斗殴中正当防卫的成立上可能相对宽松一点。

② 林山田：《刑法通论》（上册），作者发行2008年版，第333页。

③ 与"斗殴双方同受处罚"对应的日文是"喧嘩両成敗"。对"喧嘩両成敗"，冯军教授译为"打架双方都不对"，参见［日］大塚仁《刑法概说》，冯军译，中国人民大学出版社2003年版，第378页；张明楷教授译为"斗殴均受罚"，参见张明楷《故意伤害罪司法现状的刑法学分析》，《清华法学》2013年第1期；黎宏教授翻译为"打架斗殴两败俱伤"，参见［日］大谷实《刑法讲义总论》，黎宏译，中国人民大学出版社2008年版，第266页；李世阳博士译为"打架两成败"，参见［日］盐见淳《打架与正当防卫——以"打架两成败"的法理为线索》，李世阳译，载陈兴良主编《刑事法评论》（第40卷），北京大学出版社2017年版，第283页；付立庆博士译为"斗殴各打五十板"，参见［日］山口厚《刑法总论》，付立庆译，中国人民大学出版社2018年版，第132页；曾文科博士译为"各打五十大板"，参见［日］前田雅英《刑法总论讲义》，曾文科译，北京大学出版社2017年版，第232页。

④ ［日］橋爪隆：《正当防衛論の基礎》，有斐閣2007年版，第121页。

⑤ ［日］盐见淳：《打架与正当防卫——以"打架两成败"的法理为线索》，李世阳译，载陈兴良主编《刑事法评论》（第40卷），北京大学出版社2017年版，第283—296页。

决认为（大判昭和 7 年 1 月 25 日刑集 11 卷 1 页），"实施斗殴，斗殴者的打斗行为具有相互对对方同时实施攻击与防御的性质，不能仅仅将其中一方的行为视为不法侵害，而将另一方认为是单纯的防御行为。据此，在打斗之际，争斗双方的行为，不具有容纳刑法第 36 条的正当防卫观念的余地，这是因为我国自古以来就有'斗殴双方同受处罚'的格言存在，斗殴双方的行为互相并没有阻却违法的性质，故而均受处罚"①。

后来，在 1948 年 7 月 7 日的判决（最大判昭和 23 年 7 月 7 日刑集 2 卷 8 号 793 页）中，日本最高法院有了态度上的转变。该案案情是：被告人与 A 扭打在一起。A 将被告人压在铁丝网下，被告人无法动弹。A 用脚踢中被告人的睾丸。被告人激愤之余，用刀切断 A 的左上臂动脉，A 因出血而死。对本案，日本最高法院大法庭认为，"互施暴力的斗殴，是争斗双方不断反复地攻击与防御之一系列连续打斗行为，即使在争斗过程中某个瞬间，一方完全处于防御状态，呈现出正当防卫之表象，但是，全盘观诸整个争斗过程，也存在没有考虑容纳刑法第 36 条之正当防卫的余地"，最终判定不成立正当防卫。②

1948 年日本最高法院的判决，有两个意义。第一，在正当防卫成立的判断上，将"整个争斗过程"作为评价对象，一方面排除了实施防卫行为之后的状况，另一方面也显示出不法侵害的先行情况可能会限制正当防卫的成立。从而，该判决设定了应考虑先行情况这一"平台"，此后的判例的重心是如何具体化该判断标准。第二，不同于大审院那种只要是相互斗殴就不可能成立正当防卫的判断，最高法院在本判决中"也存在没有考虑容纳刑法第 36 条之正当防卫的余地"的观点，似乎是说，不成立正当防卫的情形毋宁说是一种例外。因此有学者认为，最高法院透过本判决，表达出了这样一个态度：即便相互斗殴，也

---

① ［日］西田典之、山口厚、佐伯仁志：《判例刑法総論》，有斐閣 2009 年版，第 163 页。本案案情是：在神社的祭祀中，被害人 A 向被告人发出打架的挑战。在转到其他场所，被告人向 A 显示了其携带的匕首并进行威吓。但是，对方置之不理并有侮辱行为。被告人暴怒，用匕首猛刺 A 的胸部，将之杀死。

② ［日］西田典之、山口厚、佐伯仁志：《判例刑法総論》，有斐閣 2009 年版，第 163—164 页。

并非当然不成立正当防卫。①

而在 1957 年日本最高法院的判决中（最判昭和 32 年 1 月 22 日刑集 11 卷 1 号 31 页），明确指出了本案与 1932 年案件存在不同，互殴中存在防卫过当的可能性，并驳回原判决，发回重审。② 本案案情是：被告人知道有两派斗殴，但依然奔赴现场，并用剪刀刺中与同伴 D 处于格斗状态中的被害人 A 的屁股。A 拿着菜刀追赶被告人。被告人夺下菜刀之后，捅刺 A 的胸部等部位。A 死亡。法院特别关注到以下事实：与 A 等一派人斗殴的对方一派，在之前就一直向 A 这一方挑战，并对其中一人施加暴行。进而最高法院在引用了 1948 年判决的理由之后指出，作为法律判断，首先要全面观察整个争斗过程，不能仅根据争斗过程中的某个瞬间的攻防态势来判断，但是，即便吵架争斗也有可能存在正当防卫。③ 学者认为，这种观察整个争斗过程，成了认定防卫意思的基础事实。④ 据此，可以得出日本最高法院也肯定了斗殴中可能存在防卫意思。

而将"也存在没有考虑容纳刑法第 36 条之正当防卫的余地"予以明确化的判例，是 1977 年为日本最高法院提出的"积极的加害意思论"（最决昭和 52 年 7 月 21 日刑集 31 卷 4 号 747 页）。本案案情是：被告人 X，属于 P 派成员。P 派在福冈县教育会馆举行政治集会时，遭到对立派 Q 派学生的攻击。尽管一度将 Q 派学生击退，但是，X 等人预见到对方可能会在此实施攻击，于是设置了路障，准备了木刀、锹把、铁管子等凶器。在 Q 派学生再度袭击时，X 等人一起对对方实施了暴力。⑤ 该案的争论焦点在于，P 派成员的准备行为是构成集团性暴力、伤害或准备凶器集合罪，还是构成正当防卫？对此，日本最高法院认为，"刑法第 36 条的

---

① [日] 桥爪隆：《刑法总论之困惑（二）》，王昭武译，《苏州大学学报》（法学版）2015 年第 2 期。

② [日] 盐见淳：《打架与正当防卫——以"打架两成败"的法理为线索》，李世阳译，载陈兴良主编《刑事法评论》（第 40 卷），北京大学出版社 2017 年版，第 287—288 页。

③ [日] 西田典之、山口厚、佐伯仁志：《判例刑法总论》，有斐阁 2009 年版，第 164—165 页。

④ [日] 盐见淳：《打架与正当防卫——以"打架两成败"的法理为线索》，李世阳译，载陈兴良主编《刑事法评论》（第 40 卷），北京大学出版社 2017 年版，第 288 页。

⑤ [日] 西田典之、山口厚、佐伯仁志：《判例刑法总论》，有斐阁 2009 年版，第 167—168 页。

正当防卫以存在侵害的紧迫性为要件，但其宗旨并不是对已经预期到的侵害，科以应当回避的义务。因此，即便当然或几乎已确切预期到侵害，也不应认为这种预期可直接导致侵害的紧迫性的丧失……但是，从该条宗旨——将侵害的紧迫性作为要件来看……在出于利用该机会而积极向对方实施加害行为的意思，面对侵害的场合，并未满足侵害的紧迫性要件的看法，是合适的"①。判例的观点，被称为"积极的加害意思"。显然，在具有"积极的加害意思"时，就否定存在紧迫性，既不成立正当防卫，也不成立防卫过当。对此，学界有力学说主张，应该客观地判断是否具备紧迫性要件，像判例那样考虑主观要件（即肯定积极的加害意思）的做法并不妥当。② 相反的观点认为，不回避已预期的侵害是否具有合理理由，对此，难以仅凭客观材料来判断，还是应考虑出于何种意图停留于此这一主观方面。因此，判例的做法是正确的。③ 另有观点认为，"紧迫"意味着面临了客观危险，不应当根据有无加害意思之有无来判断，即便出于积极的加害意思面临侵害，也不能马上丧失紧迫性的特征，倒不如根据不具有防卫意思这一特征来否定成立正当防卫。④

总之，大体看来，日本的判例从一旦认定斗殴，就"斗殴双方同受处罚"，否定正当防卫的成立，后来则接受了学术界的批判，逐渐转移到整体判断，肯定在斗殴中有适用正当防卫之余地的立场。而在具体的判断中，就"侵害的紧迫性"与"防卫意思"而言，判例以存在对侵害的预期为由做出了否定的回答。但是在此后也承认互殴中存在防卫过当的可能性，除非存在"积极的加害意思"。因此，对于斗殴中的防卫意思，判例呈现出从相当抑制的态度到逐渐宽松的态势。最终采纳了以下标准：（1）即便存在侵害的预期也不意味着马上就丧失了侵害的紧迫性，只有在有积极加害意思的场合才丧失紧迫性，进而否定正当防卫，否定防卫意思。（2）即便是出于激愤和恼怒，即使存在攻击意思，也未必就会必然否定防卫意思。只有在肯定了积极的加害行为，并伴随有积极的加害意思而实施反击的场合，才会否定防卫意思。尽管有积极的加害意思则否认紧

---

① ［日］西田典之、山口厚、佐伯仁志：《判例刑法総論》，有斐閣2009年版，第168页。
② ［日］大塚仁：《刑法概説（総論）》，有斐閣2008年版，第382页。
③ ［日］西田典之：《刑法総論》，弘文堂2010年版，第167页。
④ ［日］大谷實：《刑法講義総論》，成文堂2009年版，第282页。

迫性可能存在一定的争议，但是，在有积极的加害行为则否定防卫意思，在防卫意思要件的考察中考虑反击行为的实行阶段的状况，大体上，是能够得到认同的。这种精细化的思考与论证，对我国司法实践中一旦认定互殴，就当然否定防卫意思的较为粗放的做法的反思和借鉴，有着积极的意义。

三 互殴与防卫意思的妥当判断

本书认为，正当防卫制度实质上就是将利益冲突状态通过施加于不法侵害者一定的负担予以消解。即从尊重自由，尊重个人的主体性的角度来看，何人违反规范，挑起利益冲突，就应当由何人负担可能的不利后果（自我答责原理），从而使得规范被显示，规范的有效性得以张扬。因此，对于没有必要创出利益冲突状态，或者没有合理理由而不予回避的场合，创出法益冲突的反击者的行为，并无认定成立正当防卫的余地，反而对由此所引起的对方合理的反击所导致的结果自负其责。那么，作为判断有无合理理由的材料，行为人主观上是否具有积极的加害意思当然需要。但是，这并不意味着只要考虑了这一积极的加害意思，所谓的紧迫性就不复存在，积极的加害意思阻却了作为正当防卫前提的侵害之"紧迫性"。① 比如，A 与 B 斗殴不分胜负。A 回家。B 感觉打斗不过瘾，于是在 A 家门口向 A 打电话："现在就去你那儿，有本事你等着！"A 随口回应："有本事你来！"当时 A 除了留在家里做好迎击之外，来不及拨打电话报警，也无法要求 B 退回去，于是做好了应战准备。此时，如果 A 冷静下来，出于保护自己的目的而伺机行事，那么，就是正当防卫。如果 A 因为过于愤怒而抱有加害意思，就没有防卫意思，不是正当防卫。这种区分，的确存在过度重视 A 的心情的问题。因此，主观上的意思之有无，不能成为决定紧迫性侵害存否的理由。有无紧迫性，实际上只能根据当时

---

① 关于判例在能认定存在侵害预期以及积极的加害意思，就否定侵害的紧迫性的理由，负责最高法院昭和 52 年决定的最高法院调查官香城敏麿的解释是，该侵害"是行为人宁愿接受的结果，因而应该让行为人接受这种结果"，"在与对方的关系上，并非处于应受到法律特别保护的位置"。这通过考虑侵害的先行情况，得出并无保护防卫行为人（被害人）之必要这一结论之时，就应当例外地否定这种状况紧迫性。参见［日］桥爪隆《刑法总论之困惑（二）》，王昭武译，《苏州大学学报》（法学版）2015 年第 2 期。

客观情况而定。因此，有无积极的加害意思、有无回避不回避的合理理由，与有无紧迫性侵害，属于两个问题。有无积极的加害意思，某种意义上与有无防卫意思相互勾连。尽管对于斗殴的场合，积极的加害意思往往是以对侵害的预期为契机而产生的一种主观意思，是一种事前的意思。该加害意思存在于对侵害存在预期之后直至侵害被现实化这一阶段。而防卫意思通常情况下是根据实际的对抗行为存在期间的具体意思来判断的。表面看起来，两者似乎风马牛不相及，没有交集。但是，可以肯定的是，斗殴的场合，在积极的加害意思按照设计现实化之时，作为该意思的反面，当然就不存在防卫意思。一旦能够判定存在防卫意思，那么，就可以说加害意思被阻却了。因此，在斗殴的场合，反规范的积极的加害意思与遵守规范的防卫意思之间截然相反，势不两立。这样看来，陈兴良教授认为"具有积极的加害意思的反击行为，应当认定为互殴"，具有相当的合理性。

需要注意的是，我国司法实践中也出现了先前法院认定互殴，而最终再审法院否定互殴的案例，在否定互殴的理由上，再审法院的阐述颇为精细。比如"张某某被控故意伤害宣告无罪案"。[①] 本案案情是：2001年5月23日下午4时许，本案受害人刘某某与其妻睦某某从梁平回家后，听说其子刘某华被被告人张某某的儿子打伤，二人各持一根铁錾子赶至张某某家。张某某的儿媳王某某见状后，关上房门阻止刘某某夫妇进屋。此时，张某某正端一盆热水准备出门去给牛喂水，王某某叫张某某不要出去，张某某就将热水盆放在屋内板凳上。刘某某夫妇见张某某家的门被关上，手持铁錾子砸门，强行将门闩撞断后冲进张某某家。王某某见状，用一铝水瓢从水盆中舀出热水泼向刘某某。铝水瓢与刘某某手中的錾子相撞均落在地上。接着刘某某上前与王某某抓打，并将王某某推倒在地上继续抓打。张某某在旁劝阻未果，即拿起一只木凳（高44厘米）抵刘某某背部，刘某某仍继续抓打王某某，张某某见刘某某未停止，便用木凳的脚朝刘某某头部打了两下，致刘某某头部受伤流血倒地才停止抓打。睦某某叫人将刘某某送至忠县人民医院住院治疗14天，经该院诊断结论为刘某某

---

① 参见北大法宝：https：//www.pkulaw.com/pfnl/a25051f3312b07f322041ea2b4b2f0802f596-522c6965e41bdfb.html? keyword =%E6%AD%A3%E5%BD%93%E9%98%B2%E5%8D%AB%20%20%E4%BA%92%E6%AE%B4，最后访问日期：2020年7月2日。

右侧颅骨骨折,经重庆市法医学会鉴定,其损伤程度为轻伤,不构成伤残等级。

重庆市忠县人民检察院以被告人张某某犯故意伤害罪,向重庆市忠县人民法院提起公诉。被告人张某某及辩护人主张张某某的行为不构成故意伤害罪,是正当防卫。忠县人民法院审理后认为,被告人张某某在被害人刘某某与其儿媳王某某抓打中,用木凳打击被害人,主观上有伤害被害人的故意,客观上将被害人致成轻伤,其行为符合故意伤害罪的基本特征,构成故意伤害罪。但被告人张某某是在被害人持凶器破门而入,与其儿媳发生抓打,且劝告被害人停止侵害未果的情况下出手致伤他人,其犯罪情节轻微。被告人在双方斗殴中的帮助殴打行为,不应定性为正当防卫。因此做出如下判决:被告人张某某犯故意伤害罪,免予刑事处罚。

一审判决作出后,张某某上诉称,其行为属正当防卫,不构成犯罪。重庆市第二中级人民法院认为,本案中,刘某某进屋后,王某某与其抓打,即已形成互殴,失去了正当防卫的前提,张某某帮助其儿媳致伤刘某某的行为,不属正当防卫。上诉人张某某的上诉理由不能成立,其行为已构成故意伤害罪;被害人刘某某在其子被上诉人张某某之子殴打后,不寻求合法、正当途径处理,擅自到张某某家肇事,有重大过错,张某某在劝告被害人未果的情况下出手将其致伤,犯罪情节轻微,不需要判处刑罚。故判决:驳回上诉,维持原判。

判决生效后,被告人张某某申请再审,称其行为是正当防卫,不应承担任何法律责任,请求改判无罪。再审开庭审理中,重庆市人民检察院第二分院认为,原一审、二审判决认定事实清楚,证据基本充分,两级法院作出的判决符合当时的客观情况,是正确的。

重庆市第二中级人民法院再审认为:根据《刑法》第 20 条的规定,正当防卫是指为了使国家、公共利益、本人或者他人的人身、财产和其他权利免受正在进行的不法侵害所采取的必要的防卫行为。所谓不法侵害,既包括犯罪行为,也包括其他违法的侵害行为。刘某某、睦某某夫妇听说其子被张某某之子带人打伤后,携带铁錾子到张某某家,张某某的儿媳王某某见状关门阻止刘某某和睦某某进入家中,是一种正当的本能的避让自卫行为,张某某将准备喂牛的水放在屋内板凳上不出门,亦是明显的主动避让行为。而刘某某、睦某某持铁錾子砸门,将门闩撞断后强行闯入张某某家，其行为是非法侵入他人住宅的不法侵害行为。张某某的儿媳王某某出于防卫的本能，向刘某某泼热水的主观目的也是免受不法侵害，而实施的是正当防卫行为。当刘某某夫妇进入张某某屋内后，王某某泼热水，希望刘某某夫妇退出屋外，刘某某夫妇不但没有退出他人住宅，停止侵害，在其铁錾子被王某某拿的水瓢撞掉后，上前与王某某抓打，并将王某某打倒在地继续抓打。从本案事实可以看出，刘某某夫妇非法侵入他人住宅后，进而侵害他人人身，其行为无疑是正在进行的不法侵害行为。张某某针对刘某某正在进行的不法侵害行为，在刘某某不听劝阻的情况下，用木凳抵住刘某某背部，意欲制止刘某某正在进行的不法侵害行为，已经充分用其言行体现出来。而在刘某某对张某某的劝阻不予理睬，继续实施侵害行为的情况下，张某某出于维护家人合法权益的本能，才持木凳用凳腿打刘某某两下，其打击刘某某的时机是适时的，否则，王某某就可能受到严重伤害，在刘某某受伤倒地停止了不法侵害行为后，此时张某某没有继续实施伤害刘某某的行为，其行为没有超过必要限度，从张某某的行为过程和目的，应属于正当防卫。原一审、二审裁判认为刘某某进屋后与王某某抓打，已形成互殴，失去了正当防卫的前提裁判理由，忽视了刘某某非法侵入他人住宅的事实，没有将事实情节的整个过程进行全面综合分析，将王某某的防卫行为认定为"互殴"显属不当。因此，原一审、二审裁判认为，张某某的行为构成故意伤害罪是错误的，应予纠正。遂判决撤销（2002）渝二中刑一终字第45号刑事裁定和忠县人民法院（2002）忠刑初字第2号刑事判决。被告人张某某无罪。

  需要注意的是，相互斗殴的场合，原则上不能成立正当防卫，因为双方都有非法攻击对方的行为和意思，不符合正当防卫的"正对不正"的构造。但是，只要发生双方打斗，就是"互殴"的结论，可能并不妥当。为了妥善解决相互斗殴与正当防卫的区别问题，《关于依法适用正当防卫制度的指导意见》（以下简称《指导意见》）第9条第2款规定："因琐事发生争执，双方均不能保持克制而引发打斗，对于有过错的一方先动手且手段明显过激，或者一方先动手，在对方努力避免冲突的情况下仍继续侵害的，还击一方的行为一般应当认定为防卫行为。"当前，"老炮式的""约架型"的斗殴已相对少见，更多的是因琐事随机所引发，而实务中也存在把因琐事引发打斗一概认定为互殴的简单做法，为此，本款将因琐事所涉及的正当防卫与斗殴进行了界分。事实上，因琐事发生争执、冲突，引发打斗的，并不一定就是斗殴。既然如此，此类案件也完全有可能成立正当防卫的余地。

而对于冲突结束后，一方又实施侵害，或者另一方为了防止自己受到侵害而事先有所准备的防卫问题，《指导意见》第9条第3款规定："双方因琐事发生冲突，冲突结束后，一方又实施不法侵害，对方还击，包括使用工具还击的，一般应当认定为防卫行为。不能仅因行为人事先进行防卫准备，就影响对其防卫意图的认定。"据此，对于双方曾因矛盾引发冲突，在冲突结束后，如果一方不依不饶，再次实施不法侵害，另一方反击，即便使用工具，也可能成立正当防卫。在这种情形下，不能因为之前有过冲突，就将后者的场合认定为斗殴。因为，前次冲突仅为此后发生事实的"背景"和"缘由"，前次冲突的性质，并不必然决定此后所发生事情的性质。因此，如果此后的还击行为符合正当防卫成立条件的，应当依法认定。在《指导意见》所附典型案例四"杨建伟故意伤害、杨建平正当防卫案"① 中，指导意见认为：本案中，面对彭某某的挑衅，杨建平未予理会。在彭某某与杨建伟打斗时，杨建平仍未参与。当彭某某等四人持工具围殴杨建伟，将杨打倒在地，致头部流血，当时，双方力量明显悬

---

① 本案案情：被告人杨建伟系被告人杨建平胞弟，住处相邻。2016年2月28日中午1时许，杨建伟、杨建平坐在杨建平家门前聊天，因杨建平摸了经过其身边的一条狼狗而遭到狗的主人彭某某（殁年45岁）指责，兄弟二人与彭某某发生口角。彭某某扬言要找人报复，杨建伟即回应"那你来打啊"，后彭某某离开。杨建伟返回住所将一把单刃尖刀、一把折叠刀藏于身上。十分钟后，彭某某返回上述地点，其邀约的黄某、熊某某、王某持洋镐把跟在身后十余米。彭某某手指坐在自家门口的杨建平，杨建平未予理睬。彭某某接着走向杨建伟家门口，击打杨建伟面部一拳，杨建伟即持单刃尖刀刺向彭某某的胸、腹部，黄某、熊某某、王某见状持洋镐把冲过去对杨建伟进行围殴，彭某某从熊某某处夺过洋镐把对杨建伟进行殴打，双方打斗至杨建伟家门外的马路边。熊某某拳击，彭某某、黄某、王某持洋镐把，四人继续围殴杨建伟，致其头部流血倒地。彭某某持洋镐把殴打杨建伟，洋镐把被打断，彭某某失去平衡倒地。杨建平见杨建伟被打倒在地，便从家中取来一把双刃尖刀，冲向刚从地上站起来的彭某某，朝其胸部捅刺。杨建平刺第二刀时，彭某某用左臂抵挡。后彭某某受伤逃离，杨建平持刀追撵并将刀扔向彭某某未中，该刀掉落在地。黄某、熊某某、王某持洋镐把追打杨建平，杨建平捡起该刀边退边还击，杨建伟亦持随身携带的一把折叠刀参与还击。随后黄某、熊某某、王某逃离现场。经法医鉴定，被害人彭某某身有七处刀伤，且其系被他人以单刃锐器刺伤胸腹部造成胃破裂、肝破裂、血气胸致急性失血性休克死亡。另杨建伟、黄某、熊某某均受轻微伤。

殊，此时杨建平才实施了相关行为。因此，"杨建平的行为是为了制止杨建伟正在遭受的严重不法侵害，符合正当防卫的意图条件。彭某某被刺后逃离，黄某等人对杨建伟的攻击并未停止，杨建平继续追赶彭某某的行为应认定为正当防卫。综上，杨建平的行为系正当防卫，不负刑事责任"。

第三节 挑拨防卫与防卫意思

一 挑拨防卫无防卫意思的理论阐述

对于挑拨防卫（也可称为自招侵害、自招防卫），理论上一般在防卫意思之有无的框架下进行研究。学者指出，自招防卫，由于没有不法侵害，没有紧迫性，没有防卫意思，因此，一般不成为正当防卫的问题。① 在我国，主要有以下几种说法。"从形式上看，这种'防卫'行为可能完全符合正当防卫的客观条件，但因不法侵害由挑拨者故意诱发，挑拨者主观上不仅不具备正当的防卫意图，反而是出于侵害意图"②。"在防卫挑拨的情况下，由于行为人主观上没有防卫意图，其行为不得视为正当防卫"③。"防卫挑拨中的防卫行为，尽管表面上具有防卫的形式，但其实质是进行真正的不法侵害，其行为并非出于防卫意思，因此，不能成立正当防卫"④。但是，最近也有学者认为，无论从正当防卫的本质、防卫意思的内容，还是从案件处理的效果上，无论招致不法侵害的行为是否违法，也无论对于不法侵害的初现，自招者是故意还是过失心态，都不应当剥夺或者限制自招者的防卫权，招致不法侵害者应当享有完整的防卫权。⑤ 在大陆法系国家，对挑拨防卫一般不会认定为正当防卫，当然也就会否定防卫意思。"侵害系防卫人故意挑起的场合……像通常的情形

---

① ［日］大谷實：《刑法講義総論》，成文堂2009年版，第292页。
② 高铭暄、马克昌主编：《刑法学》，北京大学出版社、高等教育出版社2017年版，第131页。
③ 陈兴良：《正当防卫论》，中国人民大学出版社2017年版，第49页。
④ 周光权：《刑法总论》，中国人民大学出版社2016年版，第207页。
⑤ 陈璇：《克服正当防卫判断中的"道德洁癖"》，《清华法学》2016年第2期。

一样，在相同的范围内通过承认正当防卫阻却违法是困难的。"① 由被攻击者违法挑起的攻击，"主流观点在此不仅以滥用权利为理由完全拒绝了紧急防卫，并且要用刑罚来惩罚被攻击者，理由是他故意伤害了攻击者"②。

应该说，对于挑拨防卫不认定为正当防卫，否定存在防卫意思，在原则上是妥当的。但是，究竟以什么理论来否定正当防卫，在我国鲜有讨论，通常只是认为没有防卫意思。但是，与我国主要依赖于没有防卫意思来否定防卫挑拨的做法有所不同，在德、日，更多地在客观上寻求挑拨防卫不成立正当防卫的依据。

在德国，对于挑拨防卫，有明确提出不能以正当防卫或者其他任何紧急权利为由伤害对方，也有限制紧急权利的主张，甚至干脆拒绝赋予防卫权。③ 主要理由有权利不得滥用、原因不法行为、保证人义务和被挑衅者无（降低）罪责等学说。

权利不得滥用是主流学说。该学说认为，如果（后来的）防卫者对于紧急防卫情形负有责任时，其预见到了可能的相应情况，却以可受谴责性的蓄意挑起了这种紧急防卫情形，那么，出于权利不得滥用的考虑，防卫者的紧急防卫权就应受到限制。④ 也就是说，防卫人故意挑衅，以引起对方的侵犯，以便在正当防卫的幌子下伤害对方，这属于滥用权利，是过度使用法律手段，当然不能依据正当防卫提出抗辩。"因为实际上他才是'侵犯者'。"⑤ 权利不得滥用的理论，一方面直接从禁止权利滥用这一宪法原则否定了挑拨防卫的正当性。因为，权利几乎总是有限或者有条件的，每个人都有权平等享受宪法所赋予的权利，但是，该权利不得被滥用，个人权利的范围或空间是有一定的界限，超过这个界限就不受宪法和

---

① ［日］松宫孝明：《刑法総論講義》，成文堂2017年版，第141页。

② ［德］克劳斯·罗克辛：《德国刑法学总论》（第1卷），王世洲译，法律出版社2005年版，第445页。

③ ［德］冈特·施特拉滕韦特、洛塔尔·库伦：《刑法总论I——犯罪论》，杨萌译，法律出版社2006年版，第169—170页。

④ ［德］乌尔斯·金德霍伊泽尔：《刑法总论教科书》，蔡桂生译，北京大学出版社2015年版，第175页。

⑤ ［德］约翰内斯·韦塞尔斯：《德国刑法总论》，李昌珂译，法律出版社2008年版，第190页。

法律的保护。① 另一方面，主流观点还要用刑罚来惩罚挑拨者，理由是他故意伤害了对方。② 从"故意伤害"这一表述来看，实际上就排除了防卫挑拨中存在"防卫意思"。

原因不法行为理论（actio illicita in causa）认为，挑拨防卫的场合，仅仅观察防卫行为貌似合法，但是，由于在挑拨行为中已有故意或者过失及于防卫结果，因此，原因中是违法的，故挑拨防卫不构成正当防卫。原因不法行为理论，是在原因自由行为的理论的基础上发展起来的。③ 既然挑拨人"已有故意或者过失"，则在主观上当然欠缺了防卫意思，这应该是当然的结论。但是，值得注意的是，原因不法行为理论实质上是借用了间接正犯的方法。按照罗克辛教授的观点，间接正犯控制构成行为，是凭借"强制的意志控制""认识错误的意志控制"或者"有组织的国家机关的意志控制"来进行的。④ 这种"意志控制"是否阻却了防卫意思，值得进一步讨论。当然，原因不法行为理论试图对自招侵害的违法性进行限定，这是引人注目的。但是，这种方法，将挑拨人的挑拨行为和所谓的"防卫行为"分割评价，则存在一定的问题。既然防卫行为是以挑拨行为为前提，那么，就不能单独将防卫行为拎出来单独评价。正如所言，防卫行为可能有多种形式，挑拨行为是否可以作为一种工具加以利用，都是有疑问的。并且，如果被挑拨方没有任何反应，挑拨方还有可能成立未遂犯，因此，这种类似于间接正犯的思考，可能存在问题。⑤

保证人义务为德国学者马克森所主张。该说借用不作为犯中的保证人义务理论，将挑拨行为作为"先行行为"（aus vorangegangenem Tun），得出挑拨人负有对被挑拨者的保证人义务，进而推论出对紧急防卫的限制。

---

① 张千帆：《宪法学导论——原理与应用》，法律出版社 2014 年版，第 498 页；林来梵：《宪法学讲义》，清华大学出版社 2018 年版，第 344—346 页。

② [德] 克劳斯·罗克辛：《德国刑法学总论》（第 1 卷），王世洲译，法律出版社 2005 年版，第 445 页。

③ [德] 乌尔斯·金德霍伊泽尔：《刑法总论教科书》，蔡桂生译，北京大学出版社 2015 年版，第 175—176 页。

④ [德] 克劳斯·罗克辛：《德国刑法学总论》（第 2 卷），王世洲等译，法律出版社 2013 年版，第 20—21 页。

⑤ [日] 大谷實：《刑法講義總論》，成文堂 2009 年版，第 293 页。

这显然是一种客观性思考，有无防卫意思则不是其首先关注的对象。在该理论看来，由于挑衅者为被挑衅者创设了一种危险情况，他有义务，把这种正在进行的事件发生过程引导到一种对被挑衅者没有危险的轨道上来。他必须用小心的手段来对付这种攻击。罗克辛教授认为，"这是没有说服力的。……紧急防卫的限制也仅仅能够从包含在其本身之中的原则来赢得，而不是从这种不作为的信条学中来赢得，那是适用于与生命有关的完全不同的案情的。……对保证义务适用的就不能够——也不放弃类推性禁止——转移到完全不同种类的考虑性义务上去"①。

舍内博恩的主张可以被称为被挑衅者无（或者重大减轻）罪责说。与那些从挑衅者的挑衅行为入手探讨的方法不同，舍氏另辟蹊径，从被挑衅者的角度切入。他认为，对于被挑衅者的"激起情绪"，可以视为无罪责或者有重大减轻罪责的攻击，这样，挑衅者的防卫权必须被加以限制。② 这样，根据禁止权利滥用的原则，挑衅者必须躲避，或者仅仅可以采取"防御防卫"③，只有在无可奈何之时，才可以采取缓和的"攻击防卫"。④ 对此，罗克辛教授认为，"这也是没有说服力的"⑤。因为，即便没有挑衅，如果一个情绪激动的人发动攻击，当然也可以被视为无罪责或者重大减轻罪责的攻击，这样，受攻击方的紧急防卫权似乎也应该受到限制，这显然不妥。此外，舍氏没有从挑衅者入手，也回避了挑衅者是否有防卫意思的探讨。

有意思的是，在德国，博克尔曼、哈塞默和希伦坎普并不主张对挑拨防卫的防卫权加以任何限制，因为，攻击并不仅是针对挑衅者的利益，而且还针对法秩序，这样，不管是否有挑衅，出于权利证明的目的，防卫都

---

① ［德］克劳斯·罗克辛：《德国刑法学总论》（第1卷），王世洲译，法律出版社2005年版，第449—450页。

② 同上书，第450页。

③ "防御防卫"是一种谨慎的、防御性的防卫。比如遭到精神病人的攻击，将该精神病人推开，无危险地消除这种攻击。

④ "攻击防卫"是以侵害攻击者为目标的侵犯性防卫，但是，这种侵犯性防卫也是有严格限制的。比如对于施加暴力的小孩，允许用"一个轻微的耳光"这种轻微攻击暴力以制止侵害，而不许可用其他严重伤害予以反击。

⑤ ［德］克劳斯·罗克辛：《德国刑法学总论》（第1卷），王世洲译，法律出版社2005年版，第450页。

是正当的。① 但是，"根据规范的标准，这种虚假的防卫就是一种通过紧急防卫权的胡乱使用来加以掩盖的违法攻击；这里不存在使这种手腕具有法律效果的动因"②。既然如此，从以一种合法的表象掩盖了违法的攻击来看，挑拨人反规范的行为与意思已经表露无遗，据此，可以直接否定挑拨防卫中的防卫意思。

在日本，除了与德国学者同样主张权利滥用和原因不法行为理论外，否定挑拨防卫是正当防卫的理论还有积极的加害意思论、防卫意思否定说、自招侵害论和避免义务原则（侵害避免义务论）等观点。

积极的加害意思论是传统判例的观点。③ 也就是，挑拨防卫人事先想到（或者预期）对方会反击，仍出于积极的加害意思而实施了挑衅性的言行，在此情形下，就应否定存在侵害的紧迫性，否定成立正当防卫。④ 显然，判例认为，在预料到侵害之后，基于积极的加害意思实施挑衅行为，此时，法益侵害的危险性消失，从而否定紧迫性，这是把积极的加害意思做了客观化理解。但是，紧迫性和防卫意思之间是什么关系，尚需进一步明确。学者认为，积极的加害意思不是紧迫性要件，而应该作为防卫意思的要件来考虑。这种观点，也得到了判例的回应，如1975年日本最高法院判例（最判昭和50年11月28日刑集29卷10号983页）也指出："借防卫之名对侵害者积极施加攻击的行为欠缺防卫意思，不能承认这是以正当防卫为目的的行为。"⑤ 因此，挑拨防卫的场合，不存在防卫意思。

在理论界，对于挑拨防卫，藤木英雄教授和团藤重光博士主张防卫意思否定说。"被挑拨者的攻击，在挑拨者之侧来看是其预想的结果……从欠

---

① ［德］乌尔斯·金德霍伊泽尔：《刑法总论教科书》，蔡桂生译，北京大学出版社2015年版，第175页。

② ［德］克劳斯·罗克辛：《德国刑法学总论》（第1卷），王世洲译，法律出版社2005年版，第446页。

③ 此类判例参见东京高判昭和60年（1985年）6月20日判时1162号168页、东京高判昭和60年（1985年）8月2日判时118号163页、札幌地判平成元年（1989年）10月2日判夕721号249页；等等。

④ 参见［日］桥爪隆《刑法总论之困惑》（二），王昭武译，《苏州大学学报》（法学版）2015年第2期。

⑤ ［日］西田典之、山口厚、佐伯仁志：《判例刑法总论》，有斐阁2009年版，第181页。

缺防卫意思的观点出发，也能够解读为欠缺正当防卫的要件。"① "为了其他的目的，而以防卫为口实，所实施的行为，已经不复为为了防卫的行为，因此，已有施加反击的意图而故意地诱发侵害行为，不能视为正当防卫。"②

自招侵害论注重本案的事实关系，也是判例的观点。这是日本最高法院第一次对自招侵害案件做出的具体判断，在正面否定了成立正当防卫。本案案情是：A 去垃圾堆放地扔垃圾，感到经过的被告人形迹可疑，双方发生口角。被告人突然拳击 A 的面部，然后马上跑开（第一暴行）。A 一边叫喊"不要走"，一边骑车追赶。在离现场大约 90 米的人行道上，A 追上被告人，骑在自行车上用右手猛击被告人的背部（第二暴行）。被告人用随身携带的用于防身的特殊警棍打击 A 的面部等地方，致 A 受伤（第三暴行）。对此，作为二审的东京高等法院认为 A 的侵害不具有紧迫性，否定被告人构成正当防卫。理由是：第一，被告人已经充分预想到 A 会实施报复行为；第二，A 的暴行是由被告人先前暴行所招致；第三，A 的暴行与被告人先前的暴行，在时间上以及地点上存在连续性；第四，考虑到被告人先前的暴行程度，不能说 A 的暴行超出了通常所能预期的范围。日本最高法院认为原审"结论正确"，但只是提到了下述理由，被告人首先对 A 实施暴行，A 的攻击是由被告人的暴行所引发，可谓是在邻近地点，在被告人的暴行之后马上实施，属于一系列、一个整体的事态，被告人是因自己的不法行为而招致了侵害，因此，在 A 的攻击并未大幅超出被告人的前述暴行这种本案事实状况之下，被告人的行为，不能说是处于可以正当实施某种反击行为状况之下的行为。③

本案属于"事例判例"。④ 但是，日本最高法院在以下两点上与以往

---

① ［日］藤木英雄：《刑法講義総論》，弘文堂 1975 年版，第 176 页。
② ［日］团藤重光：《刑法綱要総論》，創文社 1990 年版，第 238 页。
③ ［日］西田典之、山口厚、佐伯仁志：《判例刑法総論》，有斐閣 2009 年版，第 175—176 页。
④ 对于什么是"事例判例"，［日］桥爪隆《刑法总论之困惑》（二）一文的译者注有说明：所谓"事例判例"，是指该判例是仅就能认定存在一定事实关系之时所做出的具体判断，不具有一般适用性。例如，采取诸如"对于能认定存在这种事实的本案而言，应判定满足了某要件"等形式，是以存在一定的事实关系为前提而做出的判断。如果事实关系不同，结论也自当不同。反之，如果以"对于某条的某要件应该解释为……"这种形式做出判断，显示的就是判例的一般态度，即便脱离相应事实关系，判例就该条的解释也属于一般性指针，对于其（转下页）

判决截然不同：第一，只以自己招致侵害这一事实为由就排除了正当防卫的成立，而没有按照正当防卫的要件进行综合判断，没有言及预期侵害、被告人的防卫意思等主观方面的内容；第二，二审判决否定了侵害的紧迫性，但本判决却完全没有言及紧迫性要件。这已经与传统判决的"积极的加害意思论"这种通过考虑行为人事前的主观方面的情况而否定正当防卫的做法明显不同。需要注意的是，在"本案事实关系"中，日本最高法院特意强调"A的攻击并未大幅超出被告人的前述暴行程度"这一事实。对于暴行之间的这种均衡性，尽管学者认为不具有规范性意义，① 但是，日本最高法院特意仅就该事实做出了判断，这显示出该事实对于排除正当防卫的成立，属于重要的考虑因素。从反向上来看，可以预计，如果A的第二暴行的严重程度远远超出被告人的第一暴行的程度，此类案件就处于本决定的射程之外。而之所以这么做，学者认为，可能是因为本案不属于典型的挑拨防卫，尚未达到那种肯定存在预期侵害与积极的加害意思，从而否定侵害的紧迫性。不通过综合判断而否定成立正当防卫，是因为类似于本案，就深入论及与正当防卫具体要件之间的关系，为时尚早。而一直为判例所采用的"积极的加害意思论"，对一般国民尚未达到简单明了的程度，为此，需要提出一种新的模式——通过整合"紧迫性"与"防卫意思"这两个要件，在"是否处于能认定为正当防卫的状况之下"，即在"正当防卫状况性"的框架之下进行判断。② 这里存在的疑问是："为因自己的不法行为所招致的侵害"这种情形的射程范围究竟有多大？是否以实际存在预见为必要，抑或只要存在预见可能性即可？过失自招侵害可否被适用？但是，如果沿着本判例的方法，此后的判例可能不会从正面回答有无防卫意思这个问题，而是重视个案中客观的事实关系。或者如同桥爪隆教授所言那样，"今后的裁判实务会从'积极的加害意思论'与'自招侵害论'这两个角度，来判断是否成立正当防卫"。③

（接上页）他案件，该判例解释也同样适用。参见［日］桥爪隆《刑法总论之困惑》（二），王昭武译，《苏州大学学报》（法学版）2015年第2期，第127页注释2。

① ［日］塩見淳：《侵害に先行する事情と正当防衛》，《法学教室》第382期。
② ［日］西田典之：《刑法総論》，弘文堂2010年版，第164—165页。
③ ［日］桥爪隆：《刑法总论之困惑（二）》，王昭武译，《苏州大学学报》（法学版）2015年第2期。

但是，可以预见的是，判例有逐渐侧重客观考察的倾向，这对于我国司法实践特别重视主观的防卫意思，具有积极的借鉴与参考意义。

对于上述判决的做法，西田典之教授认为，这属于他所主张的"避免义务原则"。① "避免义务原则"也可称为"侵害避免义务论"。② 按照结果无价值论的观点，实质性违法阻却的原理是优越利益保护原则（第一原理）、避免义务原则（第一原理的修正）和要保护性阙如原则（第二原理）。优越利益保护原则是以存在二者择一的情形为前提的，也就是保全法益与侵害法益之间存在冲突。但是，在冲突状况出现之前，如果能够通过采取合理行为避免之，并且，这种要求也并无不当的话，那么，就应该要求行为人采取相应的避免行为，以保全双方的利益。这样，即使看上去似乎符合优越利益保护原则，如果行为人不必要地创造出了利益冲突状况，就并未满足第一原理的前提条件，不能被正当化。在此限度之内，有必要对第一原理作出修正。这就是避免义务原则。③ 相对于预期侵害的情形下否定正当防卫，挑拨防卫的场合，因自己的非法行为而引起了侵害的情形，与预期侵害相比，更有必要否定正当防卫。但是，这种片面重视侵害避免义务，完全忽略防卫意思，可能并不妥当。

二 禁止权利滥用说的主张

本书认为，防卫挑拨的场合，德国主流学说禁止权利滥用说应当得到支持。所有的人都应当合法地行为。正当防卫作为一项权利，当然不得滥用。从正当防卫设立的目的来看，是在不能得到国家权力有效保护的情况下，为了有效地保护自己利益的一种必要的自我防卫方式。相反地，在挑拨行为所制造的侵害行为的场合，所谓的防卫行为就是不必要的，因为，挑拨对方，让对方实施攻击，然后以防卫为借口，实施反攻击，本质上当属权利滥用，自然不能被正当化。因此，那种仅仅因为被挑拨者所实施的行为是不法行为，从而得出挑拨者具有针对此的正当防卫的权利，只不过是僵化的形式主义的理解，是纯然文理解释的结果，而忽略了正当防卫权

---

① 参见［日］西田典之《刑法总论（第2版）》，弘文堂2010年版，第165页。
② 侵害避免义务论是桥爪隆教授的说法，参见［日］桥爪隆《正当防衛論の基礎》，有斐阁2007年版，第322—327页。
③ ［日］西田典之：《刑法総論》，弘文堂2010年版，第134—135页。

利概念的目的性考量，或者说，如同雅科布斯所言，忽略了义务及责任分配的衡平原则。① 再则，自我答责理论也能够为挑拨防卫不是正当防卫提供理论支撑。在自我答责理论看来，在以个人自我实现作为刑法终极目的的现代刑法之中，出于尊重个人的自我决定的自由和自我决定实现的自由（即便该自我决定是出于任意而不是意志），一定条件下，应当允许被害人自愿侵害自己的法益或自愿使自己的法益处于危险状态之中。对于这种"任意、行为与结果的统一体"，基于自由主义刑法观，应当予以尊重。② 防卫挑拨的场合，挑拨人的挑拨，可能会导致被挑拨者实施暴力攻击行为，挑拨人在充分认知该危险的情况下，依然基于自己的自由意志，实施了挑拨行为，这样，就形成了"任意、行为与结果的统一体"，对于被挑拨者反击风险的现实化所导致的结果，应当认定为是挑拨人自己的作品，由挑拨人自我答责。当然，一旦能够得出挑拨人存在"任意"，这也就从反面排除了正当防卫的意思。因此，原则上来讲，挑拨防卫没有防卫意思，除非能够得出被挑拨者的攻击行为显著地超出了挑拨行为的强度，才可以有限度地承认挑拨人有防卫意思，挑拨人可以实施有限度的防卫行为。

但是，鉴于在实践中挑拨行为不可能是整齐划一，而有不同的面貌，被挑拨者的攻击行为也是如此，因此，有可能会出现无法对不同的两件事做出相同的评价，分配相同的责任，因此，需要在坚持挑拨防卫不是正当防卫的原则上，借用德国判例和主流学说的"躲避""防御防卫"和"攻击防卫"这种"防卫权三阶段"理论，按照不同的行为情状，分步骤设计挑拨者是否有实施防卫的权利，如果有权利，该如何行使，应当受哪些限制。

第一，如果挑拨者是蓄意挑衅，有目的地引起对方的攻击，那么，挑拨者此时就完全没有了紧急防卫权。"被攻击者蓄意（absichtlich）惹起攻击行为，以便披上正当防卫的外衣来侵害他人，这是典型的权利滥用，不得主张正当防卫。"③ 一般情况下，在受到攻击的情形下，他也就只能逃跑，若没法逃跑，则要忍受攻击。比如 A 侮辱 B，目的在于激怒 B，利

---

① 黄荣坚：《刑罚的极限》，元照出版公司1999年版，第112页。
② 马卫军：《被害人自我答责研究》，中国社会科学出版社2018年版，第47页。
③ 林钰雄：《新刑法总则》，元照出版公司2019年版，第256页。

用 B 暴怒之中对自己实施暴力性攻击，然后借此机会，以正当防卫的名义将 B 杀死。这种情况下，A 就完全没有紧急防卫权，所谓的"以正当防卫名义之中的防卫意思"，根本不能认为是正当防卫所要求的防卫意思。因此，A 就不能实施所谓的防卫行为，所能采取的在法律上有价值的行为只能是逃跑，或者忍受。

第二，挑拨者在至少可责难地[1]引发了被挑拨者攻击的时候，则要具体分析：挑拨者也必须先行躲避；如果行不通，则必须在人们可期待他实施防御性举止的时候，实施防御性的举止；再不行，才可以采取"攻击防卫"。这种场合，如果挑拨人一开始就采取了攻击性很强的"防卫行为"，那么，就具有不法"攻击意思"，而没有"防卫意思"。因此，在采取防卫措施上，至少首先要采取效果不那么肯定的防卫措施，如必须试图首先用拳头阻止攻击者，而不是马上就动刀动枪，同时，还必须容忍轻度的侵害危险。在"芬兰刀案"（Finnendolch-Fall）中[2]，德国联邦最高法院强调："如果有权实施正当防卫者虽不想引起攻击，但负有责任地挑起了该攻击，则他必须尽可能地躲避该攻击，仅当他用尽所有防御防卫之可能，才可诉诸使用致命武器的攻击防卫。"[3] 对于本案是否是必要的防卫，联邦最高法院认为，不能抽象地说要特别强调武器对等，受违法攻击者可选择那些足以迅速、终局地清除危险的防卫手段。原则上，如果防卫效果堪忧，就没有必要采用危险更小的防卫手段。而鉴于被告人先前的违法举止刺激了被害人 R，并挑起了他的攻击，这会影响到被告人在防卫手段上的选择。被告人有义务使用其他危险更小的可能的方式，以排除自己所受之危险。也就是，他有义务先行躲避。除非无法躲避，才可以有条件地使用刀具。在具体个案中，由于受攻击者自己在法律上可责难的举止给他造

---

[1] 可责难地引发中的"可责难"，并不以挑拨行为本身具有违法性为必要。

[2] 本案案情是：被告人想从停车场将一辆他之前偷来的汽车开走。但刮了旁边的汽车，并和另一辆汽车撞到一起。被告人逃逸。第二辆车的司机 R 紧追不舍。当被告人受阻于一辆因红灯而停在跟前的汽车而下车拔腿逃走时，R 依然继续追赶。被告人根本不理会 R，R 就向他大喊，他要杀掉他。R 追上被告人，赤手打了他几拳头。被告人掏出一把芬兰刀捅向 R，致其死亡。参见［德］克劳斯·罗克辛《德国最高法院判例·刑法总论》，何庆仁、蔡桂生译，中国人民大学出版社 2012 年版，第 41 页。

[3] ［德］克劳斯·罗克辛：《德国最高法院判例·刑法总论》，何庆仁、蔡桂生译，中国人民大学出版社 2012 年版，第 41 页。

成了紧急的情形，从而使得"正当防卫权有效形式的基本思想是个人保护和确证法秩序"这种公共利益不是那么明显时，那么，他必须先实施那种不一定能阻止其对手继续攻击的防卫行为，而不允许立刻使用有效但在具体条件下会危及生命的防卫手段。只要能够实施防御防卫，便不得进一步进行攻击防卫。在这种情况下，他需要忍受少量的损伤、侵害。①

当然，对于受挑起的攻击实施防卫时的克制义务，并不是一直存在的。在"拳击手案"（Boxer-Fall）中②，陪审法庭认为，当被告人将执意攻击他的被害人 F 拳打在地时，他处于正当防卫的状态。但被告人的打击超出了必要防卫所允许的限度，因为，考虑到两人的力量对比，尤其是被告人是拳击手，当时掌控着局势，可以通过危险更小的打击阻止对方攻击。联邦法院认为，在本案事实发生的关键阶段，被告人因其先前挑衅性的举止而负有特定的克制义务，但是，要求挑衅者保持克制，并不意味着，要对违法攻击保持永远的克制。的确，在该种情况下，被告人不可以马上使用有效且更危险的防卫手段。但是，本案被告人以防御性地撤退以及反复要求停止攻击的方式对自己的防卫进行了克制，若克制了合理的时间后仍不奏效，则不能再要求他继续采取这些没有确定效果、显然不足以阻止攻击的防卫手段。因挑衅可使攻击者获得照顾，而这种照顾不是永远存在的，如果防卫者所采取的较轻的防卫形式一直不见效，这种照顾也就同时消失了。③

---

① ［德］克劳斯·罗克辛：《德国最高法院判例·刑法总论》，何庆仁、蔡桂生译，中国人民大学出版社 2012 年版，第 41—42 页。

② 本案案情：1970 年 6 月 15 日，F（34 岁）夜间散步时，看到被告人（22 岁）狠狠拽着一个不服从的小姑娘（16 岁）的胳膊，并给了她一个耳光，F 批评被告人，要求被告人别动她。被告人反驳，这与 F 无关，并继续拽着这个小姑娘走路，没有松手。F 紧追不舍，并抓住被告人的胳膊。被告人放开小姑娘，转过身推了 F 胸前一把，并重复这不关 F 的事。二人打了起来。F 打不过，瘫坐在地。小姑娘等着被告人，并叫他一块走。被激怒的 F 跳起并攻击性地再次抓住被告人的胳膊。被告人在防御时后退了约 15 米，并忍受了 F 的攻击。被告人多次要求 F 住手，未果。于是被告人从左边快速拳击对方脸部，制服了 F，并造成了危及其生命的侵害。陪审法庭认定被告人负有伤害致死之罪责，并判处其有期徒刑。被告人提出上诉，联邦最高法院推翻了该判决。参见［德］克劳斯·罗克辛《德国最高法院判例·刑法总论》，何庆仁、蔡桂生译，中国人民大学出版社 2012 年版，第 44 页。

③ ［德］克劳斯·罗克辛：《德国最高法院判例·刑法总论》，何庆仁、蔡桂生译，中国人民大学出版社 2012 年版，第 44—45 页。

"迄今没有说明的是,一种限制紧急防卫的挑衅举止行为是否必须是违法的,或者,对其来说,虽然不是违法的,但是一种在社会道德上违反价值的举止行为是否就足够了。"① 尽管如此,德国联邦法院"先前举止在社会伦理上存在问题时,正当防卫受到限制"的做法,还是颇有可供借鉴之处。

在"杨巴案"(Jamba-Fall)中②,州法院认定被告人并无杀人故意,伤害致死可通过正当防卫加以正当化。联邦最高法院推翻了该认定。理由是:只要攻击者尚未直接威胁到防卫者的生命,由于使用刀具能致命,故只能在例外的情形下作为防卫的最后手段加以使用。可以期待受攻击者尽可能地躲避攻击,也可以采取其他救济手段,包括私力救济手段,他就必须采取这种手段,倘使防卫者进行了严重的挑衅,那他就有义务忍受选择更安全的防卫手段所附带的风险。因此,事实审法官在正当防卫上的判断,并不能让人信服地得出,致命的刀伤,尤其是捅向上腹,乃为该防卫所必要、所需要。进而,联邦法院认为,第一,用刀捅人乃是极为危险的举动。根据本案,当被告人用刀插进对方上腹八到十厘米时,具有间接杀人故意;第二,根据本案,被告人的先前举止在社会伦理上也有问题。被告人并无权利,也没有像样的理由,要用寒风将其他乘客"冻出"车厢。即便被害人J酗酒、令人不快,但被告人反复开窗,不过是在表达他对J的不尊重而已,这相当于是一种严重的侮辱,无论如何也算得上是"法律上可责难的"举止,当然会显著影响正当防卫权的成立范围。至于挑

---

① [德]克劳斯·罗克辛:《德国刑法学总论》(第1卷),王世洲译,法律出版社2005年版,第448页。

② 本案案情:被告人和杨巴一同乘坐在一节头等车厢里。在该车厢前站着许多在二等车厢里找不到位置坐的乘客。检查车票的时候,J买了张二等车厢的票。应查票员的要求,J离开了一等车厢,但不久又返回坐到老位置上。J酗酒,酒味充满了整节车厢。被告人觉得J干扰了他,决定用冷风将他"冻出"车厢,便打开窗户。J感到冷,关上窗户。被告人再次打开窗户,J又重新关上。这个过程重复了好几次,二人发生争执。当被告人第三次打开窗户后,J再次关上,并拧起拳头威胁被告人,说若再次开窗就揍他。被告人从夹克口袋里抽出一把旅行刀,告诉J,他可以用刀来防卫攻击。他以为这把刀可以吓住J,于是就重新打开窗户。这时,J跳起,用双手抓住正要坐回座位的被告人的脸。被告人就拿出刀,"无目的地朝上乱戳",并捅到俯在他上面的J的上腹,伤口八到十厘米深,J退了回去。后两人在车厢里厮打。证人F走进车厢将两人分开。当天晚上,J因上腹受伤死亡。

衅者的防卫需要接受何种程度上的限制,则取决于具体情况。① 本案是对挑拨防卫可否适用正当防卫的限制,与典型的以故意攻击对方为目的的挑拨防卫有所不同,而是一种"负有责任地引起型"的挑拨防卫。对此,应当理解为是被告人"负有责任地引起",是被告人实施了和正当防卫相关的挑衅,他应当遵守这种场合的限制,即先回避,如果实在不能回避,就可以采取包括求助于他人措施在内的"防御防卫",但是,在本案中,不存在使用刀具这种"攻击防卫"的条件。显然,州法院肯定了正当防卫,当然从正面肯定了被告人有防卫意思。而联邦法院直接认定被告人具有杀人的间接故意,也就从正面否定了被告人的防卫意思。

---

① [德] 克劳斯·罗克辛:《德国最高法院判例·刑法总论》,何庆仁、蔡桂生译,中国人民大学出版社2012年版,第46—47页。

参考文献

一 中文文献

(一) 著作

陈家林：《外国刑法通论》，中国人民公安大学出版社2009年版。

陈清秀：《法理学》，元照出版公司2017年版。

陈兴良、张军、胡云腾：《人民法院刑事指导案例裁判要旨通纂》（上卷）（第2版），北京大学出版社2018年版。

陈兴良：《本体刑法学》（第3版），中国人民大学出版社2017年版。

陈兴良：《正当防卫论》（第3版），中国人民大学出版社2017年版。

储陈城：《出罪机制保障论》，法律出版社2018年版。

高铭暄、马克昌主编：《刑法学》（第8版），北京大学出版社、高等教育出版社2017年版。

高铭暄、赵秉志主编：《新中国刑法立法文献资料总览》（第2版），中国人民公安大学出版社2015年版。

高铭暄主编：《刑法专论》（第2版），高等教育出版社2006年版。

郭泽强：《正当防卫制度研究的新视界》，中国社会科学出版社2010年版。

黄荣坚：《刑罚的极限》，元照出版公司1999年版。

黄宗智：《中国的新型正义体系：实践与理论》，广西师范大学出版社2020年版。

季卫东：《法治构图》，法律出版社2012年版。

黎宏：《结果本位刑法观的展开》，法律出版社2015年版。

黎宏：《刑法学》，法律出版社2012年版。

黎宏：《刑法学总论》（第2版），法律出版社2016年版。

黎宏：《刑法总论问题思考》（第 2 版），中国人民大学出版社 2016 年版。

梁启超：《梁启超法学文集》，中国政法大学出版社 2000 年版。

梁上上：《利益衡量论》（第 2 版），法律出版社 2016 年版。

林来梵：《文人法学》（增订版），清华大学出版社 2017 年版。

林来梵：《宪法学讲义》（第 3 版），清华大学出版社 2018 年版。

林山田：《刑法通论》（上册）（增订 10 版），自版，2008 年。

林钰雄：《新刑法总则》（第 7 版），元照出版公司 2019 年版。

马克昌：《比较刑法原理：外国刑法学总论》，武汉大学出版社 2002 年版。

马克昌：《犯罪通论》（第 3 版），武汉大学出版社 1999 年版。

马乐：《刑法学中的"正当"与违法性理论》，法律出版社 2017 年版。

马卫军：《被害人自我答责研究》，中国社会科学出版社 2018 年版。

潘庆云：《中国法律语言鉴衡》，汉语大词典出版社 2004 年版。

泮伟江：《当代中国法治的分析与建构》（第 2 版），中国法制出版社 2017 年版。

邱联恭：《司法之现代化与程序法》，三民书局 1999 年版。

孙笑侠：《司法的特性》，法律出版社 2016 年版。

田宏杰：《刑法中的正当化行为》，中国检察出版社 2004 年版。

王钢：《正当防卫的正当化依据与防卫限度——兼论营救酷刑的合法性》，元照出版公司 2019 年版。

王剑波：《正当防卫正当化的根据及其展开》，对外经济贸易大学出版社 2010 年版。

王政勋：《刑法解释的语言论研究》，商务印书馆 2016 年版。

王政勋：《正当行为论》，法律出版社 2000 年版。

吴从周：《概念法学、利益法学与价值法学：探索一部民法方法论的演变史》，元照出版公司 2007 年版。

刑事诉讼法学编写组：《刑事诉讼法学》（第 3 版），高等教育出版社 2019 年版。

许玉秀：《犯罪阶层体系及其方法论》，公益信托春风煦日学术基金

2000年版。

易延友：《刑事诉讼法——规则、原理与应用》（第4版），法律出版社2013年版。

余振华：《刑法违法性理论》，元照出版公司2001年版。

张明楷：《刑法的基本立场》，中国法制出版社2002年版。

张明楷：《刑法分则的解释原理》（上）（第2版），中国人民大学出版社2011年版。

张明楷：《刑法学》（第5版），法律出版社2016年版。

张明楷：《刑法学原理》，商务印书馆2011年版。

张千帆：《宪法学导论——原理与应用》（第3版），法律出版社2014年版。

张志铭：《法律解释学》，中国人民大学出版社2015年版。

郑泽善：《刑法总论争议问题研究》，北京大学出版社2013年版。

周光权：《行为无价值的中国展开》，法律出版社2015年版。

周光权：《行为无价值论的中国展开》，法律出版社2015年版。

周光权：《刑法客观主义与方法论》，法律出版社2013年版。

周光权：《刑法学的向度——行为无价值论的深层追问》（第2版），法律出版社2014年版。

周光权：《刑法总论》（第3版），中国人民大学出版社2016年版。

最高人民法院刑事审判第一、二、三、四、五庭：《中国刑事审判指导案例·侵犯公民人身权利、民主权利罪》，法律出版社2009年版。

（二）论文

车浩：《昆山启示录：正当防卫是抗击侵略不是拳击赛》，载陈兴良主编《刑事法判解》（第19卷）人民法院出版社2019年版。

陈兴良：《互殴与防卫的界限》，《法学》2015年第6期。

陈兴良：《互殴与正当防卫的界限》，《法学》2015年第6期。

陈兴良：《目的犯的法理探究》，《法学研究》2004年第3期。

陈兴良：《正当防卫如何才能避免沦为僵尸条款》，《法学家》2015年第5期。

陈璇：《德国刑法学中结果无价值与行为无价值的流变、现状与趋势》，《中外法学》2011年第2期。

陈璇：《克服正当防卫判断中的"道德洁癖"》，《清华法学》2016年第2期。

陈璇：《论防卫过当与犯罪故意的兼容》，《法学》2011年第1期。

陈璇：《侵害人视角下的正当防卫》，《法学研究》2015年第5期。

陈璇：《侵害人视角下的正当防卫论》，《法学研究》2015年第3期。

陈璇：《正当防卫、维稳优先于结果导向——以"于欢故意伤害案"为契机展开的法理思考》，《法律科学》2018年第3期。

陈璇：《正当防卫与比例原则——刑法条文合宪性解释的尝试》，《环球法律评论》2016年第6期。

储陈诚：《正当防卫回归公众认同的路径——"混合主观"的肯认和"独立双重过当"的提倡》，《政治与法律》2015年第9期。

储陈城：《防卫过当判断中"行为限度单独标准"的证成——基于刑法与刑事诉讼法的交叉论证》，《法律科学》2020年第4期。

冯军：《防卫过当：性质、成立要件与考察方法》，《法学》2019年第1期。

冯军：《刑法教义学的立场和方法》，《中外法学》2014年第1期。

甘添贵：《过失正当防卫》，《月旦法学杂志》1997年第12期。

甘添贵：《正当防卫之防卫意思》，《月旦法学杂志》1997年第10期。

高艳东：《从盗窃到侵占：许霆案的法理与规范分析》，《中外法学》2008年第3期。

高艳东：《量刑与定罪互动论：为了量刑公正可变换罪名》，《现代法学》2009年第5期。

胡东飞：《论防卫过当的罪过形式》，《法学评论》2008年第4期。

胡东飞：《正当防卫的时间条件》，《国家检察官学院学报》2013年第6期。

柯耀程：《正当防卫界限之认定》，《月旦法学杂志》2000年第5期。

劳东燕：《法益衡量原理的教义学检讨》，《中外法学》2016年第2期。

劳东燕：《防卫过当的认定与结果无价值论的不足》，《中外法学》2015年第5期。

劳东燕：《结果无价值逻辑的实务透视：以防卫过当为视角的展开》，《政治与法律》2015年第1期。

劳东燕：《刑事政策与刑法解释中的价值判断——兼论解释论上的"以刑制罪"现象》，《政法论坛》2012年第4期。

劳东燕：《正当防卫的异化与刑法系统的功能》，《法学家》2018第5期。

黎宏：《论正当防卫的主观条件》，《法商研究》2007年第2期。

黎宏：《事后防卫处理的日中比较——从"涞源反杀案"切入》，《法学评论》2019年第4期。

卢志坚：《于海明的行为属于正当防卫，不负刑事责任》，《检察日报》2018年9月2日。

马卫军：《论刑事判决书的说理》，载陈兴良主编《刑事法评论》（第30卷），北京大学出版社2012年版。

彭雅丽、邬丹：《正当防卫制度的司法症结和解决对策研究——基于全国2486件案例的实证分析》，载陈兴良主编《刑事法评论》（第37卷），北京大学出版社2016年版。

曲新久：《正当防卫制度适用的现状与困境应对》，载最高人民检察院第一检察厅《最高人民检察院第十二批指导性案例适用指引：正当防卫》，中国检察出版社2019年版。

苏力：《法条主义、民意与难办案件》，《中外法学》2009年第1期。

王钢：《法秩序维护说之思辨——兼论正当防卫的正当性依据》，《比较法研究》2018年第6期。

王皇玉：《正当防卫的始点》，《月旦法学教室》2011年第7期。

王勇：《正当防卫疑难问题的司法适用》，载最高人民检察院第一检察厅《最高人民检察院第十二批指导性案例适用指引：正当防卫》，中国检察出版社2019年版。

王政勋、贾宇：《论正当防卫限度条件及防卫过当的主观罪过形式》，《法律科学》1999年第2期。

杨兴培：《刺杀辱母者案的刑法理论分析与技术操作》，《东方法学》2017年第3期。

杨忠民：《对正当防卫限度若干问题的新思考》，《法学研究》1999

年第 3 期。

尹子文：《防卫过当的实务认定与反思——基于 722 份刑事判决的分析》，《现代法学》2018 年第 1 期。

尹子文：《论量的防卫过当与〈刑法〉第 20 条第 2 款的扩展适用》，载陈兴良主编《刑事法评论》（第 40 卷），北京大学出版社 2017 年版。

张宝、毛康林：《预见不法侵害并积极准备防卫工具能否阻却成立正当防卫》，《中国检察官》2014 年第 11 期。

张明楷：《故意伤害罪司法现状的刑法学分析》，《清华法学》2013 年第 1 期。

张明楷：《行为功利主义违法观》，《中国法学》2011 年第 5 期。

张明楷：《论偶然防卫》，《清华法学》2012 年第 1 期。

张明楷：《许霆案的刑法学分析》，《中外法学》2009 年第 1 期。

张明楷：《正当防卫的原理及其运用——对二元论的批判性考察》，《环球法律评论》2018 年第 2 期。

赵国强：《论新刑法中正当防卫权的强化》，《法学家》1997 年第 6 期。

赵军：《正当防卫法律规则司法重构的经验研究》，《法学研究》2019 年第 4 期。

周柏森、方克勤：《正当防卫立法的修改与完善》，《法律科学》1997 年第 5 期。

周光权：《行为无价值论的法益观》，《中外法学》2011 年第 5 期。

周光权：《区分不能犯和未遂犯的三个维度》，《清华法学》2011 年第 4 期。

周光权：《正当防卫裁判规则的构建》，载最高人民检察院第一检察厅《最高人民检察院第十二批指导性案例适用指引：正当防卫》，中国检察出版社 2019 年版。

周光权：《正当防卫成立条件的"情境"判断》，《法学》2006 年第 12 期。

周光权：《正当防卫的司法异化与纠偏思路》，《法学》2006 年第 12 期。

邹兵建：《偶然防卫论》，载陈兴良主编《刑事法评论》（第 32

卷）北京大学出版社 2013 年版。

二　中文译文文献

（一）著作

［德］伯恩·魏德士：《法理学》，丁晓春、吴越译，法律出版社 2013 年版。

［德］G·拉德布鲁赫：《法哲学》，王朴译，法律出版社 2005 年版。

［德］菲利普·黑克：《利益法学》，傅广宇译，商务印书馆 2016 年版。

［德］冈特·施特拉腾韦特、洛塔尔·库伦：《刑法总论 I——犯罪论》，杨萌译，法律出版社 2006 年版。

［德］汉斯·海因里希·耶塞克、托马斯·魏根特：《德国刑法教科书》（上），徐久生译，中国法制出版社 2017 年版。

［德］京特·雅科布斯：《规范·人格体·社会——法哲学前思》，冯军译，法律出版社 2001 年版。

［德］卡尔·拉伦茨：《法学方法论》，陈爱娥译，商务印书馆 2003 年版。

［德］克劳斯·罗克辛：《德国刑法学总论》（第 1 卷），王世洲译，法律出版社 2005 年版。

［德］克劳斯·罗克辛：《德国刑法学总论》（第 2 卷），王世洲等译，法律出版社 2013 年版。

［德］克劳斯·罗克辛：《德国最高法院判例·刑法总论》，何庆仁、蔡桂生译，中国人民大学出版社 2012 年版。

［德］克劳斯·罗克辛：《刑事政策与刑法体系》（第 2 版），蔡桂生译，中国人民大学出版社 2011 年版。

［德］李斯特：《德国刑法教科书》，徐久生译，法律出版社 2006 年版。

［德］尼可拉斯·鲁曼：《社会中的法》，李君韬译，五南图书出版有限公司 2019 年版。

［德］乌尔斯·金德霍伊泽尔：《刑法总论教科书》（第 6 版），蔡桂生译，北京大学出版社 2015 年版。

［德］约翰内斯·韦塞尔斯：《德国刑法总论》，李昌珂译，法律出版社 2008 年版。

［俄］库兹涅佐娃、佳日科娃：《俄罗斯刑法教程》（总论·上卷），黄道秀译，中国法制出版社 2001 年版。

［法］卡斯东·斯特法尼等：《法国刑法总论精义》，罗结珍译，中国政法大学出版社 1998 年版。

［法］孟德斯鸠：《论法的精神》（上），许明龙译，商务印书馆 2012 年版。

［古希腊］柏拉图：《理想国》，郭斌和、张竹明译，商务印书馆 2018 年版。

［古希腊］亚里士多德：《尼各马可伦理学》，廖申白译注，商务印书馆 2017 年版。

［美］E. 博登海默：《法理学法律哲学与法律方法》，邓正来译，中国政法大学出版社 2004 年版。

［美］理查德·波斯纳：《法官如何思考》，苏力译，北京大学出版社 2009 年版。

［美］罗斯科·庞德：《法理学》（第 2 卷），邓正来译，中国政法大学出版社 2007 年版。

［美］约翰·罗尔斯：《正义论》，何怀宏、何包钢、廖申白等译，中国社会科学出版社 2009 年版。

［美］约书亚·德雷斯勒：《美国刑法精解》（第 4 版），王秀梅等译，北京大学出版社 2009 年版。

［日］川端博：《刑法总论》，余振华译，元照出版公司 2008 年版。

［日］大谷实：《刑法讲义总论》（新版第 2 版），黎宏译，中国人民大学出版社 2008 年版。

［日］大塚仁：《犯罪论的基本问题》，冯军译，中国政法大学出版社 1993 年版。

［日］大塚仁：《刑法概说》（第 3 版），冯军译，中国人民大学出版社 2003 年版。

［日］前田雅英：《刑法总论讲义》（第 6 版），曾文科译，北京大学出版社 2017 年版。

［日］日高义博：《违法性的基础理论》，张光云译，法律出版社2015年版。

［日］山口厚：《刑法总论》（第3版），付立庆译，中国人民大学出版社2018年版。

［日］松原芳博：《刑法总论重要问题》，王昭武译，中国政法大学出版社2014年版。

［日］佐伯仁志：《刑法总论的思之道·乐之道》，于佳佳译，中国政法大学出版社2017年版。

［英］戴雪：《英宪精义》，雷宾南译，中国法制出版社2017年版。

［英］洛克：《政府论》（下篇），叶启芳、瞿菊农译，商务印书馆1964年版。

（二）论文

［德］弗里德里希·阿斯特：《诠释学》，洪汉鼎译，载洪汉鼎主编《理解与解释——诠释学经典文选》，东方出版社2001年版。

［德］亨宁·罗泽瑙：《论德国刑法中的紧急防卫过当》，蔡桂生译，载陈兴良主编《刑事法评论》（第34卷），北京大学出版社2014年版。

［德］约翰内斯·卡斯帕：《德国正当防卫权的"法维护"原则》，陈璇译，《人民检察》2016年第10期。

［日］桥爪隆：《日本正当防卫制度若干问题分析》，江溯、李世阳译，《武陵学刊》2011年第4期。

［日］桥爪隆：《刑法总论之困惑（二）》，王昭武译，《苏州大学学报》（法学版）2015年第2期。

［日］山口厚：《正当防卫论》，王昭武译，《法学》2015年第11期。

［日］盐见淳：《打架与正当防卫——以"打架两成败"的法理为线索》，李世阳译，载陈兴良主编《刑事法评论》（第40卷），北京大学出版社2017年版。

三　日文文献

（一）著作

［日］曾根威彦：《刑法の重要問題（総論）》（第2版），成文堂2005年版。

［日］曾根威彦：《刑法総論》（第 4 版），成文堂 2008 年版。
［日］大谷實：《刑法講義総論》（新版第 3 版），成文堂 2009 年版。
［日］大谷實：《刑法講義総論》（新版第 4 版），成文堂 2012 年版。
［日］大塚仁：《刑法概説（総論）》（第 4 版），有斐閣 2008 年版。
［日］大塚裕史、十河太郎、塩谷毅、豊田兼彦：《基本刑法Ⅰ総論》，日本評論社 2016 年版。
［日］大塚裕史：《刑法総論の思考方法》，早稲田経営出版 2008 年版。
［日］福田平：《全訂刑法総論》（第 5 版），有斐閣 2011 年版。
［日］高橋則夫：《刑法総論》（第 2 版），成文堂 2013 年版。
［日］井田良：《講義刑法学・総論》，有斐閣 2008 年版。
［日］井田良：《刑法総論の理論構造》，成文堂 2005 年版。
［日］内藤謙：《刑法講義総論》（中），有斐閣 1986 年版。
［日］内田文昭：《刑法概要》（中），青林書院 1999 年版。
［日］平野龍一：《刑法総論Ⅱ》，有斐閣 1975 年版。
［日］前田雅英：《刑法総論講義》（第 5 版），東京大学出版会 2011 年版。
［日］淺田和茂：《刑法総論》（補正版），成文堂 2007 年版。
［日］橋爪隆：《正当防衛論の基礎》，有斐閣 2007 年版。
［日］山口厚：《問題探究・刑法総論》，有斐閣 1998 年版。
［日］山口厚：《刑法総論》（第 2 版），有斐閣 2007 年版。
［日］山中敬一：《刑法総論》（第 2 版），成文堂 2008 年版。
［日］松宮孝明：《刑法総論講義》（第 5 版），成文堂 2017 年版。
［日］藤木英雄：《刑法講義総論》，弘文堂 1975 年版。
［日］団藤重光：《刑法綱要総論》（第 3 版），創文社 1990 年版。
［日］西田典之、山口厚、佐伯仁志：《判例刑法総論》（第 5 版），有斐閣 2009 年版。
［日］西田典之、山口厚、佐伯仁志：《刑法判例百選Ⅰ（総論）》（第 6 版），有斐閣 2008 年版。
［日］西田典之：《刑法総論》（第 2 版），弘文堂 2010 年版。
［日］西原春夫：《刑法総論（上巻）》（改訂版），成文堂 1993

年版。

［日］野村稔:《刑法総論》（補訂版），成文堂 1998 年版。

（二）论文

［日］町野朔:《誤想防衛・過剰防衛》,《警研》50 卷 9 号。

［日］齊藤誠二:《正当防衛》,載阿部純二等編《刑法基本講座》（第 3 卷），日本法学書院 1994 年版。

［日］前田雅英:《正当防衛に関する一考察》,《団藤重光博士古稀祝賀論文集》（第 1 卷），有斐閣 1983 年版。

［日］橋田久:《量的過剰防衛》,《刑事法ジャーナル》2009 年第 16 号。

［日］香川達夫:《防衛意思は必要か》,《団藤重光博士古稀祝賀論文集》（第 1 卷），有斐閣 1983 年版。

［日］塩見淳:《侵害に先行する事情と正当防衛》,《法学教室》第 382 期。

后　　记

　　本书是以中国法学会2017年度部级课题"正当防卫司法认定问题研究"[项目编号：CLS（2017）C16]成果为基础，经过后续修订研究形成的成果。

　　陈兴良教授《正当防卫论》一书，是我国正当防卫制度研究的拓荒之作。近年来，伴随着"于欢案""昆山案""涞源反杀案"等一系列案件，正当防卫问题引起了社会各界的高度关注。学界也掀起了研究正当防卫的热潮，大量高水平专著、论文次第问世。其中陈璇教授的《正当防卫：理念、学说与制度适用》是我国正当防卫制度研究的进阶之作。我在中国法学会2017年度部级课题研究过程中，发现实务界在正当防卫认定时，除结果之外，是否存在防卫意思也受到了特别关注。课题顺利结项后，我又围绕防卫意思进行了一些拓展性研究，最终形成了这些文字。在此过程中，好友黄继坤博士、同事马浩丹老师与我就有关问题展开过深入讨论，受益匪浅。就有关外文的理解，留德博士朱利明法官、同门秦雪娜博士提供了非常专业的解读。同门侯志君博士在实证分析方法及内容上提供了大力支持与帮助。谨向以上诸君表示谢意！

　　导师周光权教授一如既往地关心我的成长。2019年在参加西北政法大学举办的"海峡两岸暨第十三届内地中青年刑法学者高级论坛"时，先生教诲我："要关注中国的案例，解决中国的问题。"当时我正在推进本书的相关研究，但近年来学术成果乏善可陈，有辱师门，自觉羞于启齿，错过了当面与先生就本书关心的问题深入请教的机会。尽管如此，先生不经意的一番点拨，依然令我茅塞顿开。

　　本书能够顺利出版，得到了宁夏大学法学学科负责人、法学硕士学位点负责人戴新毅教授的鼎力相助，我必须要向他表示敬意与感谢！宁夏大学学科规划处副处长陈晓芳女士为本书获得"宁夏大学学科建设项目"

资助提供了大力支持，特此致谢！

  责任编辑梁剑琴女士专业高效的工作，使得本书能够克服诸多困难、顺利出版，我有义务感谢她！

马卫军
2020 年 12 月 18 日